예수를 깊이 생각하라

채영간 목사 설교집

도서출판 예림

벌써 그립습니다.

믿기지 않게 가신지 겨우 하루가 지났습니다.
당신께서는 천국에서 위로를 받으시겠지만
우리는 벌써 그립습니다.

너무도 허무하게 가신지 겨우 이틀입니다.
당신께서는 삶과 죽음으로 하나님께 영광을 드리고 가셨지만
우리는 벌써 그립습니다.

눈물을 글썽이며 헤아려 봐도 겨우 손가락 하나 둘 셋
당신께서는 유성우의 불마차로 하늘로 가셨지만
우리는 벌써 그립습니다.

다시 만날 기약에도 이제 겨우 나흘
당신께서는 한명 낙오자 없이 천국에서 만나자하고 가셨지만
우리는 벌써 그립습니다.

〈채영간 목사님을 애도하며〉

서문

그 이름!!
생각만으로도 목이 메는 채영간 목사님!

천상병 시인은 인생을 소풍라고 말하기도 했죠.
그 소풍은 어디로 가느냐보다 누구와 가느냐?
누구와 동행하느냐가 중요합니다.
그래서 소풍 간다면 누구랑 가느냐고 묻잖아요?

인생이 여행이고 소풍이라면
그 인생길에 누구와 함께 동행 하느냐가 중요하겠죠?

신앙의 여정은 더욱 누구와 동행 하느냐가 중요합니다.
행복하고, 은혜롭고, 즐거움과 보람이 있는 신앙 여정이 될 수도 있고
고통스럽고, 늘 시험 속에 머물고, 갈등하고,
분열하는 신앙 여정일수도 있으며
동행자에 따라서 인생과 신앙 여정이 봉사와 섬김이
행복하고 즐거울 수도, 한 없이 고통스럽고 우울할 수도 있습니다.

여러분의 신앙여정에는 누구와 동행하셨습니까?
누구와 동행할 때 울면서도 행복하고 땀 흘리면서도 기뻤습니까?
누구와 동행할 때 삶이 행복하고 영적 성숙의 계기가 되었습니까?

그 사람과 함께라면 눈물도 음료가 되고
땀도 달디 달게 느껴지던 동행자가 누구입니까?
눈물 속에서도 웃게 해 주던 그런 동행자가 있었습니까?

우리에게는 채영간 목사님이 그런 동행자였습니다.
목사님을 만나 짧게는 10년, 길게는 30년 세월의
신앙과 인생여정에서 든든한, 가장 든든한 동행자셨습니다.
가장 행복하고, 도전을 받고, 보람과 은혜가 있고
눈물 속에도 기쁨의 잔이 넘쳐났습니다

뭔가 든든한 울타리가 있다는 느낌이었고,
언제나 허물없이 마음을 열고 싶은 충동을 느끼게 하는 분,
누구든 격의 없이 만나고,
인생도, 신앙도 고백하고 의논할 수 있는 분이셨습니다.
언제나 주머니 털어 오른손이 하는 것 왼손도 모르게 나눠 주시는 분...

우리가 참 목자라고 자신 있게 소개하고
당당하게 자랑 할 수 있는 분이셨습니다.
하지만 권위도 영광도 모두 내려놓으심으로
스스로 무장해제하신 그런 분이시죠.
권위가 사회적 냉소를 받고 있는 요즘
한국교회에 목회의 교과서 같은 분이죠.

말씀에는 타협이 없으셨으면서도 항상 겸손하셨고,
성도의 어떤 허물도 덮어주시고

항상 낮은 곳으로 가시던 그런 분이셨습니다.

그런 목사님과 동행하는 우리 금곡교회 성도들을
주변에서는 얼마나 부러워했었는지...
정말 행복했습니다.
자랑스러웠습니다.
늘 그랬습니다.

오랫동안 지병을 앓으시면서도
죽을힘을 다해 사역에 충성하시고
성도들의 병든 육신을 위해서는
당신보다 우선으로 기도하시고 돌보셨던
사랑 많은 목자이셨습니다.

병든 성도의 생명을 대신하기를 기도하셨고
고통당하는 성도의 십자가를 스스로 지기를 원하셨고
성도들을 언제나 푸른 초장, 쉴만한 물가로 인도하시려고 애쓰시고
약한 양, 병든 양, 뭔가 부족한 양에게 더 깊은 관심과 사랑을 주셨던
선한목자이셨습니다.

목사님은 언제나 거목이셨으면서도
그 나무에 기대어 쉴 수 있도록 자신을 내어주시는
한없이 낮은 분이셨죠.

항상 누구든 사랑으로 받아주시고 자신을 내어주시는,
형님처럼, 친구처럼 그렇게 섬겨주시고 받아주시는
우리의 영원한 멘토이셨습니다.

요즘 한국교회 강단에 복음이 사라졌다고 많은 분들이 염려합니다.
이런 때 일수록
채영간 목사님의 생명수 같은 청량한 말씀이 더욱 생각납니다.
조용조용, 그러나 진리에 대해서 단호하게 전해주시는 말씀은
우리들 가슴에 잘 박힌 못과 같았습니다.

강단이 오염되고, 말씀이 없어 기갈인 이 시대에
목사님은 참된 대언자이셨습니다.
목사님은 말씀을 전하시고
당신이 몸소 실천하며 사시려고 애쓰신 분이십니다.
무책임 하게 말씀만 전하고
자신은 그 삶과 상관없는 듯 사시는 분이 아니셨습니다.
당신이 선포하신 말씀에 스스로를 가두고
그 말씀을 지켜 살아오셨죠.
말씀을 입으로만 선포하시지 않고
눈으로 보여주셨던 설교자이시고 목회자이셨습니다.

이제 우리는 어디서 이런 동행자를 만날 수 있을까요?
우리들의 남은 여행은 아직 끝나지 않았는데...
억지로 5리 보다는 그런 분과 함께 100리를 가고 싶은데...
우리와 함께 할 이러한 동행자를 어디서 만날까요?

먼저 그렇게 서둘러 가신 천국…
아마 그 걸음이 무척 무거우셨을 겁니다.
철없고 무능한 우리들을 두고 어떻게 가셨는지…

소천 하셨을 때의 황망한 마음이 스스로 자라
이제는 하루도 기억 없이 지나가는 날이 없고
목사님을 향한 그리움이 더욱 깊어 갑니다.
어쩌다 꿈에서라도 뵈면 그렇게 행복한,
그래서 돌아가셔서도 힘이 되고 위로가 되시는 채영간 목사님!
가신 지 벌써 1주년이 되었습니다.

목사님,
오늘도 당신을 그리워하고 사모하며 눈물짓습니다.
미처 소리 내지 못하고, 가슴만 치는 많은 성도들을 보시며
목사님은 천국에서 눈물로 기도해 주시겠죠.

채영간 목사님!
지난 1년 동안 하루같이 그랬듯이
오늘도 목사님이 너무 너무 그립습니다!

〈편집위원〉

사진으로 보는 채영간 목사님

목회자의 길을 시작하시면서

교육관 기공예배

성경연구원 크로스웨이 과정을 마치고

금곡교회 비전을 품은 본당 기공 감사예배

늘푸른학교 소풍예배

창림 50주년 기념예배 후 당회원들과 함께

교인 심방예배

성탄축하예배

장로, 집사, 권사 임직 감사예배

회갑연 모습

금곡교회 부임하신 후

봉사활동

고창 교회사택 건축
봉사활동 중

필리핀
임마누엘 교회 건축

필리핀 구마옥교회
건축 현장에서

작은 등대 무주사역 중
교역자들과 함께

봉사활동 중 대원들의
식사 설것이 하시는 목사님

러시아 교려인 교회에서
수지침 사역

2010년 작은등대 고창사역을 마치고

조도사역을 마치고

2013 7 癸巳年
일 월 화 수 목 금 토
소서 甲戌
인구의날 戊寅
초복 庚辰
제헌절 甲申
대서·중복 庚寅
50년을 넘어 다함께 미래로!
미금농업협동조합
www.migeumnonghyup.com

차례

예수를 깊이 생각하라

I
예수를 깊이 생각하라
히3:1~6

파스칼은 말하기를 "사람은 생각하는 갈대"라고 했습니다. 인간은 비록 갈대와 같이 나약하고 보잘것 없는 존재이지만 생각하는 존재이기 때문에 위대합니다. 만약에 인간에게서 생각하는 능력을 빼앗아 가 버린다면 인간도 다른 동물들과 조금도 다를 것이 없습니다.

그래서 유명한 철학자 「데카르트」는 "나는 생각한다. 그러므로 나는 존재한다."는 유명한 명언을 남기기도 했습니다. 그러나 단순히 "생각한다"는 그 자체가 대단한 것이 아닙니다. 중요한 것은 "무엇을 생각하느냐?"에 있습니다.

"무엇을 생각하느냐?" 그것은 우리의 미래를 결정지어주고 우리의 삶의 내용을 좌우하는 열쇠가 됩니다. 나아가서 이 문제는 비단 자기 자신뿐 아니라 가정과 사회, 나아가서는 국가라는 공동운명체와도 깊은 관계를 갖고 있습니다.

요즘 신문을 보면 정치, 사회, 경제 등 모든 분야가 시끄럽습니다. 그런데 가만히 보면 이렇게 어지럽고 혼란한 이유는 한 사건을 보는 사람들의 생각이나 견해의 차이에서 오는 것 같습니다. 생각의 차원의 문제입니다. 좀 더 솔직하게 표현하면 소위 국민들을 대표한다는 국회의원 또는 대통령을 비롯한 정부관리들, 신의 뜻을 대변한다고 자처하는 종교인 그리고 시대를 이끌어 간다고 자부하는 일부 대학생들, 그들이 가지고 있는 생각과 가치관의 문제입니다. 어쩌면 그들이 바로 나라를 시끄럽게 하고 혼란하게 하는 장본인들인지도 모르겠습니다. 저마다 국민들의 의사를 대변한다는 허울 좋은 구실 하에 자신들의 욕구와 이상을 성취하려고 혈안이 되어 있습니다.

한 사람 한 사람의 그릇된 생각이 국론을 분열시키고 사회를 어지럽게 하고 있습니다. 과연 어떤 생각들이 그들의 머릿속에 자리 잡고 있는지 회의가 들 때가 많이 있습니다. 정말 나라를 생각하고 민족의 앞날을 생각하고 있는 자들인지 아니면 자기 자신의 욕심과 명예욕과 소아병적 영웅 심리에 도취되어 국민들을 볼모로 미친 사람들처럼 날뛰고 있는 것은 아닌지.

이러한 의미에서 무엇을 어떻게 생각하느냐 하는 문제는 매우 심각한 문제가 아닐 수 없습니다. 또한 무엇을 생각하느냐? 하는 것은 그 사람의 인격과 가치를 판단하는 근거가 된다고 볼 때 그리스도 안에서 우리 자신을 발견하기를 원하는 우리들이 반드시 물어보아야 할 질문이라고 생각됩니다.

오늘 본문에 말씀을 보면 "그러므로 함께 하늘의 부르심을 입은 거룩한 형제들아! 예수를 깊이 생각하라!"고 했습니다. 우리 모두는 하나님의 부르심을 입은 하나님에 의해서 구별된 한 형제들입니다. 우리들은 오직 여호와 하나님 한 분에 의해서 부르심을 받았고 그의 아들 그리스도에 의해서 구원을 받았습니다. 그러므로 우리는 하나님의 뜻과 요구에 따라 그리스도 한 분만을 깊이 생각하며 살아가야 합니다.

"생각하라" 이 말은 심각한 말입니다. 대단히 깊은 의미가 담겨져 있는 말입니다. 헬라어로 「카타노에인」 이 말은 단순히 어떤 사물을 본다든가 눈치 채는 것을 말하는 것이 아닙니다. 이 말은 한 초점을 향하여 관심을 가지고 집중적으로 주시하라는 뜻입니다. 마치 천문학자가 망원경을 가지고 밤이 늦도록 성좌를 살피는 것처럼 주시하라는 의미입니다.

따라서 "예수를 깊이 생각하라"(히3:1) 이 말은 예수님에게 관심을 집중하라! 초점을 오직 예수님께 맞추라는 뜻입니다. 눅12:24에 보면 예수님께서 "까마귀를 생각하라"고 말씀하셨을 때 이 어휘는 단순히 "까마귀를 보라"는 의미가 아니라 "까마귀를 보고, 하나님께서 까마귀를 통해서 가르치시고자 하는 바를 깨닫고 배우라"는 의미를 갖고 있습니다.

마찬가지로 "예수를 깊이 생각하라!" 이 말은 예수의 생애를 통해서, 그의 말씀을 통해서 주시는 교훈이 무엇이며, 그 주님께서 나에게 어떤 요구를 하고 계시는지를 심각하게 생각해 보라는 의미일 것입니다. 나아가서 이 말은 주시하고, 살피고, 관심을 집중해서 얻어낸 교훈과 진리를 너의 삶속에 적용시키며 구체화시키라는 적극적인 의미도 내포되어 있습니다, 단순한 사고의 세계에 머물러 있으라는 뜻이 아닙니다.

예를 들어서 주님의 산상수훈 가운데 "들의 백합화가 어떻게 자라는지 생각하여 보라"는 말씀이 있습니다. 이 말씀은 단순히 백합화 꽃의 성장을 주의 깊게 관찰해 보라는 뜻이 아니라, 백합화가 자라는 것을 주의 깊게 의미 있게 살펴보고 그 누구도 가르지도 아니하고 가꾸지도 아니함에도 불구하고, 그 꽃의 아름다움이 솔로몬의 영광보다 더 뛰어나듯이 너희의 삶속에도 이 진리를 적용시키며 살라는 의미가 담겨져 있습니다.

다시 말해서 '한포기의 백합화도 하나님께서는 이렇게 기르고 가꾸시는데 하나님의 형상대로 지은 너희들에게 필요한 것 주시지 않겠느냐? 너희들을 헐벗고 굶주리도록 내버려 두시겠느냐?' 하는 매우 적극적인 뜻이 담겨져 있습니다. 매일 매일의 주어진 삶속에서 하나님의 보호와 섭리의 손길을 확신하며 주의 뜻대로 살 것을 교훈하시고 있는 것입니다. 따라서 예수를 깊이 생각하라는 것은 그의 뜻과 그의 정신을 본받아 살라는 권고의 말씀입니다.

친애하는 성도 여러분!

우리가 예수님으로 말미암아 새 생명을 얻었다면, 그래서 새사람이 되고 영원한 하늘나라의 시민 된 자격을 부여 받았다면, 우리는 당연히 예수를 깊이 생각하는 삶을 살아가야 합니다. 그러나 오늘날 예수를 깊이 생각지 않고 살아가는 기독교인들이 너무 많은 것 같습니다. 예수를 너무 가볍게 생각하거나 예수를 자기중심적으로 생각하며 살 때가 많습니다. 예수를 푸닥거리 무당쯤으로 기적을 행하시는 주님으로, 예수를 가정의 주치의쯤으로 병 고치는 주님으로 생각하고, 예수를 외로울 때의 말동무쯤으로 위안자 주님으로 복권추첨이나, 학교 입학이나, 문제의 해결사 정도로 생각하는 경우가 너무나도 많이 있습니다. 그러나 주님은 우리의 삶에 어떤 일부분이기를 원치 아니하십니다. 주님은 우리의 생각과 행동과 삶 전체를 지배하시기를 원하십니다.

예수를 깊이 생각하라!! 그것은 그리스도께서 우리에게 보여주신 삶의 정신과 성품이 우리의 전인격과 생애를 지배할 수 있도록 하라는 강력한 권고의 말씀입니다.

자, 그러면 우리는 예수님에 대해서 무엇을 깊이 생각해야 할 것인가. 정리해 보도록 합니다.

첫째 예수님의 신분에 대해서 깊이 생각해 보아야 합니다.

예수님은 어떤 분이신가? 다시 말해서 그는 과연 나에게 어떤 관계가 있는 분이신가? 이 문제는 신앙의 가장 기본적인 핵심입니다. 본문 1절에 보면 예수님을 가리켜 사도라고 했습니다. 사도로 번역된 「아포스톨로스」라는 원어의 뜻은 "파송된 사람"을 의미합니다. 어떤 중대한 일을 수행하기 위해 보낸 사람을 뜻합니다. 사도라는 말은 마치 사절이나 대사와도 같은 성격을 가지고 있습니다. 대사는 한 나라를 대표하는 권한을 가지고 대통령을 대신해서 그 권한을 행사하는 직책입니다. 그러므로 본문에서 예수님을 사도라고 한 것은 하늘나라의 대사로서 하나님께로부터 전권을 위임받아서 이 땅에 오신 분이라는 뜻입니다.

예수님은 단순히 위대한 인간이 아닙니다. 우주 만물을 창조하시고 인간의 역사를 그의 주권과 뜻대로 섭리하시고 주관하시는 하나님의 독생자요 또한 하나님의 전권대사입니다. 그래서 주님께서는 마28:18에서 말씀하시기를 "하늘과 땅의 모든 권세를 내게 주셨다"고 분명히 밝히고 있습니다.

그렇습니다. 예수님은 하나님께서 우리를 죄와 사망의 권세로부터 구원하시기 위해 보내신 유일한 사도이십니다. 그리고 하나님의 뜻을 전하며 하늘나라를 소개하시기 위해 보내신 전권대사입니다. 그러므로 예수님의 말씀은 곧 하나님의 말씀이요, 또 그의 권한과 능력은 여호와 하나님의 권한과 능력입니다. 하나님의 은혜와 자비와 사랑과 권세는 하나님의 사도이신 예수 안에 있습니다.

여러분! 하나님의 전권을 위임받은 사도로서, 그리고 하나님과 동일한 능력을 소유하신 분으로서 예수님을 믿으십니까? 그렇다고 하면 우리는 예수님께 대해서 좀 더 진실 되고 깊이 생각해야 될 줄로 압니다. 예수님을 전폭적으로 신뢰하고, 그에게 맡기고, 그의 정신과 말씀대로 따르는 삶을 살아야 할 것입니다. 우주 만물을 창조하신 이래로 지금까지 조금도 변함이 없으신 능력으로 인간세계를 통치해 오신 하나님의 아들로서 하나님과 동등한 능력과 권세를 가지시고 인간의 역사 속에서 활동하시는 그 예수를 항상 깊이 생각하며 그 권위 앞에 복종하는 삶을 살아가야 하겠습니다. 그가 우리의 전인격과 생애를 지배하시도록 해야 할 것입니다.

둘째로 우리는 예수님의 사역의 성격에 대해서 깊이 생각해야 합니다. 본문은 예수님을 사도로서 뿐만 아니라 '대제사장'이라고 표현했습니다. 이 말은 예수님의 사역의 성격을 잘 말해 주고 있습니다. 제사장을 라틴말로 'Pontifex'라고 하는데 그 뜻은 '다리를 놓는 사람'이라는 뜻입니다.

구약시대에는 제사장이 아니고는 성소에 들어갈 수가 없었습니다. 제사장을 통하지 않고는 하나님께 제사를 드릴수가 없었습니다.

다시 말해서 예수님을 Pontifex라고 부르는 것은 그가 하나님의 전권을 위임을 받아 이 땅에 오셨을 뿐만 아니라 인간의 범죄로 말미암아 단절되었던 하나님과의 다리를 놓아 주시기 위해서였습니다. 그가 이 땅에서 활동하신 3년의 공생애는 우리를 하나님과 다리를 놓아 주시기 위함에 그 목적이 있습니다.

기적을 행하시고, 병을 고치고, 죽은 자를 살리신 모든 사역들의 궁극적인 목적은 우리를 죄로부터 구원해서 하나님 앞에 인도하시기 위함에 있었습니다. 불행한 것은 오늘 날 많은 신자들이 예수님의 이 사역의 의미를 깊이 깨닫지 못하고 있다는 사실입니다. 기적과 치유와 신비적인 능력을 소유하셨던 분으로만 이해하고 그것에만 큰 의미를 부여하시는 분들이 의외로 많이 있는 것 같습니다. 오늘날 이러한 어리석은 신자들에 의해서 예수님께서 대제사장직을 감당하시기 위해 지신 십자가가 멸시되고 무시당하고 있습니다.

여러분, 예수님께서 이 땅에 오신 가장 큰 목적은 십자가에 달리시기 위해서 오셨습니다. 십자가의 대가를 지불하지 않고서는 우리를 하나님과 연결시킬 수 없었기 때문이었습니다. 그런데 사실은 그 십자가는 우리가 져야할 형벌이었습니다. 그러나 주님은 우리를 대신해서 수치와 고통의 십자가를 지셨습니다. 그의 대제사장직은 십자가에 의해서 완성되었습니다.

그러므로 우리는 십자가로 완성되어진 예수님의 대제사장직 성격에 대해서 감사와 감격의 마음으로 늘 깊이 생각하며 살아가야 합니다. 주님께 대한 사랑과 믿음이 식어질 때 우리는 십자가에 달리신 예수님을 바라보아야 합니다.

19세기 대 설교가로 영국을 뒤흔들어 놓은「스펄전」은 이사야45:22 말씀으로 구원을 얻었다고 합니다.「스펄전」은 부모님과 함께 먼 곳에 있는 교회에 출석하고 있었습니다. 그런데 어느 주일 아침 눈보라가 심히 몰아치는 추운 아침이었습니다. 「스펄전」의 어머니는 "오늘은 눈보라가 심하니 근처 교회에 가서 예배를 드리자"고 했습니다. 「스펄전」은 모친과 함께 근처 조그마한 교회에 출석했습니다.

마침 그날은 목사도 눈보라로 길이 막혀 나오지 못하시고 별로 교육도 받지 못한 평신도 한분이 강단에 올라가서 이사야 45:22절 성경을 낭독했습니다. "땅 끝의 모든 백성들아 나를 앙망하라! 그리하면 구원을 얻으리라, 나는 하나님이라! 다른 이가 없음이니라." 그리고 나서 "예수를 쳐다보라, 예수를 앙망하라"고 하면서 간단하게 설교를 했습니다.

이 때 이 단순한 메시지에 6개월 동안 죄로 번민하던 「스펄전」이 마음에 큰 감동을 받고 어쩔 줄 몰라 할 때 설교자가 「스펄전」을 향하여 큰소리로 외쳤습니다. "청년이여! 당신은 이 말씀에 순종하여 지금 곧 십자가에 달리신 예수를 쳐다보라!" 이 때 「스펄전」은 십자가상의 예수님을 보게 되었습니다. 그와 동시에 그의 마음속에 말할 수 없는 기쁨과 용기와 구원의 확신이 솟아올랐습니다.

그는 그때의 감격을 그의 자서전에 다음과 같이 기록했습니다. "나는 그 순간에 구원의 길을 발견 하였다. 그 순간에 나의 눈은 완전히 예수를 쳐다보았다. 그 때 나의 눈에 가려져 있던 구름과 안개는 사라지고 어두움은 떠나갔다. 다만 남은 것은 내일의 밝은 빛뿐이었다. 나의 마음은 그 순간에 높이 올라감을 입었다. 다만 그리스도의 보혈과 그 자신만을 쳐다보는 신앙뿐이었고 찬미뿐이었다. 그 날에 경험과 나의 환희는 도저히 글이나 말로 다 표현할 수 없다. 나는 기쁨이 넘쳐 뛰기도 하고 춤추기도 하지 않을 수 없었다. 그때에 나의 정신적 만족과 환희는 무엇으로도 표현할 수 없다"고 했습니다. 「스펄전」이 구원받은 비결 -그것은 다만 십자가의 예수를 깊이 생각하며 바라본데 있었습니다.

그렇습니다. 십자가의 예수를 바라볼 때 실망하고 좌절상태의 번민이 사라집니다. 그리고 칭의의 확신이 생기고, 사죄의 기쁨이 용솟음치며,

구원의 체험을 갖게 됩니다. 내 영혼이 확실히 구원을 얻었다는 감격의 고백이 입에서 터져 나오게 됩니다.

여러분, 우리의 삶 속에 고통이 있습니까? 번민이 있습니까? 끝없는 죄의식과 죄책감이 나를 괴롭힙니까? 실망과 좌절의 깊은 수렁에 빠져 있습니까? 여러분, 그렇다면 십자가에 달리신 예수를 깊이 묵상하시기 바랍니다. 우리의 죄를 대속하시기 위해서 십자가의 고뇌를 묵묵히 인내하시는 예수님을 바라보시기 바랍니다.

「몰트만」 교수는 「십자가에 달리신 하나님」이라는 글에서 "예수의 고난은 태어나셔서 부터 십자가에 돌아가실 때까지 그의 삶 전체가 고난의 생애였다"고 말했습니다. 하나님과 꼭 같으신 분이 인간의 몸을 입으셨다는 그 자체 낮아진 자체부터가 고난의 시작입니다.

그는 33년 생애를 가난하게 지내셨습니다. 그 삶 자체도 고난이었습니다. 우리는 예수님의 33년의 전 생애가 십자가의 삶이었고 고난의 삶이었다는 사실을 잊어서는 안 됩니다. 그것은 우리 모두를 위한 대제사장직의 완성을 위해 그 스스로 자초한 고난이었습니다. 그러므로 우리는 우리의 생이 다하는 그 날까지 우리의 십자가를 지고 그리스도를 따라가는 – 그리스도의 삶을 따르고, 그리스도의 삶을 배우고, 실천하는 삶을 살아가야만 합니다.

셋째로 "예수를 깊이 생각하라"는 말씀은 예수님의 마음과 생활을 깊이 생각하며 본받으라는 뜻이 있습니다. 예수그리스도를 믿는다는 것은 예수님의 마음을 배우고, 그 마음을 갖는다는 것을 의미합니다. 사도바울은 빌립보서2:5에서 "너희 안에 이 마음을 품으라! 곧 그리스도 예수의 마음"이라고 했는데 예수의 마음은 어떤 마음입니까?

예수님께서는 마태복음11:29에서 친히 이 문제를 말씀하시면서 "나는 마음이 온유하고 겸손하니, 나의 멍에를 메고 내게 배우라"고 하셨습니다. 온유와 겸손 이외에도 예수님의 마음을 여러 가지가지로 표현할 수 있을 것입니다. 그러나 우리가 그리스도의 사람으로서 사회생활을 해 나감에 있어서 또는 인간관계를 가짐에 있어서 필수적인 성품이 온유와 겸손이어야 함을 특별히 강조하신 것 같습니다. 우리는 하나님과 동등됨을 포기하고 인간의 몸으로 종의 형체로 낮아지셔서 끝까지 복종하셨던 그의 낮아지심의 마음을 배워야 합니다.

여러분! 우리가 본래 가지고 있는 성격으로는 그리스도의 사람으로 살아 갈 수가 없습니다. 그리스도의 마음을 소유하여야만 우리의 마음이 변화될 수 있고, 개선 될 수 있고, 발전될 수 있다는 사실을 꼭 기억하시기를 바랍니다.

여러분, 그리스도를 마음에 영접하신 후 여러분의 인격과 성품은 어떠한 변화가 있었습니까? 또한 "예수를 깊이 생각하라"는 말은 그의 생애 그의 생활을 깊이 생각하라는 뜻입니다. 그의 생애는 가난하고 고독한 생애였습니다. "여우도 굴이 있고 공중의 새들도 거처가 있으되 인자는 머리 둘 곳이 없다."(마8:20)고 하셨습니다. 그의 생애는 불의한 세력에 의해 끊임없이 도전받는 생애였습니다. 그러면서도 그의 전 생애는 헌신과 희생과 봉사의 생애였습니다.

주님은 막10:45절에서 "인자가 온 것은 섬김을 받으러 온 것이 아니라 오히려 섬기려 하고 자기 목숨을 버려 많은 사람의 대속물로 주려 함이라"고 말씀하셨습니다. 우리가 그리스도인이 된다고 하는 것은 그리스도를 닮아가며 그의 생활을 따른다는 것을 뜻합니다.

그런데 예수그리스도의 삶은 전적으로 자기를 위한 삶이 아니라 남을 위한 삶이었습니다. 그래서 독일의 신학자 「본 회퍼」는 말하기를 "그리스도인은 남을 위해 사는 사람들"이라고 규정했습니다.

스웨덴의 유명한 루터교 신학자 「구스타프 아울렌」은 죄의 본질적인 속성 중에 가장 대표적인 것이 이기심이라 하였습니다. 오늘 현대인의 마음속에 도사리고 있는 가장 근본적인 죄성은 이기심이라는 것입니다. 나 아니면 되지 않는다, 나 중심이어야 한다는 생각이 국가적으로 확대

되면 독재가 되고 마는 것입니다. 현대인의 삶 속에 도사리고 있는 가장 극악한 독소는 '자기중심'이라고 하는 삶의 구조일 것입니다. 심지어 예수 그리스도를 믿는다는 그 자체도 자기중심으로부터 출발할 때 그 자체가 죄를 벗어날 수 없다는 사실입니다.

그러므로 「아울렌」은 말하기를 "하나님을 잘 믿는다는 구실로 자기 목적 성취에 하나님을 도구로 전락시킬 때 바로 가장 세련되고 섬세한 죄를 범하게 되는 것이다."라고 말하였습니다. 하나님을 잘 믿는다는 핑계로 그 뒤에 자기중심이 도사리고 있다면 믿음이 좋다고 하지만 그 자체도 죄라 하는 것을 밝히고 있는 것입니다. 오늘 우리들의 삶속에 얼마나 헌신적인, 봉사적인, 남을 위하려 하는 이타적인 삶의 구조가 있는가 하는 것을 우리 다시 한 번 반성하는 시간이 되시기 바랍니다. 오늘날 현대인들은 얼마나 철저하게 자기중심적입니까? 내 자신, 내 가정, 나 자신의 울타리를 벗어나지 못하는 것은 우리들의 모습입니다.

우리들 스스로의 기도도 검토해 보시기 바랍니다. 기도 속에 가장 많이 나타나는 것이 무엇입니까? 자기중심적인 것들뿐입니다. 나와 내 가정뿐입니다. 심지어는 그리스도의 사랑을 모든 사람들에게 나누어 주어야 할 교회마저도 철저하게 자기 동굴 속에 갇혀버린 것이 오늘 한국교회의 현실이 아닌가 생각해봅니다. 우리 기독교의 폭도 자기 집의 울타리를 넘어야 할, 높이 쌓여진 담장을 헐어버려야 할 단계가 아닌가 생각합니다.

친애하는 성도 여러분!

그리스도를 믿는 우리 자신이 얼마나 이타적인 삶을 살았는지, 내가 얼마나 남에게 주었는지, 얼마나 남에게 관심을 가졌는지 곰곰이 생각해 봅시다. 예수의 이름으로 독점하기 바라고, 예수의 이름으로 잘되기만 하고, 자기 출세만 하려고 하고, 자기 가정만 위하려고 하는, 그런 생각 속에서 그리스도를 닮고 그리스도를 배운다는 것은 불가능합니다. "예수를 깊이 생각하라" 하신 말씀은 그의 삶이 전폭적으로 희생과 봉사의 삶이었다는 것을 생각하라는 것입니다. 이런 각도에서 본다면 저 자신을 포함해서 우리 전체가 반성해야 할 일이라고 여겨집니다.

말씀을 맺으려고 합니다.

오늘날 한국교회의 신자들은 잘되는 것만이 축복인 줄 알고 있습니다. 잘 되어야만 은혜 받은 줄 알고 있습니다. 병 낫고, 돈 잘 벌고, 편안해야만 복 받은 줄 알고 있습니다. 그러나 이러한 사고방식은 잘못된 것입니다. 예수를 깊이 생각하면 그러한 생각이 얼마나 그릇되었는지를 금방 알 수 있습니다.

예수님은 "심령이 가난한 자는 복이 있다."고 했습니다. "애통하는 자, 의를 위하여 핍박을 받는 자가 복이 있다"고 하셨습니다. 오늘날 한국교회와 신자들은 뭔가 거꾸로 생각하고 있다는 느낌이 많이 듭니다. 우리를 살리시고 구원하신 예수님 때문에 조롱당하고, 핍박을 받고, 고난을 당할 때, 그것이 더 귀한 축복인 것을 우리는 잊어서는 안 될 것입니다.

우리는 잊혀져가는 예수 그리스도를 다시 찾아야 하겠습니다. 우리의 삶의 여러 영역에서 행방불명되신 예수 그리스도를 찾는 아픔과 노력이 있어야 하겠습니다. 평가절하 되고, 수많은 사람들에 의해 농락당하시고 있는 예수 그리스도의 권위와 명예를 되찾아야 하겠습니다. 이것이 격동의 말세를 살아가는 교회와 그리스도인 모두의 시급한 과제라고 생각합니다.

"예수를 깊이 생각하라."

이 시간 우리 모두 반성하며 새롭게 다짐하는 시간이 되기를 축원합니다.

2
일어나라! 가라!

수1:1~9

저는 지난주 「루터란 아워」라는 시간을 통해 방송된 짧은 글들을 엮은 조그마한 책자를 읽는 중에 「지배자와 지도자」라는 주제로 쓴 짤막한 글을 읽었습니다. 글 쓴 사람은 이 글에서 지도자층에는 두 가지 부류의 사람이 있다고 했습니다.

하나는 지배자요 또 다른 하나는 지도자가 있다고 했습니다. 지배자는 자기 이익과 안일을 도모하고 자신의 뜻과 야심을 채우기 위해서 다른 사람을 희생시키는 일을 주저하지 않는 사람이라고 했습니다. 좀 더 지배자의 성격을 분명히 한다면 독재자와 같은 뜻으로 이해할 수 있습니다.

그러나 지도자는 지배자와는 달리 근본적으로 차이가 있습니다. 참지도자는 그가 책임진 사람들의 복지와 행복을 최우선적으로 생각하고 자신을 희생하기를 망설이지 않는 사람이라고 했습니다. 참 지도자는 타인의 행복 속에서 자신의 행복을 찾으려는 사람들이라는 것입니다. 불행한 것은, 공동체를 이루며 살아가는 오늘날 현대인들의 세계에는 지배자는 많아도 참 지도자는 찾아보기 어렵다는 사실입니다.

특히 우리나라의 경우는 더욱 그런 것 같습니다. 반만년의 역사 속에서 참 지도자라고 자랑스럽게 내세울 수 있는 인물이 얼마나 됩니까? 특히 근대사에 있어서는 더욱 그러한 것 같습니다. 오늘날 우리나라의 형편이 이렇게 어렵게 된 것이나 앞길을 전혀 예측하기 어려운 상황에 까지 오게 된 것은 이 나라와 사회를 이끌어갈 참 지도자가 없다는 데에 가장 큰 이유가 있다고 생각합니다.

요즘 정치인들, 저마다 자기만이 '참 양심적이고 정의로우며, 국민을 위한 지도자'라고 떠들어 대고 있으나 국민들의 생각과는 거리가 먼 것 같습니다. 비단 정치인, 위정자들 뿐 아니라 사회 각계각층에서 참 지도자를 발견할 수 없다는 것이 우리가 갖고 있는 불행과 공허의 가장 큰 이유라고 생각됩니다.

그러면 이상적인 지도자는 과연 어떠한 사람인가?

성경에 보면 예수님을 가리켜 양을 치는 목자라고 표현하기도 했고 세상 죄를 지고 가는 어린양이라고도 표현했습니다. 다시 말해서 예수님은 목자이기도 했고 또 제물로 바쳐지는 양이기도 하셨습니다. 참 지도자는 예수님의 인격과 생애에서 보여 주셨듯이 양을 푸른 초장으로 인도할 수 있는 사람, 이리떼와 같은 짐승이나 위험 속에서도 양떼를 보호할 수 있는 사람, 그리고 여러 가지 위기와 인생의 폭풍우 가운데에서도 자신을 기꺼이 희생하며 양떼를 지도할 수 있는 사람, 그리고 길 잃은 작은 한 마리의 양을 위해서도 깊은 애정과 관심을 기울이는 사람이 참 지도자입니다. 또한 백성들을 위해서라면 어떠한 무거운 짐도 양어깨에 걸머질 수 있는 희생의 정신과 행동을 가진 사람, 봉사와 희생을 말로만 하지 않고 자신의 삶 속에서 실천할 수 있는 사람이 참 지도자의 자격이 있습니다.

아무리 눈을 씻고 보아도 우리 사회 속에서는 이러한 지도자를 찾아보기가 어렵습니다.

그런데 오늘 이 아침 우리는 본문을 대하면서 이스라엘의 참으로 위대했던 진정한 참 지도자 「모세」를 생각하게 됩니다. 그는 두 가지 면에서 참으로 위대하고 진실한 지도자였습니다.

첫째로 모세는 하나님 앞에서 하나님을 위한 위대한 지도자였습니다. 신34:10에는 이에 관해서 다음과 같이 기록하고 있습니다. "그 후에는 이스라엘에 모세와 같은 선지자가 일어나지 못하였나니 모세는 여호와께서 대면하여 아시던 자요, 여호와께서 그를 애굽 땅에 보내사 바로와 그 모든 신하와 그 온 땅에 모든 이적과 기사와 모든 큰 권능과 위엄을 행하게 하시며 온 이스라엘 목전에서 그것을 행한 자이더라." 여호와와 대면한다는 것은 상상도 못할 일이요, 웃사의 경우처럼 그것은 곧 죽음을 의미하는 것이었지만, 모세는 여호와 하나님을 직접 대면하는 것이 허락된 사람이었습니다. 이 한 가지 사실만으로도 그가 얼마나 하나님과 친밀하였는지를 그리고 하나님께서 그를 얼마나 귀하게 여기셨는지를 알 수가 있습니다.

그리고 그가 그렇게 하나님과 밀접한 관계를 가질 수 있었던 것은 하나님의 구원사역을 대행함에 있어서 늘 하나님만을 의지했고 하나님의 지시를 따랐으며 하나님께 항상 순종했기 때문이었습니다. 그렇습니다. 하나님 앞에서 진실 된 지도자 일꾼이 되는 비결은 그가 가지고 있는 지식도 경험도 명예도 아닙니다. 오직 하나님 말씀에 순종하는 자입니다.

하나님께서 모세를 인도하여 비스가 산꼭대기에서 가나안 지경을 굽어 살펴보게 하시면서 신34:4 "이는 내가 아브라함과 이삭과 야곱에게 맹세하여 그 후손에게 주리라 한 땅이라 내가 네 눈으로 보게 하였거니와 너는 그리로 건너가지 못하리라" 얼마나 통탄할 이야기입니까? 40년 동안, 아니 모세에게 있어서는 120년 동안 그렇게 사모하던 대망의 땅인데 온갖 시련과 역경 속에서도 오직 가나안의 꿈만을 간직하며 참고 견뎌왔는데 그리고 이제는 가나안 땅 바로 접경까지 왔는데 하나님은 "너는 그리로 건너가지 못하리라"고 선언하신 것입니다. 얼마나 낙심되며 원망스럽고 섭섭한 말씀입니까? 그러나 모세는 하나님의 뜻에 대해서 한마디의 불평이나 이견을 제시하지 아니했습니다.

신34;5은 단지 이렇게 기록했습니다. "이에 여호와의 종 모세가 여호와의 말씀대로 모압 땅에서 죽었다"고 했습니다. 왜 하나님께서 그렇게도 충성되고 진실한 종 모세를 가나안땅을 밟지도 못하고 느보산에서 죽게 하였는지 아무도 알 수는 없습니다. 그러나 분명한 것은 모세는 조금도 미련 없이 불평 없이 하나님의 죽음의 선고를 받아들였다는 사실입니다. 여기에 하나님의 종으로서 신앙의 한 지도자 모세의 위대함이 숨겨져 있습니다.

둘째로 그는 하나님에게 뿐 아니라 백성들에게도 위대한 지도자였습니다. 모세는 그 자신의 평안과 안일과 명예 때문에 살지 아니했습니다. 그는 늘 백성들의 아픔과 시련과 방황의 현장에 있었습니다. 백성들이 그를 배신하고 돌로 쳐 죽이려 할 때도 그들을 떠나지 아니했습니다. 가나안까지 그들을 인도해야 한다는 것, 그것이 자기에게 주어진 하나님의 명령이었기 때문에 자기의 모든 것을 희생하기까지 하나님의 명령을 이루어 드리고자 했던 것입니다. 그는 진정으로 자기 백성을 사랑했습니다. 자기의 전 존재를 이스라엘 백성을 위해 바쳤습니다. 사실은 그가 애굽 병정을 때려 죽인 것도 자기 백성들에 대한 뜨거운 민족애의 발로였습니다.

이스라엘 백성들의 금송아지 숭배사건으로 수천 명이 하나님의 진노로 죽어가고 이스라엘 백성 전체가 하나님의 진멸에 봉착하게 되었을 때 모세는 가슴 찢어지는 아픔으로 하나님께 호소했습니다. "슬프도소이다. 이 백성이 자기들을 위하여 금신을 만들었사오니 큰 죄를 범하였나이다. 그러나 이제 그들의 죄를 사하시옵소서 그렇지 아니하시오면 원하건대 주께서 기록하신 책에서 내 이름을 지워버려 주옵소서."(출32:31~32)

그는 이스라엘 백성들의 구원을 위해 자기의 생명을 기꺼이 바치고자 했습니다. 모세는 이스라엘 백성들에게 있어서 생명의 은인이요, 그들의 생존의 유일한 이유요, 근거였습니다. 그런데 그토록 위대한 영도자 모세는 그렇게도 대망하던 가나안 땅을 지척에 둔 채 모압 평지 느보산에서 120세의 나이로 파란만장했던 그의 생에 종지부를 찍고 말았습니다.

모세가 죽었을 때 모든 이스라엘 백성들은 그들이 가나안을 정복하고 가나안 땅을 소유한다는 것은 불가능하다고 생각했습니다. 모세가 없는 이스라엘, 모세가 없는 가나안으로의 여정, 그것은 생각할 수도 없을 정도로 모세의 지도력은 절대적이었던 것입니다. 그가 살아있을 때 이스라엘 백성들은 툭하면 그를 향하여 불평과 불만을 토로하고 심지어는 그를 죽이려고 도전하기도 했었지만 정작 모세가 죽음으로 그들 곁을 떠나 버리자 이스라엘 백성들은 무엇을 어떻게 해야 할지를 알지 못했습니다. 그들이 대망하고 목표하였던 가나안을 목전에 둔 가장 중요하고 결정적인 때에 지도자 모세를 잃은 슬픔과 절망은 말로 형용할 길이 없었습니다. 그들의 앞길에는 잘 훈련되고 싸움에 능한 가나안의 여러 종족들이 도사리고 있었습니다. 네피림의 후예인 아낙 자손과 같은 거인용사들도 있었습니다. 그들에 비하면 정말 이스라엘 백성들은 열 명의 정탐꾼의 표현처럼 메뚜기에 불과했습니다. 전쟁에 익숙하지 못했고 훈련도 받지 못했습니다. 변변한 무기도 없었습니다. 그래서 이스라엘 백성들은 그곳에 주저앉고 말았습니다. 30일 동안 모세를 위해서 애곡하며 울었습니다. 실망과 좌절의 심연 속으로 깊이 빠져버리고 말았습니다.

가나안 땅을 정탐한바 있는 여호수아도 얼마나 많은 가나안 족속들과의 전투를 벌여야 할지를 잘 알고 있었기 때문에 어쩌면 본문 5절 이하의 기사로 미루어 볼 때 모세가 없는 상황에서 무엇을 어떻게 해야 할지 전혀 갈피를 잡지 못하고 있었음이 분명합니다. 이때에 하나님께서는 여호수아에게 나타나 말씀하셨습니다. "너는 이 모든 백성으로 더불어 일어나 이 요단을 건너 내가 그들 곧 이스라엘 자손에게 주는 땅으로 가라." '백성들과 더불어 일어나라, 그리고 전진하라'는 것이었습니다.

사실 신명기 마지막장에 기록된 모세를 잃고 난 뒤 이스라엘 백성들의 슬퍼하고 절망하는 모습은 오늘을 살아가고 있는 많은 사람들, 많은 신앙인들의 모습과도 같습니다. 인간의 역사는 예전이나 지금이나 조금도 변함이 없습니다. 인간역사의 수레는 인간 자신이 움직이는 것이 절대로 아닙니다. 물론 하나님께서는 인간 역사의 과정 속에 늘 인간을 들어 사용하시지마는 인간들은 하나님의 사역과 섭리를 위해 사용되어지는 수단에 불과합니다. 인간의 역사는 전적으로 하나님의 손에 의해서 움직여 나갑니다.

그러나 우리는 신앙의 대전제인 이 사실을 잊고 살 때가 너무나 많은 것 같습니다. 인간이 설정한 무대에서만 본다면 출애굽의 주인공 모세의 죽음과 더불어 연극은 막을 내려질 수밖에 없다고 이스라엘 백성들은 생각했지만, 아직 이스라엘의 출애굽 시나리오가 끝난 것이 아니었습니다. 그런데 오늘날에도 모세의 죽음과 함께 출애굽의 사건은 막을 내려야 한다고 생각하는 신앙인들이 의외로 많은 것 같습니다. 어떻게 보면 이스라엘 백성들은 그때까지 하나님을 믿고 신뢰하고 따른 것이 아니라 인간 모세만을 의지하고 그에게 모든 짐을 지웠던 것입니다. 출애굽으로부터 가나안까지의 전 역사 가운데서 그들 스스로가 모세를 도와 하나님의 뜻과 섭리를 실천하고자 했던 모습은 전혀 찾아 볼 수가 없습니다. 모세는 기회 있을 때마다 강조했지만, 모세의 뜻과는 관계없이 이스라엘 백성들은 인간 모세만 의지하였지 모세 뒤에서 권능의 손으로 역사하시는 하나님의 섭리와, 그의 실존성과, 동행하심을 확신하지는 못했습니다. 그래서 그들은 모세가 죽은 뒤 슬퍼하고 애곡만 하였지 여호와 하나님께 앞으로의 일을 물을 엄두도 내지 못하고 있었던 것입니다. 그저 슬퍼하고, 실망하고, 좌절하고, 자포자기하며 주저앉아 있었습니다.

우리에게도 적용시켜 볼 수 있습니다. 예나 지금이나 그 마음속에 하나님을 상실한 인간은 역경과 시련 앞에 좌절할 수밖에 없습니다. 인간만을 의지하고 세상적인 조건에만 집착하고 있는 사람들은 어쩔 수 없이 유한한 그 모든 조건들이 상실되어져 버릴 때 절망하고 주저앉게 됩니다.

이스라엘 백성들은 광야에서 방황할 때 여러 번 물을 얻지 못해 모세를 원망하고 좌절했습니다. 마라에서, 르비딤에서, 그리고 므리바에서, 또한 애굽에서 가지고 나온 양식이 떨어졌을 때 모세를 원망하고 자신들의 현실을 비관하고 좌절했습니다. 그들은 지금까지 자기들을 인도한 하나님의 능력과 섭리의 손길을 생각하며 하나님께 매달리고 호소하지 아니했습니다. 현실의 어려움만을 보고 불평하고 좌절했습니다. 모세가 하나님께로부터 계명을 받기 위해 시내산에 올라가 40일간 그들 곁을 떠나있게 되었을 때는 "우리를 인도한 신을 우리를 위하여 만들자"고 하면서 금송아지를 만들어 섬기기까지 하였습니다. 그래서 민14:11절에 보면 하나님께서는 "이 백성이 어느 때까지 나를 멸시하겠느냐? 내가 그들 중에 모든 이적을 행한 것도 생각하지 아니하고 어느 때까지 나를 믿지 않겠느냐"고 한탄하시고 계신 모습도 발견하게 됩니다.

친애하는 성도 여러분!

오늘을 사는 우리 자신의 모습은 어떠합니까? 우리는 정말 아무 거리낌 없이 당시 이스라엘 백성들을 향해 손가락질 할 수 있습니까? 우리는 정말 자신 있게 어떠한 환경에서도 나의 마음과 나의 삶속에 여호와 하나님을 소유하고 있다고 자신 있게 말할 수 있습니까? 우리는 지금까지 늘 하나님의 도우심과 섭리 속에서 살아오고 있으면서도 이스라엘 백성들처럼 절망과 좌절의 늪에 빠져 허우적거리고 있지는 않습니까? 우리 앞에 조그마한 장벽이 가로 막으면 그나마 실오라기만한 감사와 신뢰마저도 저버리고 불신과 원망으로 쉽게 바꿔버릴 때가 많지는 않습니까? 여러분! 이 시간 아주 솔직하게 내 자신에게 물어 봅시다. 우리는 진정 하나님을 믿고 있습니까? 아니면 단지 하나님에 관한 것만을 피상적으로 믿고 있습니까? 과연 하나님은 나의 구주요 생사화복의 주관자입니까? 아니면 나의 욕구와 욕망과 욕심을 만족시켜주어야 하는 요술방망이 정도입니까? 혹시 우리의 마음속에는 언제라도 나에게 불행이 닥치고 역경이 앞을 가로 막을 때 하나님을 헌신짝처럼 차버릴 수 있는 가능성이 존재해 있지는 아니합니까?

여러분! 분명히 기억하시기 바랍니다. 성경에 나타난 여호와 하나님, 인간 역사 속에 개입하시고 인간역사를 운전하시는 하나님, 그 하나님은 단 한 번도 인간의 의지나 욕구 때문에 그의 뜻을 중단하시거나 변경하시는 분이 아니었습니다. 본문에 보여주는 대로 하나님은 모세의 죽음과 더불어 이스라엘의 역사에서 손을 떼시지 않으셨습니다. 인간의 역사는 중단되어도 하나님의 역사는 중단이 없습니다. 하나님의 구원사역은 언제나 하나님에 의해 예비되었고 진행되어 나갑니다. 그리고 반드시 그의 뜻한대로 이루어져 왔고 또 앞으로 성취되어질 것입니다. 인간역사가 계시록의 예언대로 종말을 고하는 바로 그 순간까지, 하나님을 위한 신실한 종들이 수없이 죽어 간다고 해도 하나님은 전혀 그의 뜻을 이루어 가심에 있어서 한 치의 동요나 변경이 없습니다.

믿음의 사람 노아는 갔어도, 아브라함, 이삭, 야곱은 이 지상에서 사라졌어도, 그리고 베드로와 바울은 이 세상을 떠났어도, 20세기 오늘의 상황이 패역의 극을 향해 달음질친다고 해도, 요한계시록 22장 21절에 마지막 마침표가 찍히는 바로 그 순간까지 인간의 역사에 대한 그의 섭리는 한 치의 오차도 없이 진행되어지고 또 완성되어질 것입니다. "내 종 모세가 죽었으니 이제 너는 모든 백성으로 더불어 일어나 약속의 땅으로 가라!" 모세의 죽음이 하나님의 계획을 지연시키거나 중단케 할 수는 없다는 이야기입니다.

"백성으로 더불어 일어나라!" 무슨 말씀입니까? 좌절과 실망과 자포자기의 그 자리를 박차고 일어나라는 뜻입니다. 지금까지 인도해 주신 하나님의 능력과 섭리하심을 소망하고 좌절의식을 벗어버리라는 의미입니다. 절망에서 일어나라는 말입니다. 절망 의식을 떨쳐버리라는 뜻입니다. 전진을 준비하라는 의미입니다.

그렇습니다. 도대체 하나님의 백성에게는 어쩔 수 없는 운명, 극복할 수 없는 좌절의 장벽은 존재하지 않습니다. 하나님께서 이루고자 하시는 뜻에는 헤쳐나가지 못할 불가능은 없습니다. 예수님께서도 말씀하시기를 "믿는 자에게는 능치 못할 것이 없다"고 하셨고 그에게 문제를 안고 찾아온 모든 자들에게 "너희 믿음대로 될지어다."라고 분명하게 말씀하셨습니다. 좌절과 포기는 불신앙의 소치입니다. 설사 그것이 객관적으로 실패라고 모든 사람이 단정해도 하나님의 사람, 하나님을 믿는 자에게는 그것은 실패가 아닙니다.

로버트 슐러 목사는 다음과 같이 말했습니다. "실패는 당신이 실패자임을 의미하지 않습니다. 실패는 다만 당신이 아직 성공하지 못했음을 의미할 뿐입니다." 실패는 당신이 열등하다는 것을 의미하지 않습니다. 실패는 다만 당신이 완전한 존재가 아님을 의미할 뿐입니다. 실패는 당신이 인생을 낭비했다는 것을 의미하지 않습니다. 실패는 다만 당신이 다시 출발해야 할 좋은 이유를 갖고 있음을 의미할 뿐입니다. 실패는 당신이 포기해야 한다는 것을 의미하지 않습니다. 실패는 다만 당신이 더 열심히 해야 한다는 것을 의미할 뿐입니다. 실패는 당신이 결코 해 낼 수 없음을 의미하지는 않습니다. 실패는 다만 시간이 더 오래 걸린다는 것을 의미할 뿐입니다. 실패는 하나님께서 당신을 버리셨다는 것을 의미하지는 않습니다. 실패는 다만 하나님께서 더 좋은 계획을 갖고 계심을 의미할 뿐입니다.

실제로 역사는 실패하여 좌절하고, 비관하고, 주저앉은 사람에 의해서가 아니라, 실패에도 불구하고 적극적으로 실패를 딛고 다시 또 도전하고 또 도전했던 사람들에 의해서 발전되어 왔습니다. 모세의 죽음은 분명히 그들의 목표였던 가나안 정복이라는 궁극적 목적에 대해 결정적인 타격을 주었습니다. 이스라엘 백성들은 모두가 '이제 우리는 가나안 정복에 실패할 수밖에 없다'고 생각했습니다.

그러나 여러분! 슐러 목사님의 말씀처럼 하나님께서는 이스라엘 백성들이 생각하듯이 모세의 죽음 때문에 이스라엘 백성을 포기 하신 것이 아니었습니다. 하나님께서는 이스라엘 백성들을 위해 더 좋은 계획을 갖고 계셨던 것이었습니다. 그것은 가나안 입성을 앞두고 이스라엘의 출애굽의 역사, 광야 40년의 역사, 가나안 정복의 대 역사가 인간의 힘에서가 아니라 전적으로 하나님의 주권과 능력과 섭리 속에서 진행되었고 또 완성될 것임을 굳게 믿게 해서 더욱더 하나님을 의뢰하고 신뢰하게 하시기 위함에 있었습니다.

또 우상숭배가 만연하고 있는 가나안 땅에 들어가기 전에 인간의 생사화복을 주관하시는 분은 오직 여호와 하나님 한분뿐이라는 사실을 일깨워 주시기 위함에 그 목적이 있었습니다. 그리고 하나님의 섭리는 인간에 의해 좌절되거나 중단되는 것이 아니라는 사실도 아울러 깨닫게 하시기 위함이었던 것입니다.

"모든 백성으로 더불어 일어나라!"

하나님의 구원 역사는 조금도 변함이 없습니다. 중단되지 아니 했습니다. 좌절을 딛고 일어나라. 절망을 딛고 일어나라. 사도 바울은 이 정신을 다음과 같이 서술했습니다. 엡4:22~23 "너희는 유혹의 욕심을 따라 썩어져 가는 구습을 좇는 옛사람을 벗어버리고 오직 심령으로 새롭게 되어 하나님을 따라 의와 진리와 거룩함으로 지으심을 받은 새사람을 입으라."

친애하는 성도 여러분!

좌절의 자리를 걷고 일어납시다. 우리의 앞길을 가로막는 절망의 둔덕을 넘어섭시다. 그리고 1990년 이 한해, 우리를 끈질기게 유혹하는 이기적인 욕심과 욕망, 썩어져 가는 파멸의 길로 몰아가는 못된 죄악의 습관들을 끊어 버리고, 죄악의 자리, 오만한 자의 자리를 걷고 일어납시다.

하나님은 말씀하셨습니다. "내가 그들 곧 이스라엘 자손에게 주는 땅으로 가라!" 전진명령입니다. 전쟁이 나면 소대장 분대장에게도 즉결 심판권이 주어집니다. 돌격명령을 거부하고 머뭇거리거나 도망치는 병사는 사살해도 죄가 되지 않습니다. 그래서 공격명령이 떨어지면 아무리 총탄이 빗발쳐도 공격목표를 향해 전진해야 합니다. 그러나 하나님의 '전진하라!'는 명령은 이렇게 강압적이고 위협적인 명령이 아니라 충분한 보장이 전제되어진 전진명령이었습니다. "내가 모세에게 말한 바와 같이 무릇 너희 발바닥으로 밟는 곳을 내가 다 너희에게 주었노라" 비록 가나안 땅은 아직 정복되지 아니한 상태였습니다. 그러나 하나님께서는 "너희들이 가나안땅에 들어가서 두 발바닥으로 힘껏 땅을 밟고 이 땅은 하나님께서 우리에게 주신 땅이라고 주장하기만 하면 다 너희 것이 될 것"이라는 보장이었습니다.

신앙의 신비함이 여기 있습니다. 아직 이스라엘 백성들은 한번도 구경하지 못한 땅이었습니다. 그러나 하나님께서는 벌써 아브라함 때 이스라엘을 위해 그 땅을 이스라엘에게 주셨습니다. 주인이 이스라엘 백성이라는 이야기입니다. 가나안 족속은 마치 전세 사는 사람에 불과했습니다. 전세기간이 끝났으므로 이스라엘 백성들은 그 땅에 들어가서 이 땅은 우리 땅이라고 주장하기만 하면 된다는 것이었습니다.

그러나 사실 그것은 대단한 용기가 필요했습니다. 하나님을 전폭적으로 신뢰하고 알지 못한다면 그것을 도저히 불가능한 일이었습니다. 요즘처럼 무슨 땅문서가 있는 것이 아니고, 전세계약서가 있었던 것도 아니고, 이 가나안 땅이 우리 것이라고 해서 순순히 물러갈 그들이 아니었기 때문입니다. 그럼에도 불구하고 하나님께서는 이스라엘 백성들에게 구체적으로 말하시기를 "광야와 레바논에서부터 큰 하수 유브라데에 이르는 헷족속과 온 나라와 해지는 편 대해까지" 이스라엘의 소유가 될 것임을 선언하시고 보장하셨습니다.

그리고 하나님께서는 여호수아에게 약속하기를 "너의 평생에 너를 능히 당할 자가 없을 것"이라고 하시면서 모세와 함께 있었던 것처럼 여호수아와 함께 하실 것이며 여호수아와 이스라엘에게서 떠나지 아니할 것임을 약속하셨습니다. 이 하나님의 약속이야말로 이스라엘 백성과 여호수아에게 주신 가장 강력한 보장이었습니다. 왜냐하면 이 약속은 일찍이 모세에게 한 약속으로서 출애굽으로부터 다시 모압 평지에 이르기까지 한 치의 어김도 없이 지키신 약속이었기 때문이었습니다.

여러분! "내가 너희와 함께 하며 너를 떠나지 않겠노라!" 이 약속은 모든 하나님의 백성에게 주시는 불변하는 약속입니다. 이 약속은 우리 조상에게 주신 약속이요, 오늘 이 시간 하나님의 백성임을 고백하는 우리 모두에게 주시는 살아 있고 효력 있는 하나님의 약속인 것입니다. 이 약속을 믿는 자는 어떠한 난관에 봉착해도 강하고 담대할 수 있습니다. 하나님의 약속의 성취를 확신하는 자에게는 어떠한 최악의 상황과 환경 하에서도 절대로 약해지거나 좌절하지 아니합니다.

그렇습니다. 하나님의 백성 그리스도인의 사전에는 절망이라는 단어는 없습니다. 절망이라고 생각되어지는 상황 속에서도 하나님의 백성은 하나님의 구원의 손길을 확신하며 또 체험하며 살아갑니다. 하나님께서는 오늘도 우리를 향해 '전진하라'고 명령하십니다. 용기를 가지고 1990년이라는 시간을 향해 전진하라고 명령하십니다. 그리고 내가 늘 함께 하며 너를 떠나지 아니할 것이라는 약속도 함께 해 주셨습니다.

여러분! 우리가 하나님을 의지하는 한 하나님은 이 한해 틀림없이 우리와 함께하시며 우리의 길을 인도해 주실 것입니다.

이제 결론적으로, 그러면 우리는 어떻게 하면 이러한 하나님의 약속을 보장 받을 수 있으며 강하고 담대한 마음을 소유할 수 있는 지를 생각해 보고 말씀을 맺겠습니다. 본문 7절과 8절이 그 유일한 방법을 제시해 주고 있는데 그것은 "여호와의 율법을 늘 묵상하며 지켜 행하는 데"있다고 했습니다. 시편 1편을 보면 복 있는 사람, 즉 의인은 '오직 여호와의 율법을 즐거워하며 주야로 묵상하는 자'라고 했는데 여기 묵상이라는 원어의 뜻은 "골똘히 생각한다"는 뜻과 "부르짖는다" 또는 "갈구한다" "애통한다"는 뜻 모두를 포함하고 있습니다. 즉 모든 정신과 열정과 영혼을 다하며 사모한다는 의미입니다.

그렇습니다. 우리의 힘과 소망과 용기의 원천은 오직 하나님의 말씀에 있습니다. 아무리 유명한 세계명작도, 명언집도, 사상집도, 영원하고도 불변하는 힘과 용기를 인간에게 공급치 못하지만, 하나님의 말씀은 오고 오는 모든 인류의 마음속에 변함없는 소망과 용기를 공급해 줍니다. 병든 자에게는 위로를, 실패자에게는 새로운 희망을, 죽음을 눈앞에 둔 자에게 절망일 수밖에 없는 죽음까지도 영원을 향한 출발점으로 확신케 해 주는 놀라운 에너지를 공급해 줍니다. 실망과 좌절에 몸부림치는 자에게 용솟음치는 소망과 가능의 힘을 공급해 줍니다. 때문에 우리는 하나님의 말씀을 우리의 입에서 떠나지 말게 해야 합니다.

그러나 우리가 한 가지 유의해야 할 것은 하나님의 말씀을 지식적이고 습관적인 관념의 테두리에만 묶어두어서는 아무 의미도 없고 유익도 없습니다. 요는 그 말씀대로 살아야 하고 그 명령대로 지켜 행해야 합니다. 하나님의 말씀을 지성적으로 이해하고, 윤리적으로 분석하려는 유혹에 끌려 방황하기 보다는, 진리의 말씀 그대로 믿고 행하려는 순종과 겸손이 우리에게는 필요합니다. 하나님의 말씀이 가라하면 가고 서라하면 서면 됩니다. 그러면 넘실거리는 홍해바다도, 망설임의 요단강도, 강력한 여리고성도 문제될 것이 없습니다. 하나님의 말씀에 대한 확고한 신뢰와 믿음, 그리고 겸손한 순종은 우리가 어디로 가든지 형통케 하고 어디고 가든지 우리의 길이 형통케 되는 열쇠가 될 것입니다.

"가라! 내가 모세에게 말한 바와 같이 무릇 너희 발바닥으로 밟는 곳을 내가 너희에게 다 주었다" "너의 평생에 너를 능히 당할 자가 없으리니, 내가 모세와 함께 있었던 것 같이 너와 함께 있을 것임이라. 내가 너를 떠나지 아니하며 버리지 아니하리니 마음을 강하게 하라 담대히 하라." 모쪼록 우리의 남은 삶은 여호와 하나님의 이 확고하고도 명백한 약속을 확신하는, 강하고 담대한 삶이 되어질 수 있기를 기원합니다.

3
실족하지 않게 하기 위하여
마17:24~27

사람들은 각자가 가지고 있는 가치관에 따라 행동합니다. 다른 말로 표현하면 삶이나 행동의 기준이 자기입니다. 아무리 보편타당성을 갖는 가치라 할지라도 생각이나 상식적으로 그것이 옳다 인정해도 행동은 자기 가치관을 고집하는 것이 일반적입니다. 내 뜻에 맞고 좋아야 행동합니다. 아무리 객관적으로 옳고 정당하고 상식적인 것이라 해도 내 뜻에 맞지 않고 마음에 들지 않으면 좀처럼 행동하지 않습니다.

그러나 성도의 행동양식은 근본적으로 달라야 합니다. 성도의 삶이나 행동을 결정하는 기준은「내」가 아닙니다. 성도의 행동을 결정하는 기준은 하나는 하나님이요 또 하나는 이웃입니다. 아무리 내가 옳다고 생각하거나, 하고 싶어도 그것이 하나님의 뜻이 아니거나 이웃에게 피해나 오해가 되는 것이라면, 다시 말해서 오늘 설교의 제목처럼 이웃을 실족하게 할 개연성이 있다면 행동으로 옮겨서는 안 된다는 것입니다. 반면에 아무리 내 마음에 안 들고 내게 해가 된다 하더라도 그것이 하나님의 뜻에 합한 것이라면 반드시 해야 합니다.

사도바울은 그 이유를 이렇게 말합니다. 갈2:20 내가 그리스도와 함께 십자가에 못 박혔나니 그런즉 이제는 내가 사는 것이 아니요 오직 내 안에 그리스도께서 사시는 것이라. 이제 내가 육체 가운데 사는 것은 나를 사랑하사 나를 위하여 자기 자신을 버리신 하나님의 아들을 믿는 믿음 안에서 사는 것이라.

그렇습니다. 사도바울처럼 그리스도와 함께 십자가에 못 박힌 그리스도인, 그리고 그리스도와 함께 죄와 사망에서 다시 살아난 성도들, 그래서 그리스도를 주님이라고 고백하고 섬기는 성도들은 생존의 이유나 목적은 물론이고 모든 삶이나 행동의 근거나 기준은 내가 아니라 하나님이요, 그리스도이어야 함은 너무나 당연한 것입니다.

그리고 그리스도에 의해서 새 삶을 시작한 성도의 가장 확실한 증거는 이웃에 대한 태도입니다. 과거에는 자기중심의 이기적인 사고와 행동이 삶의 대부분이었다면 이제는 근본적으로, 본질적으로 바뀌어야 합니다.

왜냐하면 사도바울이 말한 것처럼 이제는 내 안에 그리스도가 사시기 때문입니다. 그리스도가 내 삶의 주체가 되셨기 때문에 주님의 가치관에 입각해서 살아야 합니다. 주님의 삶의 모습을 본받으며 살아야 하고 주님의 행동양식을 따라야 합니다.

주님은 무엇이라고 말씀하십니까? "내가 하늘에서 내려온 것은 내 뜻을 행하려 함이 아니요 나를 보내신 이의 뜻을 행하려 함이니라."(요 6:38)

그렇다면 그리스도를 주로 고백하고 섬기며 그를 힘입어 살아가는 성도들은 어떤 마음 어떤 태도로 살아야 합니까? 답은 너무나 분명합니다, 주님 뜻대로 살아야 합니다.

주님 뜻대로 살기로 했네 주님 뜻대로 살기로 했네
주님 뜻대로 살기로 했네 뒤돌아서지 않겠네
이 세상사람 날 몰라줘도 이 세상사람 날 몰라줘도

이 세상사람 날 몰라줘도 뒤돌아서지 않겠네
세상 등지고 십자가 보네 세상 등지고 십자가 보네
세상 등지고 십자가 보네 뒤돌아서지 않겠네

그렇습니다. 너무나 당연한 이야기지만 성도는 주님 뜻대로 살아야 합니다. 반복되는 얘기지만 우리의 생각이나 사고방식이나 행동양식이나 삶의 스타일이 예수님을 본받아야 하고 닮아 가야 하고 따라가야 합니다. 이것은 절대로 타협하거나 우리의 편의에 따라 가감되어서는 안 될 불변의 원칙입니다.

그러나 우리가 꼭 명심해야 할 것은 주님 뜻대로 산다는 것이 이웃과의 관계를 무시하거나 소홀히 해도 괜찮다는 의미로 해석해서는 안 된다는 것입니다.

어떤 사람이 첫째 되는 계명이 무엇이냐고 물었을 때 주님은 마음과 뜻과 목숨을 다하여 하나님을 사랑하는 것이라고 하신 후에 이웃을 네 몸과 같이 사랑하는 것이라고 했습니다. 하나님 사랑과 이웃사랑을 같은 선상에 놓고 말씀하신 것입니다.

주님은 산상수훈에서 이 원리를 강조하시면서 "무엇이든지 남에게 대접을 받고자 하는 대로 먼저 남을 대접하라"로 하셨습니다.

이것이 율법이요. 선지자라고 하셨습니다. 기독교의 모든 율법이 하나님 사랑하는 것과 이웃에 대한 따뜻한 배려와 선한 이해로부터 시작되어야 함을 강조하신 것입니다.

오늘 본문의 사건에서도 주님의 이러한 정신이 잘 나타나 있습니다. 본문 27절에 보면 예수님의 행동의 최우선은 무엇인지 잘 보여주고 있습니다. "그러나 우리가 그들이 실족하지 않게 하기 위하여" 주님의 이 말씀은 무엇을 암시하고 있습니까? 본문에 기록된 내용대로 하지 않아도 전혀 문제 될 것이 없지만 사람들이 오해하거나 혹 마음에 시험이 들지도 모르기 때문에 그렇게 한다는 것입니다.

오늘 본문에 기록된 사건은 예수님이 가버나움에 이르렀을 때에 반 세겔 받는 자들이 왜 반 세겔을 내지 않느냐고 시비를 걸면서 사건이 전개되고 있습니다. 당시 이스라엘에서는 예루살렘 성전을 유지하기 위해서 세금을 받았는데 이 세금 걷는 자들을 가리켜서 「반 세겔 받는 자」라고 불렀습니다. 반 세겔은 노동자들의 이틀분의 품삯입니다. 반 세겔 받는 자들의 시비를 전해들은 예수님은 베드로에게 반문했습니다. 25절 "시몬아 네 생각은 어떠하냐 세상 임금들이 누구에게 관세와 국세를 받느냐 자기 아들에게냐 타인에게냐 베드로가 이르되 타인에게 이니이다. 예수께서 이르시되 그렇다면 아들들은 세를 면하리라" 베드로는 "타인에게서 받는다"고 대답했습니다.

절대 군주 시절에는 왕의 가족이나 친족들은 세금을 내지 않았습니다. 예수님의 질문의 의도는 성전세가 결국은 하나님을 위해서 내는 것이라면 하나님의 아들인 예수님은 이 세금을 내지 않아도 전혀 문제 될 것이 없다는 것입니다. 26절의 말씀이 그것입니다. "그렇다면 아들들은 세를 면하리라" 그런데 주님은 베드로에게 세금을 내라고 말씀하십니다. 그 이유가 어디에 있습니까? 그것은 잠시 말씀드린 것처럼 "그들이 실족하지 않게 하기 위해서"입니다. 그 이유는 단지 그것뿐이었습니다.

실족한다는 말은 '넘어지게 한다'는 뜻입니다. 그렇다면 "실족하지 않게 하기 위해서"라는 주님의 말씀은 무슨 뜻입니까? 예수님이 메시야 되심을 믿지 않는 유대인들의 눈으로 볼 때는 예수님이 성전세를 내지 않는다면 율법을 거스리거나 예루살렘 성전을 무시하는 행위로 비춰질 수 있고 또 예수님을 따르는 자들은 성전세를 내지 않아도 무방하다는 오해를 가질 수도 있다는 것입니다. 그래서 성전세를 내라고 하신 것입니다.

여러분이 잘 아시는 대로 예수님은 공생애를 시작하실 때 세례요한으로부터 세례를 받으셨습니다. 그러나 사실은 하나님의 아들이시요 죄가 없으신 예수님은 요한에게 세례 받으실 필요가 전혀 없습니다. 그래서 세례요한이 예수님께 세례 베풀기를 주저합니다. 그러자 주님께서는 “우리가 이와 같이 하여 모든 의를 이루는 것이 합당하다”고 하셨습니다.

이러한 주님의 행동이 우리 성도들에게 주고자 하시는 메시지는 분명합니다. 그리스도인들은 행동의 동기가 자기 자신에게 머물러 있어서는 안 된다는 것입니다. 다시 말해서 자기만의 의를 고집하고 그것에 안주해서는 안 된다는 것입니다. 법에 저촉되는 것이 없다고 해서 이웃이 어찌 되었던 자기만의 안일과 풍족함과 사치와 향락에 젖어 살아서는 안 된다는 것입니다. (ex, 거지 나사로의 비유에 나오는 부자, 세상 법으로는 하자 없다. 하늘의 법-이웃의 아픔을 외면한 죄)

여러분! 오늘 우리가 살고 있는 이 시대를 가리켜서 흔히 무한경쟁시대라고 합니다. 그래서 경쟁에서 살아남기 위해서 어떻게 해서든지 이겨야 한다고 말합니다. 세상논리는 상대를 제치면 제칠수록 성공이라고 말합니다.

그러나 그것은 예수님의 방법이 아닙니다. 오히려 주님의 요구는 이렇습니다. 마5:38~44 “눈은 눈으로 이는 이로 갚으라 하였다는 것을 너희가 들었으나 나는 너희에게 이르노니 악한 자를 대적하지 말라. 누구든지 네 오른편 뺨을 치거든 왼편도 돌려 대며 또 너를 고발하여 속옷을 가지고자 하는 자에게 겉옷까지도 가지게 하며 또 누구든지 너로 억지로 오 리를 가게 하거든 그 사람과 십리를 동행하고 네게 구하는 자에게 주며 네게 꾸고자 하는 자에게 거절하지 말라.” 한마디로 말해서 경쟁이 아니라 공존하라는 것입니다. 소위 상생의 원리입니다.

여러분! 우리는 남을 먼저 배려하고, 이해하고, 용납하고, 먼저 화해의 손을 내민다는 것이 얼마나 어려운지 잘 알고 있습니다. 그래서 주님과 교회를 위한 논의와 봉사의 과정에서도 얼마나 자주 마찰과 갈등을 일으키는지 모릅니다. 그런데 이러한 마찰과 갈등은 주로 자기 위주의 생각과 편견과 고집과 판단 때문에 일어납니다. 자기만이 옳다는 고집 때문입니다. 모두가 하나님의 자리에 서 있기 때문입니다.

이런 어처구니없는 현상은 하나님 앞에서 모든 인생들은 누구나 불완전할 수밖에 없다는 사실을 망각하기 때문입니다. 자기 시각만으로 판단하고 따지고 주장하면 자신의 이기심 이상을 뛰어 넘을 수가 없습니다. 그런 식으로 행동하다보면 교회생활이던 사회생활이던 만나는 사람마다 문제를 일으키고 다툼을 일으킵니다. 자기만 옳고, 자기만 잘 났다고 하는 사람 – 누가 좋아하고 누가 따르겠습니까?

그러므로 "그러나 우리가 저희로 실족케 하지 않기 위하여" 주님의 이 정신이 우리의 모든 삶과 인간관계의 영역에서 취해야 할 필수적인 고려점이 되어야 할 것입니다. 우리 그리스도인들은 복음 안에서 자유로운 신분이지만 그 자유를 절제해야 할 때가 더 많이 있음을 명심해야만 합니다. 사도바울은 로마서14장에서 이 문제와 관련해서 구체적인 예를 들고 있습니다. 로마교회 안에는 믿음이 좋은 자와 그렇지 않은 자 사이에 우상제물을 먹는 문제로 갈등이 있었습니다. 믿음이 좋은 사람에게는 우상에게 드렸던 음식이라고 해서 문제 될 것이 없었습니다. 왜냐하면 모든 음식은 하나님께서 주신 것이기 때문입니다. 그러나 믿음이 약한 자들은 우상에게 바쳤던 음식을 먹는 것은 마치 우상을 숭배하는 것과 같은 행동으로 여겨졌기에 이것이 시험거리가 되었습니다.

이 문제에 대해서 사도바울은 이렇게 말합니다. 로마서14:1~3 "믿음이 연약한 자를 너희가 받되 그의 의견을 비판하지 말라 어떤 사람은 모든 것을 먹을 만한 믿음이 있고 믿음이 연약한 자는 채소만 먹느니라 먹는 자는 먹지 않는 자를 업신여기지 말고 먹지 않는 자는 먹는 자를 비판하지 말라 이는 하나님이 그를 받으셨음이라"

그러면서 사도바울은 이렇게 권면합니다. 로마서14:20~21 "음식으로 말미암아 하나님의 사업을 무너지게 하지 말라 만물이 다 깨끗하되 거리낌으로 먹는 사람에게는 악한 것이라 고기도 먹지 아니하고 포도주도 마시지 아니하고 무엇이든지 네 형제로 거리끼게 하는 일을 아니함이 아름다우니라."

사도바울은 말합니다. 고전10:23~24에서 성도들의 행동원칙을 이렇게 제시합니다. "모든 것이 가하나 모든 것이 유익한 것은 아니요 모든 것이 가하나 모든 것이 덕을 세우는 것은 아니니 누구든지 자기의 유익을 구하지 말고 남의 유익을 구하라."

그렇습니다. 이것이 그리스도인의 행동원리입니다. 진리의 문제가 아니고 죽고 사는 문제가 아니라면 상대방을 실족하게 할 정도로 자기를 주장하거나 고집해서는 안 됩니다. 그래서 얻는 것 아무것도 없습니다. 오히려 갈등과 반목을 조장 할 뿐입니다. 또 한 가지 "우리가 저희로 실족하지 않게 하기 위하여 세금을 내라"고 하신 주님의 말씀은 우리 그리스도인들은 그 누구보다 세상의 제도와 법과 질서를 성실하게 지켜야 한다는 것을 교훈하고 있습니다.

성도는 하늘나라 백성이기 때문에 세상법이나 질서를 무시해도 좋다거나 소홀히 해도 괜찮다는 생각을 가져서는 안 됩니다. 교회를 위한 일이라면 법을 어겨도 괜찮다는 생각 – 안 됩니다. 또 교회나 주님을 위한 일이라면 부정한 방법으로 돈을 모아도 괜찮다는 생각을 갖는 성도들이 의외로 많은 것 같습니다. 선교헌금을 많이 내면 그 자금이 어떤 성격의 것이든 문제되지 않는다는 생각, 버려야 합니다. 그것은 정직하고 성실하게 열심히 살아가는 사람들을 모욕하는 행위입니다. 또 있습니다. 은혜 받으면 상식도 없고, 위아래도 없고, 무례해도 괜찮다는 생각이나 행동 – 버려야 합니다. 이렇게 다른 사람을 실족케 하고 불신자들에게 비난의 빌미를 주는 것은 하나님의 영광을 욕되게 하는 죄입니다.

그리스도인들은 분명 하늘나라의 백성이요 하나님의 통치를 받는 사람들이지만 우리가 이 세상에 발붙이고 사는 동안에는 이 세상 나라의 법과 질서를 따라야 합니다. "가이사의 것은 가이사에게 하나님의 것은 하나님에게 바치라" 주님은 이 땅에 계시는 동안 세상 법에 따랐습니다. 부당한 재판 부당한 판결이었지만 세상 법정이 내린 십자가형까지도 거부하지 않으셨습니다.

사랑하는 성도 여러분!

주님은 이 땅에 오셔서 혼돈과 죄로 어두워진 세상을 어떻게 밝혀야 할지, 맛을 잃어버린 세상에 어떻게 맛을 내야 하는지, 공생애 속에서 실제로 그 삶으로, 말씀으로, 행동으로 우리에게 본을 보여 주셨습니다. 어떻게 생각하고, 어떻게 행동해야 하는지를 그 짧은 생애를 통해 절규하듯 때로는 말로, 때로는 몸짓으로 우리에게 본을 보여 주셨습니다. 나중에는 자신의 생명까지 우리를 위해 주셨는데 그의 전 생애를 통해서 우리에게 보여주신 삶과 행동의 원리는 사랑이었습니다.

"다른 사람을 실족하지 않기 하기 위하여" 사랑은 남을 먼저 생각하는 것, 남을 먼저 배려하는 것, 내가 싫은 것을 남에게 행하지 않는 차원을 넘어서 남을 위해서 나를 기꺼이 양보하고 희생할 수 있는 자리까지 나갈 수 있는 것이 사랑입니다. 우리 성도들은 주님의 이러한 사랑에 힘입어 새 생명을 얻었기에 우리도 주님의 이 사랑의 정신과 원리에 입각해서 행동해야 합니다.

끝으로, 그러면 성도로서 우리의 삶과 행동의 목표와 목적은 무엇이어야 하는 것입니까? 그것은 한마디로 하나님의 영광을 위해서입니다.

사도바울은 "너희가 먹든지 마시든지 하나님의 영광을 위하여 하라"고 했습니다. 그렇습니다. 우리가 세상에 살지만 우리를 세상 사람들과 구별되게 하는 행동양식입니다.

세금 내는 문제를 예로 들자면 세금을 내는 일은 세상적인 일이지만 세상 사람들과 성도들이 세금을 내는 의미는 서로 다른 것입니다. 세상 사람들은 세상 나라가 요구하는 세금을 내므로 단지 국민의 의무를 감당하는 수준이지만 우리 성도들의 경우에는 그 목적이 더 높은 곳에 있습니다. 그것은 세상나라의 의무를 충실히 감당하는 것이 곧 하나님께 영광을 돌리는 일이 되기 때문입니다. 만약 성도들이 탈세로 세상 사람들로부터 손가락질을 당하면 욕을 먹는 것은 바로 하나님이시기 때문입니다.

그러므로 우리 성도들은 가정에서 직장에서 어떤 삶의 현장이나 어떤 환경에서든지 또 어떠한 일을 하든지 하나님의 영광을 위해서라는 분명한 목적과 행동원리에 입각해서 살아가야 합니다.

성도는 하나님의 영광을 위해서 부지런해야 합니다. 더 정직해야 하고 성실해야 합니다.

하나님의 영광을 위해서 하고 싶은 말도 절제해야 하고 감정도 자제해야 합니다.

하나님의 영광을 위해서 양보도 해야 하고 손해도 감내할 수 있어야 합니다.

사도바울의 표현처럼 먹든지 마시든지 무엇을 하든지 하나님의 영광을 위한 삶과 행동의 틀을 유지해야 세상의 빛과 소금의 역할을 제대로 감당할 수 있을 뿐 아니라 세상을 변화 시킬 수 있습니다. 주님의 말씀처럼 우리 성도들은 "우리의 착한 행실을 보고 하늘에 계신 하나님께 영광을 돌리게 하는" 삶을 살아야 합니다.

어느 날 돼지가 한 집에서 살고 있는 암소에게 볼멘소리로 불평을 늘어놓습니다. '나는 사람들에게 햄도 주고 베이컨도 주고 그들이 그렇게 좋아하는 삼겹살도 주고 순대도 주고 그들에게 복을 주기 위해서 고사상에 머리 까지 주는데 어째서 인간들은 나보다 너를 더 소중하게 여기는지 모르겠구나! 너는 그 이유가 무엇이라고 생각하니?'

그러자 암소가 잠시 생각하더니 이렇게 말합니다. '글쎄 그건 아마도 나는 살아 있는 동안에도 사람들에게 유익을 주기 때문 일 거야'라고 말했습니다.

그렇습니다. 우리는 살아 움직이는 동안에 힘써 선을 행해야 합니다.

착한 마음으로 다른 사람, 이웃에게 유익을 주는 삶을 살아야 합니다. 그래도 돼지는 죽어도 유용하게 쓰임을 받지만 사람은 죽으면 아무 쓸모 없습니다. 착하고 선하게 살지 못하면 기다리고 있는 것은 꺼지지 않는 불속 지옥밖에 없습니다. 자기 밖에 모르는 그래서 다른 사람을 실족하게 하는 사람은 죽어서도 욕을 먹습니다. 하물며 하나님의 은혜로 그리스도를 통하여 값없이 구원받아 새 생명을 얻은 우리 성도들이 하나님께 영광을 돌리고 이웃에게 사랑을 베풀기는커녕, 악하고 더러운 말과 행실로 비방하고 모해하고 악행을 일삼고서야 어떻게 안락하고 평안한 죽음을 기대 할 수 있으며 천국을 기대할 수 있겠습니까?

여러분! 우리는 이 땅에 사는 동안 진실 되게 하나님을 경외하고 그 권위에 절대 복종하는 삶을 살아야 합니다. 우리를 위하여 자신의 모든 것을 희생하신 주님의 은혜에 감사하며 그 은혜에 부끄럽지 않는 삶을 살아야 합니다. "네 이웃을 네 몸과 같이 사랑하라"고 하신 주님 명령을 지켜 행하며 살아야 합니다. 제발! 우리 모두 세상 사람들로부터 "당신은 정말 예수의 사람답습니다" 인정받는 삶을 살기를 소망하고 기원합니다.

국민일보 겨자씨에 소개된 이야기입니다. 한 영국 그리스도인이 한국교회에 대해 말 했습니다.한국 교회는 영국 교회에 비해 교인 수는 많지만 말씀을 좇아 사는 그리스도인은 적다는 것입니다. 특히 젊은이들이 예배당 안에서는 뜨겁게 경배와 찬양을 드리지만 밖에서는 세상과 차이가 없는 사실을 이해할 수 없다고 했습니다. 전 국민의 1%도 안 되는 일본 교회는 크기는 작지만 일본 그리스도인들은 진지하게 산다고 합니다. 그들은 주님을 본받으려고 애씁니다. 세계적인 신학자 우치무라 간조, 세계적인 자선사업가 가가와 도요히코 목사, 세계적인 작가 미우라 아야코가 배출된 것은 바른 신앙정신 때문입니다. 교회는 건물이나 제도가 아니라 주님을 믿고 따르는 사람들의 모임입니다.

바른 믿음을 지닌 그리스도인, 세상에서 아름다운 영향력을 미치는 그리스도인이 있는 교회라야 합니다.

사랑하는 성도 여러분!

우리 그리스도인들이 세상의 빛과 소금으로써의 선하고 생명력 있는 영향력을 줄 수 있으려면 오늘 본문을 통해 주신 말씀 "그들이 실족하지 않게 하기 위하여" 라는 단순한 것 같지만 가장 기본적이고 본질적인 행동의 원리에 입각해서 살아가야 할 것입니다. "너희 빛이 사람 앞에 비치게 하여 그들로 너희 착한 행실을 보고 하늘에 계신 너희 아버지께 영광을 돌리게 하라"(마5:16) 주님의 이 말씀이 우리 모두의 행동의 동기가 되고 삶의 목표와 목적이 될 수 있기를 축원합니다.

4
내가 너를 도우리라!

사41 : 10~16

요즘 지구상 곳곳에서는 전혀 예측하지 못한 기상의 이변으로 자연재해가 발생해 수많은 인명과 재산피해가 속출하고 있습니다. 기상학에서는 소위 '나비효과'라는 이론이 있습니다. 이 이론은 미국의 기상학자 에드워드 로렌츠라는 사람이 1961년 기상을 관측하다가 생각해 낸 원리입니다. 이 원리는 중국북경에 있는 나비의 날개 짓이 다음날 뉴욕에서 폭풍을 발생시키는 원인이 될 수도 있다는 것입니다. 이 원리는 지구상 어디에서인가 일어난 조그만 변화로 인해 예측할 수 없는 기상변화 현상이 나타난다는 것입니다. 예를 들면 이런 것입니다. 지난주 TV를 보니 최근에 우리나라에 몰아닥친 혹한의 원인이 남극의 기온이 상승하기 때문이라는 것입니다. 남극의 기온이 상승하면서 빙하가 녹아내리는 것과 같은 변화가 한반도에 혹한을 가져오는 원인이라는 것입니다.

이처럼 자연계에서는 전혀 상관관계가 없을 것 같은 작은 원인이 예측하지 못한 엄청난 결과를 가져올 수도 있고 작은 차이가 점점 증폭되어서 큰 차이로 나타날 수 있습니다. 물리학에서도 이와 유사한 이론이 있는데 그것을 '카오스 이론'이라고 합니다. 원리적으로는 확정되어 있지만 장래 예측이 전혀 불가능한 현상을 두고 '카오스 이론'이라고 합니다. 카오스라는 말은 혼돈이라는 말인데 인간의 사고로는 헤아릴 수 없는 예측 불가능한 상태를 말합니다.

그런데 물리학이나 자연현상뿐 아니라 우리 인간의 삶속에도 이런 현상이 종종 일어납니다. 인생을 살다보면 우리에게도 이런 카오스의 상황이나 환경에 직면할 때가 있다는 말씀입니다. 겉으로 보기에는 혼란스럽고, 무질서 하고, 불규칙하고, 아무렇게나 진행되는 것 같이 보여도 원인과 결과사이에는 일정한 법칙이 있다는 것이 '카오스 이론'의 주장과 유사합니다. 이 카오스 이론은 성경의 역사를 이해하는데도 큰 도움을 줍니다.

창세기1장에는 하나님께서 우주 만물을 질서 있고 완벽하게 창조하는 과정이 감동적으로 기록되어 있습니다. 그러나 창세기1장 2절에 보면 "땅이 혼돈하고 공허하며 흑암이 깊음 위에 있더라." 창조의 시작을 서술하고 있는 이 구절만 보면 아름답고 질서 있는 우주 만물의 창조를 전혀 상상 할 수 없습니다. 그렇지만 결과적으로는 하나님의 창조사역은 모든 면에서 완벽했습니다. 질서가 있고, 조화롭고, 아름답고, 부족함이 없었습니다. 그러니까 창1:2의 혼돈이나 흑암도 완벽한 천지창조의 한 과정이었다는 것을 알 수 있습니다. 뿐만 아니라 야곱이나 요셉이나 모세나 다윗이나 욥이나 성경에 등장하는 모든 신앙의 사람들의 역사도 마찬가지입니다.

우리는 그들 생애의 어느 한 단면만 보면 그들이 왜 고난과 역경의 소용돌이에 휘말려야 하는지 이해 할 수 없습니다. 그러나 잠시 말씀드린 것처럼 그들 생애의 원인과 결과에는 인간이 다 이해 할 수는 없지만 그들이 겪는 모든 생애의 과정 속에는 분명한 이유와 목적이 있고 인간이 거부할 수 없는 법칙이 있습니다. 하나님의 법칙입니다. 기독교에서는 그것을 하나님의 섭리라고 합니다.

여러분! 우리는 최근 들어 연속적으로 일어나는 돌발적인 사태와 재난으로 온 국민들이 혼돈과 실의에 잠겨있습니다. 천안함 사건, 연평도 사건, 거기다가 전국적으로 확산되고 있는 구제역, 조류 인플루엔자로 온 나라가 전전긍긍 하고 있습니다.

왜 이러한 예기치 못한 불행한 일들이 연속해서 일어나는 것일까? 이런 일련의 사건들이 갖는 의미는 무엇이며 또 어떤 결과를 가져올 것인가? 아무도 알지 못합니다. 그러나 성경에 기록된 모든 사건들 속에 하나님의 섭리가 담겨 있듯이, 오늘날 이 지구상에서 일어나는 모든 사건들 속에도 인생들을 향한 하나님의 확실한 뜻과 섭리가 있음이 분명합니다.

그러므로 하나님은 하나님을 사랑하는 자 –곧 "그 뜻대로 부르심을 입은 자들에게는 모든 것이 합력하여 선을 이룬다"는 사실을 믿는 자들은 현재 당하는 고난에 절망하지 않습니다. 고난과 시련 그 너머에 믿는 자들을 위해 예비해 놓으신 '여호와 이레'의 하나님의 섭리를 믿고 꿋꿋하게 이겨냅니다. 지금 우리에게 필요한 것은 바로 하나님께 대한 이런 믿음입니다, 눈앞에 닥친 현상만 보고 두려움과 부정적인 생각에 사로 잡혀 있으면 '여호와 이레'의 축복을 기대할 수 없습니다.

어느 유명한 심리학자는 "그대가 보는 대로 얻게 된다."는 논제를 통계적으로 증명한 적이 있는데, 그가 조사한 바에 따르면 이길 것이라고 내다보는 사람이 대체로 이기고 내일이 오늘보다 나아진다고 생각하는 사람이 대체로 더 잘 살게 된다는 것입니다. 또 다른 사람이나 사회의 나쁜 점보다 좋은 점을 많이 보는 사람에게 대체로 좋은 미래가 있었다는 것입니다. 이런 사람들은 매사에 긍정적입니다. 어려워도 한번 해 보자고 합니다. 설사 현재의 환경이나 상황이 절망적이라 할지라도 내일에 대한 희망을 접지 않습니다. 그런가 하면 어떤 사람은 말끝마다 안 된다, 힘들다, 죽겠다는 말을 입에 달고 살아갑니다. 그런데 보면 이런 사람들은 거의 다 궁상맞게 삽니다. 어둡고 짜증스럽게 삽니다. 사람들에게 불쾌감을 주고 공동체의 사기를 떨어뜨립니다.

여러분! 우리 성도들은 자신에게나 가족들에게나 다른 사람들에게 부담을 주는 존재가 아니라 힘이 되고 용기를 주는 사람으로 살아가야 합니다. 2011년 이 한해 우리의 현재 상황이 매우 어둡고 힘들고 고통스럽지만 지금까지 우리를 지켜주신 하나님께서 반드시 우리의 앞길을 지켜주시고 인도해 주실 뿐 아니라 하나님은 반드시 모든 것을 합력하여 선을 이루어 주실 것이라는 믿음을 가지고 담대하게 극복하고 승리하는 한 해가 되시기를 축원합니다.

옛날에 동양의 어떤 임금이 꿈을 꾸었습니다. 그 꿈은 자기의 이빨이 하나하나 다 빠져버리는 꿈이었습니다. 왕은 나라에서 유명한 해몽자를 불러다 꿈을 해석하게 했습니다. 해몽자는 꿈을 풀어 해석하기를 '임금님의 친척들이 한 사람씩 죽어서 맨 나중에는 임금님만 남게 된다.'는 해몽을 했습니다. 임금은 크게 화가 나서 해몽자를 죽여버렸습니다. 임금은 계속해서 다른 해몽자를 구해오라고 했습니다. 그래서 새로운 해몽자가 임금에게 불려왔는데, 그는 임금의 꿈 얘기를 들은 후에 다음과 같은 해몽을 했습니다. "임금님께서는 집안의 모든 친척들보다도 가장 장수해서 오래오래 사신다는 꿈입니다." 왕은 대단히 기뻐하여 그 해몽자에게 많은 상금을 내렸다는 것입니다. 두 사람은 똑같은 사실을 똑같이 해석한 것이지만 그것이 부정적이었느냐 아니면 긍정적이었느냐에 따라 그 운명을 전혀 달리 했던 것입니다. 어떤 관점에서, 어떤 안목으로 현상을 보느냐에 따라 그 평가가 전혀 달라집니다.

이스라엘 역사에도 이런 경우가 있었습니다.

가나안 입성을 앞두고 가데스바네아에서 12명의 정탐꾼을 보내 가나안 땅을 정탐하게 했습니다. 그들이 돌아와서 보고한 내용은 서로 상반된 것이었습니다. 10명의 정탐꾼은 인간의 안목으로 가나안 땅을 보았습니다. 그곳 사람은 기골이 장대하고 싸움 잘하는 용사들이어서 정복이 불가능하다는 것이었고 여호수아와 갈렙은 하나님이 우리와 함께 하시면 그들은 우리의 밥이라고 했습니다. 같은 상황을 보고도 정반대의 보고를 한 것입니다. 그 이유가 무엇입니까? 여호수아와 갈렙은 하나님의 안목으로 현실을 보았습니다. 그러니 전혀 문제 될 것이 없었습니다. 정말 그들은 밥이었습니다. 결국 10명의 정탐꾼들과 그들의 말에 동조한 이스라엘 백성들은 한사람도 가나안땅을 밟지 못하고 광야에서 죽어갔습니다. 오직 여호수아와 갈렙만 가나안 땅을 밟았습니다.

세계 제2차 대전 때 영국군의 한 부대가 적에게 완전히 포위되었습니다. 포위를 뚫고 나간다는 것은 전혀 불가능한 일이었습니다. 이때 지휘관이 부하들을 향해 "여러분! 이 전쟁이 시작된 이래 우리는 처음으로 사방으로 적을 공격할 수 있는 절호의 기회가 왔습니다."라고 외쳤습니다. 그러자 용기백배한 용사들은 적의 포위망을 뚫을 수가 있었습니다.

그렇습니다. 하나님의 백성들은 결코 포위되지 않습니다. 홍해 바다도 앞길을 막지 못합니다. 우리는 능력주시는 자 안에서 모든 것을 할 수 있습니다. 사람의 힘이나 도움은 불완전하고, 상대적이고, 한계가 있지만, 우리에게 능력주시는 분은 전지전능하신 하나님이십니다. 하나님은 이사야 선지자를 통해 우리에게 자신을 이렇게 소개합니다.

사40:28 "너는 알지 못하였느냐 듣지 못하였느냐 영원하신 하나님 여호와 땅 끝까지 창조하신 이는 피곤하지 않으시며 곤비하지 않으시며 명철이 한이 없으시며 피곤한 자에게는 능력을 주시며 무능한 자에게는 힘을 더하시나니"

여러분 우리가 믿는 하나님은 이런 분이십니다. 그 하나님께서 오늘 우리에게 약속하십니다. "내가 너를 도와주리라." 안심이 안 되셨는지 3번씩이나 반복해서 약속하셨습니다. 그런데 본문14절 말씀처럼 당시 이스라엘의 존재는 버러지에 불과했습니다. 아무 힘도 없고 희망도 없었습니다. 나라는 망했고 왕을 비롯해서 제사장과 모든 방백들은 바벨론에 의해 죽임을 당하거나 포로로 끌려갔습니다. 그들의 정신과 신앙의 최후의 보루였던 예루살렘 성전마저 철저히 파괴되고 말았습니다. 그 어디에도 그들이 기댈 언덕이 없었습니다. 그들이 할 수 있는 것은 정말 아무것도 없었습니다.

여러분! 요즘 실시간으로 보도되는 구제역에 관련된 소식을 보고 들으면서 우리 모두는 참담한 심정을 금할 수 없습니다. 보도에 의하면 지금까지 수백만 마리의 가축이 살처분 되었다고 합니다. 망연자실 먼 산을 바라보며 하염없이 눈물짓는 어느 축산농부의 모습이 뇌리에서 떠나지 않습니다. 우리교회도 엄장로님, 이장로님, 지장로님, 윤경식집사님이 축산을 하시는데 하루하루가 좌불안석입니다. 하물며 당사자들은 오죽하겠습니까? 기도해 주시기 바랍니다.

여러분! 우리는 세상 살아가면서 누구나 기가 막히고 절망적인 상황에 직면할 때가 있습니다. 누군가의 도움을 받을 수 있으면 힘이 들어도 견뎌 낼 수 있는데 그 누구의 도움도 받을 수 없거나 사람의 힘으로 어쩔 수 없는 상황에 처하면 정말 절망할 수밖에 없습니다.

그러나 하나님은 그의 백성들에게 약속하고 또 약속합니다. “내가 너를 도우리라” “참으로 너를 도와주리라!” 그렇다면 하나님이 우리를 도우시면 어떻게 됩니까?

첫째 두려움이 없어집니다. “두려워 말라! 내가 너와 함께 함이라! 놀라지 말라! 나는 네 하나님이 되리라” 여러분 하나님이 함께 하시는 도움이 있다면 무엇이 두렵겠습니까? 철옹성 여리고가 앞을 가로막고 또는 천하무적 골리앗과 맞선다 할지라도 두려울 것 없습니다. 극렬히 타는 풀무불 속이라도 사자 굴에 던져져도 하나님이 함께 하시면 두려울 것 없습니다.

복음서에 보면 거센 풍랑으로 제자들이 탄 배가 침몰위기에 처했습니다. 제자들은 두려움과 공포로 어쩔 줄 몰랐습니다. 그때 주님께서 찾아오셔서 배에 오르자 풍랑이 잔잔해 졌습니다. 한순간 두려움과 공포가 사라졌습니다.

여러분! 어떤 문제 어떤 역경에 직면한다 해도 그리스도가 내 인생의 배에 오르시면 얼마든지 극복할 수도 있고 이겨 낼 수도 있습니다. 주님을 향한 우리의 믿음이 살아 있는 한 주님은 반드시 우리를 평안의 항구로 인도해 주실 것입니다. 하나님은 하나님을 사랑하는 자 –곧 그 뜻대로 부르심을 입은 성도들에게는 요셉처럼 반드시 모든 것을 합력하여 선을 이루어 주심을 의심 없이 믿고 이 한해 승리하시기를 축원합니다.

어떤 사람이 잠자리에 들기 전 자리 옆에 반드시 실내화를 챙겨 놓고 그 안에 열쇠를 넣어 둔다고 합니다. 그는 매일 아침에 일어나서 신발을 신으면서 그 열쇠를 꺼내들고 자신에게 이렇게 말한다고 합니다. '오늘 내 앞에 잠겨 진 문이 있을지라도 그것이 나를 막지 못할 것이다 내게는 그 문을 열수 있는 열쇠가 있기 때문이다.' 그리고 그는 이렇게 기도한다고 합니다. "하나님 제가 오늘 하루를 살아가다가 제 앞의 길이 막힌 것처럼 보일 때 저로 하여금 좌절감을 느끼지 말게 하시고 모든 난관을 헤치고 닫힌 문을 열수 있는 열쇠가 내게 있음을 깨닫게 하옵소서." 그는 하나님이 인생의 모든 문제를 해결하시는 마스터키로 굳게 믿었던 것입니다. 그렇습니다. 태산 같은 문제라 할지라도 주님이 나와 함께 하시면 두려울 것도 없고 불가능도 없습니다. 그래서 신실한 성도는 이렇게 고백합니다.

1. 큰 물결이 설레는 어둔 바다 저 등대의 불빛도 희미한데
   이 풍랑에 배 저어 항해하는 이작은 배 사공은 주님이라
2. 큰 풍랑이 이 배를 위협하며 저 깊은 물 입 벌려 달려드나
   이 바다에 노 저어 항해하는 이 작은 배 사공은 주님이라
3. 큰 소리로 물결을 명하시면 이 바다는 고요히 잠자리라
   저 동녘이 환하게 밝아올 때 나 주 함께 이 바다 건너가리

후렴) 나 두렴 없네 두렴 없도다 주 예수님 늘 깨어 계시도다
이 흉흉한 바다를 다 지나면 저 소망의 나라에 이르리라

사랑하는 성도 여러분!

등대의 불빛마저 희미할 정도로 큰 물결이 설레고 큰 풍랑이 내 인생의 배를 위협한다 할지라도 주님께서 사공이 되어 내 인생의 배를 노 저어 가신다면 두려울 것도 문제될 것도 없습니다. 주님은 금년 한해를 늘 깨어 우리와 함께 하시며 우리를 소망의 나라로 인도해 주실 것입니다.

둘째로, 하나님이 우리를 도우시면 담대함을 얻게 됩니다. 하나님께서는 우리에게 무엇이라고 말씀하십니까? 10절"내가 너를 굳세게 하리라!" 다윗은 하나님의 도우심을 확신했기에 천하무적 골리앗 앞에서도 조금도 위축되지 않고 담대했습니다.

삼상17:45~46 "다윗이 블레셋 사람에게 이르되 너는 칼과 창과 단창으로 내게 나아오거니와 나는 만군의 여호와의 이름 곧 네가 모욕하는 이스라엘 군대의 하나님의 이름으로 네게 나아가노라 오늘 여호와께서 너를 내 손에 넘기시리니 내가 너를 쳐서 네 목을 베고 블레셋 군대의 시체를 오늘 공중의 새와 땅의 들짐승에게 두어 온 땅으로 이스라엘에 하나님이 계신 줄 알게 하겠고"

그렇습니다. 하나님이 돕는 사람 그 누구도 어쩌지 못합니다. 극렬히 타는 풀무불도, 굶주린 사자도, 극심한 박해와 환난과 난관도 하나님의 사람을 굴복시킬 수 없습니다. 히브리서 11장에 나오는 수많은 믿음의 선진들의 발자취가 다 그러했습니다.

롬8:35 "누가 우리를 그리스도의 사랑에서 끊으리요 환난이나 곤고나 박해나 기근이나 적신이나 위험이나 칼이랴"

믿으십니까? 여러분! 우리는 믿음의 선진들처럼 하나님을 주로 고백하는 사람들입니다. 그런데 우리는 왜 저들처럼 담대하지 못합니까? 왜 작은 시련에도 맥을 못 추고 두려워하고 낙심하게 됩니까? 그 이유는 간단하고 명백합니다. 입으로는 하나님을 그리스도를 주로 고백하지만 우리의 머리, 우리의 심장, 우리의 손과 발 우리의 의지와 실제의 삶속에서는 하나님의 능력을 100% 믿지 못하기 때문입니다.

영국의 '요한 웨슬레' 목사에게 한 청년이 찾아와 자기의 당면한 문제를 털어 놓았습니다. 그는 젊은 실업가인데 그만 사업에 실패하고, 아무리 생각해도 나아갈 길이 보이지 않아 크게 낙심하고 있었습니다. 두 사람이 상담하며 같이 걸어가는 그 때에 마침 길옆에는 큰 목장이 있고, 그 풀밭에는 많은 소들이 풀을 먹고 있었습니다. 그런데 한 소가 그 목장 옆에 놓인 돌담에서 고개를 쳐들고 있었습니다. 그 모습을 보고 '웨슬레'목사는 청년에게 "저 소가 왜 저렇게 고개를 쳐들고 있는가? 그것은 앞에는 담이 있어서 볼 수가 없으므로 위를 보는 것이 아닌가?" 그러면서, 인간이 살아갈 때에도 때로는 앞을 볼 수 없고 인간으로는 도저히 해결할 수 없는 환경에 부딪칠 수가 있다고 하면서, 이런 때에는 위를 보아야 한다고 권면했다고 합니다.

사람은 누구나 앞을 바라볼 수 없는 높은 장벽에 부딪칠 때가 있습니다. 사방이 막혀 있습니다. 그럴 때는 위를 쳐다보아야 합니다. 하나님만 의지하고 하나님만 바라보아야 합니다. 시42:11 "내 영혼아! 네가 어찌하여 낙심하며 어찌하여 내 속에서 불안해하는가. 너는 하나님께 소망을 두라 나는 그가 나타나 도우심으로 말미암아 내 하나님을 여전히 찬송하리로다." 금년 한 해 시편기자의 그 고백이 우리 모두의 고백이 될 수 있기를 축원합니다.

셋째는, 하나님이 우리를 도우시면 요동치 않습니다. 반복되는 이야기지만 하나님을 믿는 사람에게도 시련이 있습니다. 고난도 있고, 슬픔도 있고, 고통도 있고, 실패도 있습니다. 힘써 볼 새도 없이 절망적인 환경에 던져 질 때도 있습니다. 그래서 마음도 흔들리고 삶 자체가 흔들릴 때가 있습니다. 삶과 생존의 뿌리마저 흔들릴 때가 있다는 말씀입니다. 이런 상황에 처하면 대부분의 사람들은 낙심합니다. 절망합니다. 삶의 의욕을 상실합니다. 전 존재가 흔들립니다. 자포자기 합니다. 그래서 심하면 스스로 목숨을 끊기도 합니다.

그러나 우리 성도들에게는 어떤 절망적인 최악의 상황에 처해도 극복하고 이겨낼 길이 있습니다. 그것은 하나님의 손길이 우리를 꽉 붙들어 주시기 때문입니다. 사람들은 다 포기하고 손들어도 우리에게는 능력의 오른 손으로 요동치는 우리의 심령과 생애를 붙들어 주겠다고 약속하신 전능하신 창조주 하나님이 있습니다. 10절 "두려워하지 말라 내가 너와 함께 함이라! 놀라지 말라! 나는 네 하나님이 됨이라! 내가 너를 굳세게 하리라 참으로 너를 도와주리라! 참으로 나의 의로운 오른손으로 너를 붙들리라" 형식적인 위로의 말씀이 아닙니다. 하나님은 우리가 미심쩍어 할까봐 "참으로! 참으로!" 강조해서 약속하셨습니다. 무슨 위로의 말이 더 필요하겠습니까?

끝으로, 하나님이 우리를 도우시면 반드시 승리합니다.

사41:11~12 "보라 네게 노하던 자들이 수치와 욕을 당할 것이요 너와 다투는 자들이 아무것도 아닌 것 같이 될 것이며 멸망할 것이라 네가 찾아도 너와 싸우던 자들을 만나지 못할 것이요 너를 치는 자들은 아무것도 아닌 것 같고 허무한 것 같이 되리니" 사41:15~16 "보라 내가 너를 이가 날카로운 새 타작기로 삼으리니 네가 산들을 쳐서 부스러기를 만들 것이며 작은 산들을 겨 같이 만들 것이라 네가 그들을 까부른즉 바람이 그들을 날리겠고 회오리바람이 그들을 흩어 버릴 것이로되 너는 여호와로 말미암아 즐거워하겠고 이스라엘의 거룩한 이로 말미암아 자랑하리라" 무엇을 말씀하시는 것입니까? 반드시 승리하게 해 주시겠다는 것입니다.

여러분! 성경에는 많은 전쟁의 기사가 실려 있습니다. 그런데 승리와 패배를 결정하는 불변하는 한 가지 원리가 있습니다. 그것은 하나님이 도우시는 전쟁은 승리했고 그렇지 않은 전쟁은 다 패배했습니다. 병력의 수나 장비와는 전혀 상관이 없습니다. 다윗과 블레셋의 전쟁도 그렇고 기드온의 300명 용사가 메뚜기 떼같고, 해변의 모래같이 많은 미디안의 군사를 물리친 사건도 그러했습니다. 역대하14장에 보면 아사왕 시대에 구스사람 '세라'가 백만의 군사로 이스라엘을 쳐들어 왔습니다. 당시 이스라엘의 군사는 58만이었고 군 장비에 있어서도 구스의 군대는 최신병거가 3백승이나 되었지만 이스라엘은 고작 창과 방패와 화살뿐이었습니다. 전력상 도저히 이길 수 없는 전쟁이었습니다. 그런데 이 전쟁의 결과가 어떠했는지 아십니까? 역대하14:13 "아사와 그와 함께한 백성이 구스 사람들을 추격하여 그랄 까지 이르매 이에 구스 사람들이 엎드러지고 살아남은 자가 없었으니 이는 여호와 앞에서와 그의 군대 앞에서 패망하였음이라 노략한 물건이 심히 많았더라."

승리의 비결이 무엇입니까? 당시 출전에 앞서 하나님께 드린 아사왕의 기도에서 그 답을 얻을 수 있습니다. 역대하14:11 "아사가 그의 하나님 여호와께 부르짖어 이르되 여호와여 힘이 강한 자와 약한 자 사이에는 주밖에 도와 줄 이가 없사오니 우리 하나님 여호와여 우리를 도우소서 우리가 주를 의지하오며 주의 이름을 의탁하옵고 이 많은 무리를 치러 왔나이다 여호와여 주는 우리 하나님이시오니 원하건대 사람이 주를 이기지 못하게 하옵소서 하였더니"

하나님께서 도우신 것입니다. 전쟁의 경우만이 아닙니다. 개인의 생애도 마찬가지입니다. 자주 거론되는 아브라함, 이삭, 야곱, 요셉, 다윗 그 외에도 수많은 믿음의 사람들 어떤 상황이나 형편에서도 하나님이 도우시면 성공했고 외면하시면 실패했습니다.

본문11절을 다시 한번 주목해 보십시오. "보라! 네게 노하던 자들이 수치와 욕을 당할 것이요 너와 다투는 자들이 아무것도 아닌 것같이 될 것이며 멸망하리라" 우리를 해 하려는 대적이나 환경이 아무리 거세고 절망적이라 할지라도 하나님이 우리를 도우시면 조금도 두려워 할 것이 없다는 것입니다. 그것이 대적이면 멸망시켜 버릴 것이고 환경이면 요셉의 경우처럼 기가 막힌 시련이나 고난까지도 궁극적인 선을 이루기 위한 방편으로 섭리하시기 때문입니다.

말씀을 마칩니다.

여러분! 지금 우리는 국가적으로나 개인적으로나 마치 홍해를 앞에 두고 애굽 병사들의 추격을 받는 이스라엘 백성들처럼 이런 일 저런 일로 매우 어려운 상황에 처해 있습니다. 그러나 하나님께서 불기둥으로 막아 주시고, 능력으로 홍해를 가르신다면 두려워 떨거나, 낙심하거나, 절망할 필요 없습니다. 광야 길은 힘들고 괴롭지만 그 길은 가나안을 향한 길이요 하나님께서 앞장서 그 길을 인도하시기에 겁낼 것 없습니다.

문제는 믿음입니다. "참으로 너를 도와주겠다."는 하나님의 약속을 믿고 담대하게 전진하면 승리 할 것이고 주저하고 머뭇거리고 믿음의 길에서 떠나면 출애굽의 1세대들처럼 약속의 가나안땅을 밟아 보지 못한 채 광야에서 패배의 종말을 고하고 말 것입니다.

이런 복음송이 있지요?

"할 수 있다 하신 이는 나의 능력 주 하나님
의심 말라 하시고 물결 위 걸으라 하시네
할 수 있다 하신 주 할 수 있다 하신 주
믿음만이 믿음만이 능력이라 하시네
믿음만이 믿음만이 능력이라 하시네"

사랑하는 성도 여러분 새롭게 시작한 2011년 이 한 해 "내가 너를 도우리라!" 하시는 하나님을 굳게 믿고 의지하고 순종하는 삶을 통해서 하나님의 도우시는 은혜로 승리하는 한해가 되시기를 주님의 이름으로 축원합니다.

5
세월을 아끼라!

엡 5:15~21

한번 지나가면 다시 돌아오지 않는 것 세 가지가 있다고 합니다. 시위를 벗어난 화살, 입에서 나온 말, 시간은 되돌릴 수 가 없습니다. 이중에서 가장 중요한 것이 시간입니다. 왜냐하면 시간은 생명이요, 하나님께서 인생들에게 준 선물이요 기회이기 때문입니다.

그림은 그리다가 잘못 그렸으면 지우고 다시 그릴 수 있고 길을 가다가 잘못 갔으면 다시 되돌아 갈 수 있지만 인생은 한 번 지나가면 지울 수도 없고, 되돌릴 수도 없습니다. 또 시간은 저축할 수도 없고, 살수도 없고, 자손에게 물려줄 수도 없습니다. 그러므로 우리는 하루하루 주어진 시간을 최선을 다해 선용하고 아껴야 합니다.

고대 희랍 올림푸스 신전에는 시간의 신 크로노스의 신상이 있었다고 합니다. 발에는 날개가 달려 있고 오른손에는 날카로운 칼이 들려 있었습니다. 이마에는 곱슬곱슬한 머리카락이 늘어져 있고 뒷머리와 목덜미는 민숭민숭한 모습이었습니다. 이 신상의 모습은 시간의 특성을 잘 말해 주고 있습니다. 시간은 쉼 없이 달려야 하기에 발에 날개가 있고 또 시간은 칼날처럼 정확하고 날카롭기에 오늘 손에 칼을 잡았고 누구나 잡을 수 있도록 앞이마에는 머리카락이 늘어져 있고 또 한 번 지나가면 누구도 잡을 수 없기에 뒷머리가 벗겨져 있는 형상이었습니다.

그렇습니다. 시간은 한번 지나가면 같은 시간을 영원히 다시 잡을 수 없습니다. 다시 말하면 2011년 이라는 시간은 우리에게 주어진 유일한 시간입니다.

그러므로 우리는 사도바울의 말처럼 세월을 아껴야 합니다. 시간을 선용하고 잘 관리해야 한다는 것입니다. 그런데 많은 사람들은 건강관리에는 있는 힘을 다하면서 시간 관리에는 소홀한 것 같습니다.

한 소년이 역사에 길이 남을 업적을 남기고 싶었습니다. 그래서 목사님에게 그 비결을 물었습니다. "훌륭한 사람이 되려면 어떻게 해야 합니까?" 그러자 목사님이 소년에게 반문합니다. "하루 24시간 중 한 시간만 내가 가르쳐 준 대로 행동할 수 있겠니?" 소년이 자신 있게 대답합니다. "물론입니다. 겨우 한 시간인데 못할 것이 무에 있습니까?" 그러자 목사님이 소년에게 이렇게 일러주었습니다. "하루에 15분씩 기도하고, 15분씩 말씀을 묵상하고, 15분씩 다른 사람에게 하나님에 대한 이야기를 들려주고, 15분씩 사랑을 실천하게. 그러면 자네의 인생에 밝은 빛이 보일 걸세." 소년은 그때부터 그 교훈을 행동으로 옮겼습니다. 후에 그 소년은 전 세계를 누비는 훌륭한 인물이 되었다고 합니다.

세월을 아낀다는 것은 단순히 노력한다는 의미라기보다는 삶의 내용, 삶의 질을 강조하는 말씀입니다.

에리히프롬이라는 사회심리학자는 인간에게는 두 가지 삶의 양식이 있다고 했습니다. 하나는「소유의 양식」입니다. 물욕, 명예욕, 권세욕에 사로잡혀서 더 많은 것을 소유하려는 욕망을 채우는데 목적을 둔 삶의 양식을 말하는 것입니다.

다른 하나는「존재의 양식」입니다. "내가 어떠한 존재가 되어야 하는가?" 삶의 의미와 목적을 깊이 추구하며 사는 삶의 형태를 말하는 것입니다.

여러분! 우리는 지금까지 어떤 양식의 삶을 살아왔습니까? 존재의 양식보다는 소유의 양식에 더 몰두하며 살아오지는 않았는지 반성해 보아야 합니다. 어리석은 부자처럼 더 큰 곡간을 짓고 여러 해 쓸 곡식과 물건을 가득 쌓아 놓고 평안히 쉬고, 먹고, 마시고, 즐겨 보려는 욕심을 채우는데 급급하며 살아온 것은 아닌지 돌아보아야 합니다.

주님의 말씀처럼 하나님께서 그 영혼을 거두어 가시면 쌓아놓은 재물이 다 허사가 되고 마는 것인데도 사람들은 너나 할 것 없이 소유에만 매달려 살아가고 있습니다.

사도바울은 이렇게 어리석은 인생들을 향해서 간곡하게 권면합니다. 15절 "그런즉 너희가 어떻게 행할지를 자세히 주의하여 지혜 없는 자 같이 하지 말고 오직 지혜 있는 자 같이 하라"

성도 여러분! 2011년 이 한해 사도바울의 권면처럼 지혜 있는 자의 삶이되시기를 축원합니다.

자 그렇다면 지혜 있는 자의 삶이란 어떤 삶을 말합니까?

첫째는 16절 말씀처럼 세월을 아끼는 삶입니다. 여러분! 이미 말씀드린 대로 세월은 빠릅니다. 모세가 말한 것처럼 세월은 날아가는 것처럼 신속히 지나갑니다. 소리가 나서 하늘을 쳐다보면 이미 시야에서 사라져 버리는 젯트기처럼 빠른 것이 세월입니다. 그리고 어느 가수의 노래처럼 가는 세월 아무도 막을 수 없습니다. 거부할 수도 없고 미룰 수 없는 것이 세월입니다. 그나마 그 시간, 그 세월, 다 누리며 사는 것도 만만치 않습니다. 태어나자마자 죽은 인생도 있고, 어느 날 갑자기 사고와 질병으로 세상을 떠나는 사람도 많습니다. 아이티 지진에서 보는 것처럼 불과 몇분 사이에 30만 명이 땅속에 묻혀 버리기도 하고 멋진 해변가에서 신혼을 즐기다가 갑자기 밀려온 쓰나미에 싸늘한 시신으로 생을 마감하는 안타까운 사연도 보았습니다.

이렇게 보면 현재 우리가 누리며 살아가는 세월은 극히 한정되어 있습니다. 숨겨 두었다가 급할 때 꺼내 쓸 여분의 시간이 따로 있는 것 아니라는 말씀입니다. 그러므로 우리는 세월을 아껴야 합니다. '아끼라'는 말은 기회를 놓치지 말라는 뜻이기도 합니다. 서두에서 말씀드린 것처럼 2011년은 두 번 다시 오지도 않을 뿐만 아니라 우리에게 주신 세월 어느 지점에서 우리 인생의 종지부를 찍어야 할지 알 수 없기 때문입니다. 그러므로 우리는 2011년 하루하루를 나에게 주어진 마지막 기회로 알고 최선을 다해서 살아가야 합니다.

어떤 분이 인생을 책에 비유하면서 사람은 일생동안 세권의 책을 쓴다고 합니다.

제1권은 과거의 책입니다. 이 책은 이미 집필이 완성되어 책장에 꽂혀져 있고, 제2권은 현재의 책입니다. 이 책에는 우리의 언어 행동 하나하나가 그대로 기록됩니다. 제3권은 미래의 책입니다. 이 책은 아직 아무것도 기록되지 않은 책입니다. 비유하자면 과거는 시효가 지난 수표와 같고 미래는 약속어음과 같은 것입니다.

그러니까 당장 사용가능한 것은 현재 뿐입니다. 다시 말해서 현재만이 사용가능한 현찰과 같습니다. 그러므로 우리는 세월을 낭비해서는 안 됩니다.

자주 인용하는 말씀이지만 사도바울은 이렇게 말합니다. 빌3:12~14 "내가 이미 얻었다 함도 아니요 온전히 이루었다 함도 아니라 오직 내가 그리스도 예수께 잡힌바 된 그것을 잡으려고 달려가노라 형제들아 나는 아직 내가 잡은 줄로 여기지 아니하고 오직 한 일 즉 뒤에 있는 것은 잊어버리고 앞에 있는 것을 잡으려고 푯대를 향하여 그리스도 예수 안에서 하나님이 위에서 부르신 부름의 상을 위하여 달려가노라"

여러분! 우리 목표는 세상이 아니라 천국입니다. 바라는 대상이 사람이 아니라 하나님입니다. 그러므로 우리는 내가 사는 것이 아니요 내안에 그리스도가 살아야 합니다. 뒤에 있는 것 지나간 세월의 성공이나 실패 다 잊어버리고 앞에 있는 푯대를 향하여 있는 힘을 다해서 달려가야 합니다. 머뭇거리거나 낭비할 시간이 없습니다. 그리고 예수님께서 본

보여주신 삶의 양식을 따라 살아야 합니다. 먹든지, 마시든지, 무엇을 하든지 하나님의 영광을 드러내는 삶, 이것이 세월을 아끼는 자의 삶의 모습입니다.

두 번째로 주의 뜻이 무엇인지 이해하며 그 뜻대로 사는 삶입니다. 여러분 너무나 당연한 이야기지만 우리가 성도로서 그리스도인답게 살려고 하면 주의 뜻대로 살아야 하고 주의 뜻대로 살려면 주의 뜻이 무엇인지 바로 이해해야 합니다. 마치 종이 주인의 신임과 사랑을 받으려면 주인의 뜻과 마음을 잘 헤아려야 하는 것과 같습니다. 우리는 종이고 예수님은 주인입니다. 마25장에는 주인의 뜻을 바로 이해하지 못해서 멸망당한 어리석은 종의 이야기가 나옵니다. 종들에게 각각 달란트를 맡기고 떠났던 주인이 돌아 왔을 때 한 달란트를 맡았던 종이 주인에게 무엇이라고 말합니까? 마25:24~25 "한 달란트를 받았던 자는 와서 이르되 주인이여 당신은 굳은 사람이라 심지 않은데서 거두고 헤치지 않은 데서 모으는 줄을 내가 알았으므로 두려워하여 나가서 당신의 달란트를 땅에 감추어 두었나이다. 보소서 당신의 것을 가지셨나이다."

이때 주인이 뭐라고 말합니까? "악하고 게으른 종아 나는 심지 않은데서 거두고 헤치지 않은 데서 모으는 줄로 네가 알았느냐?" 무슨 말입니까? 주인의 뜻을 이해하지 못했거나 게을러서 주인의 명을 제대로 지키지 못한 것입니다. 주인은 한 달란트 맡은 종을 향해서 "이 무익한 종을 바깥 어두운 데로 내 쫓으라!"고 호통 칩니다. 버림을 당한 것입니다. 이 종이 주인에게 버림당한 근본적인 원인은 주인의 뜻을 제대로 이해하지 못함 때문이었습니다. 주님은 산상설교에서 "나더러 주여 주여 하는 자마다 다 천국에 들어가는 것이 아니요 다만 하늘에 계신 아버지의 뜻대로 행하는 자라야 들어가리라"고 말씀하셨습니다.

천국은 구호나 열심과 열정만으로 들어 갈 수 있는 것이 아니라는 것입니다. 천국은 말로 가는 것이 아니라 하나님의 뜻대로 행하는 자라야 들어간다는 것입니다. 하나님은 이사야 선지자를 통해 당신의 뜻을 분명히 밝히셨습니다. "너희는 나를 만나러 오지만 누가 너희더러 이렇게 들락날락하며 내 마당만 밟으라고 했느냐? 다시는 헛된 재물을 가져오지 마라 너희가 태우는 향이 역겹다 너희가 초하루 축제일과 안식일과 특별절기에 모이는 것도 참을 수 없고 거룩한 모임에 모여서 악한 짓을 하는 것도 견딜 수 없다 정말로 나는 너희의 초하루 축제일과 특별 절기들이 역겹다 그것들은 오히려 내게 무거운 짐이 될 뿐이다 나는 그것들을 짊어지기에는 너무 지쳤다. 너희가 팔을 벌려 내게 기도해도 나는 눈을 감고 너희를 쳐다보지 않겠다. 아무리 기도를 많이 해도 들어주지 않겠다. 왜냐하면 너희 손이 피로 가득하기 때문이다" 하나님의 뜻을 바로 알고 이해하는 것 그리고 그 뜻대로 행하는 자라야 하늘을 복을 받습니다.

그렇다면 우리는 어떻게 하나님의 뜻을 바로 이해할 수 있습니까? 그 답은 분명합니다. 그것은 늘 하나님의 말씀에 착념하는데 있습니다. 성도라면 누구나 이 말에 동의합니다. 그러나 실제는 그렇지 못할 때가 더 많습니다. 삶에 여러 정황에 부딪힐 때마다 우리는 하나님의 뜻과 말씀을 따르기보다는 사람의 뜻에 의존할 때가 더 많습니다. 그럴 때마다 하는 말이 있습니다. "하나님의 말씀은 말씀이고 현실은 하나님 말씀대로만 살 수 없습니다." 처음부터 말씀대로 행할 생각이 없는 것입니다.

여러분! 하나님 말씀 따라 살던, 내 지식이나 경험이나 또는 사람의 권면에 의존하여 살던, 그 누구도 어쩔 수 없는 일이지만, 주님의 분명한 경고는 하나님의 뜻대로 행하지 않는 것은 불법이고 불법을 행하고는 반드시 주님으로부터 버림을 당하게 된다는 것입니다.

그러므로 우리는 뵈레아교회 성도들처럼 "이 말씀이 그런가 하여" 늘 말씀상고하고 실제로 우리의 삶속에서 하나님의 말씀을 적용하여 실천하는 노력을 게을리 해서는 안 됩니다.

주님은 말씀하십니다. "진실로진실로 너희에게 이르노니 사람이 내 말을 지키면 영원히 죽음을 보지 아니하리라"(요8:51) "너희가 내말에 거하면 참으로 내 제자가 되고 진리를 알지니 진리가 너희를 자유롭게 하리라"(요8:31~32) 그렇습니다. 주님의 뜻과 말씀 속에 진리가 있습니다. 길과 진리와 생명이 있습니다. 성공의 길이 있습니다.

누가복음 5장에 보면 밤새 고기를 잡지 못하고 실의에 잠겨있는 베드로의 이야기가 나옵니다. 예수님께서 그에게 말씀하십니다. "깊은 데로 가서 그물을 내려 고기를 잡으라." 목수의 아들이 물고기를 잡는 전문가에게 할 말이 아닙니다. 그러나 베드로는 자신의 지식 경험 다 내려놓고 주님의 말씀에 순종합니다. "말씀에 의지하여 그물을 내리겠습니다." 순종할 때 넘치는 풍요를 경험하게 됩니다. 주님의 뜻을 이해하고 주의 뜻에 따라 순종하는 삶이 성공하는 지혜로운 삶입니다.

셋째는 성령 충만한 삶입니다. 다시 말하면 성령의 지배를 받는 삶을 말합니다. 여러분! 요즘처럼 악한 시대에서 내게 주어진 기회를 선용하면서 주의 뜻을 바로 이해하고 실천하며 산다는 것, 말은 쉽지만 사실은 매우 어렵습니다. 우리의 의지, 결심만 가지고는 불가능합니다. 그래서 바울은 '성령 충만 함을 받으라.'고 권면했습니다. 여러분! 사탄의 유혹은 언제나 인간의 취약한 곳을 집중 공격합니다. 그리고 매우 달콤하고 매력적인 모습으로 다가오기에 우리의 힘만 가지고는 이겨 낼 수 없습니다.

위대한 사도바울은 그 내면에 깊숙이 침투해 있는 사탄의 끈질긴 도전에 자신도 모르게 흔들리는 자기의 실체를 발견 할 때마다 이렇게 탄식합니다. 롬7:22~24 "내 속사람으로는 하나님의 법을 즐거워하되 내 지체 속에서 한 다른 법이 내 마음의 법과 싸워 내 지체 속에 있는 죄의 법으로 나를 사로잡는 것을 보는 도다. 오호라 나는 곤고한 사람이로다. 이 사망의 몸에서 누가 나를 건져내랴"

여러분! 이 세상의 유혹, 죄의 유혹, 사탄의 도전을 물리칠 수 있는 비결은 본문 말씀처럼 '성령 충만을 받는 길' 밖에 없습니다. 병속의 불순물을 제거하려면 병아구까지 물을 가득 채워야 하듯이 성령을 우리의 심령 속에 가득 채우면 사탄이 더 이상 머무를 수 없습니다. 성령 충만은 성령의 지배를 받는 다는 뜻입니다.

본문18절에서 성령 충만을 술 취한 것에 비유해서 말한 것은 지배를 받는 다는 면에서 동일하기 때문입니다. 술 취한 사람은 이성의 지배를 받는 것이 아니라 술의 지배를 받습니다. 나중에는 사람이 술을 먹는 것이 아니라 술이 사람을 먹습니다. 그런데 아이러니 하게도 성령 충만을 받아 성령의 지배를 받게 되면 동일한 현상이 일어납니다. 성령이 사람을 지배하게 되면 나는 없어지고, 예수만 보이고, 십자가만 보이고 복음만 보입니다.

처음으로 성령의 충만함을 받은 마가의 다락방에 모여 있던 120명의 사람들에게 어떤 일이 일어났습니까? 성경에는 당시 상황을 이렇게 짤막하게 전합니다. "그들이 다 성령의 충만함을 받고 성령이 말하게 하심을 따라 다른 언어들로 말하기를 시작 하니라"(행2:4) 각각 다른 나라 말로 복음을 전하기 시작했다는 것입니다. 그들의 지식도 아니고 그들의 의지도 아니었습니다. 그것은 전적으로 성령의 역사였습니다. 그들은 다만 성령이 말하게 하심을 따라 말한 것뿐입니다. 그렇습니다. 성령 충만함을 받아 성령의 지배를 받아야 주의 뜻을 바로 이해할 수도 있고, 말할 수도 있고, 주님이 원하시는 삶을 살아갈 수 있습니다.

인성을 가지신 예수님께서 광야에서 사탄의 시험을 받을 때 성령이 함께 하셨다는 사실은 매일 매순간 사탄의 유혹에 직면해 있는 성도들이 사탄의 시험을 물리치고 승리할 수 있는 비결이 무엇인지를 암시해 주고 있는 대목입니다. 성령의 충만함을 받는 것입니다. 주님의 영의 지배를 받는 것입니다.

사도바울은 본문에서 구체적으로 성령 충만의 삶이 어떤 것인지를 밝히고 있습니다. “시와 찬송과 신령한 노래들로 서로 화답하며 너희의 마음을 주께 노래하며 찬송하며…”19절 한마디로 찬송하는 삶입니다. 다른 말로 표현하면 하나님께 영광 돌리는 삶입니다. 찬송, 찬양하는 삶은 성령 충만함을 받은 사람, 하나님의 영의 지배를 받는 사람의 가장 두드러진 특징의 하나입니다.

구약의 욥은 재산과 자식을 한 순간에 다 잃고 나서도 하나님을 원망하지 아니하고 오히려 여호와 하나님께 예배하며 찬송했습니다. 욥 1:20~22 “욥이 일어나 겉옷을 찢고 머리털을 밀고 땅에 엎드려 예배하며 이르되 내가 모태에서 알몸으로 나왔사온즉 또한 알몸이 그리고 돌아가올지라 주신 이도 여호와시요 거두신 이도 여호와시오니 여호와의 이름이 찬송을 받으실지니이다 하고 이 모든 일에 욥이 범죄 하지 아니하고 하나님을 향하여 원망하지 아니하니라”

바울과 실라도 깊은 감옥에 갇혀서도 하나님을 찬양했습니다. 그렇습니다. 성령 충만을 받은 성도는 삶의 어떠한 환경이나 조건 하에서도 하나님을 경외하는 일에 전혀 영향을 받지 않습니다. 찬송 시인의 표현을 빌리면 주와 동행하면 초막이나 궁궐이나 그곳이 곧 천국이라는 것입니다. 종종 소개해 드리는 유명한 찬송시인 화니 크로스비에게 어느 날 한 친구가 물었습니다. “하나님께서 네게 그토록 많은 재능을 주셨음에도 불구하고 왜 너를 맹인 되게 하셨는지 이해가 안 된다”고 했습니다. 그러자 그녀는 이렇게 말했습니다. “만약 하나님께서 내가 태어나는 순간에 소원이 무엇이냐 고 물으시면 맹인 되게 해 달라고 부탁 드릴거야 왜냐하면 천국에 가서 내 뜬 눈으로 주님의 얼굴을 첫 대면할 수 있기 때문이야” 라고 대답했습니다.

사랑하는 성도 여러분! 진심으로 하나님을 경외하고 그리스도가 내 삶의 주인이요, 전부요, 최고의 가치요, 내 존재의 궁극적인 의미요, 목표라고 믿는 사람은 어떤 환경 속에서도 하나님을 찬송합니다. 주님의 성호를 찬양합니다.

사랑하는 찬양대원 여러분! 그리고 성도 여러분! 어떠한 심령으로 찬양하십니까? 어떤 마음으로 찬송 부르십니까?

둘째로 성령 충만의 삶은 감사하는 삶입니다. 20절 "범사에 우리 주 그리스도의 이름으로 항상 아버지 하나님께 감사하며.." 여러분! 인간적인 안목으로만 현실을 보면 불평과 불만투성입니다. 정치 경제 사회 모든 분야에 혐오스럽고 불만족스러운 것 밖에 없습니다. 개인적인 삶도 마찬가지입니다. 기쁨과 만족보다는 실망과 아쉬움과 원망과 분노의 날들이 더 많습니다. 그럼에도 불구하고 성도들이 범사에 감사해야 하는 이유는 주님께로부터 받은 은혜가 훨씬 더 크고 많기 때문입니다.

"나 같은 죄인 살리신 그 은혜 놀라와 잃었던 생명 찾았고 광명을 얻었네"

여러분! 무슨 말이 더 필요 하겠습니까? 그리스도를 통해 잃었던 생명 다시 찾게 기회 주셨고, 길과 진리와 생명의 빛을 얻게 해 주신 하나님의 은혜, 생각하면 범사에 감사할 것밖에 없습니다.

서양격언에 "제일 가르치기 어려운 수학문제는 우리가 받은 축복을 세어 보는 것"이라는 말이 있습니다. 우리가 감사 하지 못하는 것은 감사할 조건이 없어서가 아니라 감사를 깨달을 수 있는 믿음이 부족하기 때문입니다. 여러분! 감사를 깨닫지 못하게 방해 하는 것이 무엇입니까? 교만한 마음, 비교하는 마음, 탐욕, 미움과 같은 것들입니다. 범사에 감사하는 사람은 순교자보다 더 훌륭한 믿음을 가진 사람입니다.

감사는 우리의 심령과 일상의 삶을 풍요롭게 하고 윤택하게 해주는 기적 같은 힘이 있습니다. 감사가 있는 곳에 감동이 있고 희망이 있고 행복과 성공이 있습니다.

끝으로 성령 충만의 삶은 피차 복종하는 삶입니다. 21절 말씀입니다. 그냥 피차 복종하라고 했다면 설득력도 없고 그렇게 하기도 어렵습니다. 그러나 "그리스도를 경외하므로"라는 전제가 있기에 가능한 것이고 또 반드시 그렇게 해야 할 당위성도 있습니다.

여러분! 오늘날 내 주장만 옳고, 나는 대접을 받아야 한다고 고집하는 사람들 때문에 나라도 어지럽고, 사회도 어지럽습니다. 교회도 크게 다르지 않습니다. 먼저 대접하는 자를 찾아보기 어렵습니다. 겸손하게 섬기는 예수님의 모습을 실천하는 성도들을 찾아보기 어렵다는 말씀입니다. 주님은 오리를 가자하면 십리를 동행해 주라고 하셨지만 동행하기는커녕 비웃고, 욕하고, 깎아 내리고, 발목 잡는 일이 점점 늘어 가고 있습니다.

바뀌어야 합니다. 당신이 바뀌어야 한다고 주장하기 전에 내가 먼저 바뀌어야 합니다. 언제 부터요? 오늘부터, 지금부터입니다. 어떤 분은 이렇게 말합니다. "새털같이 많은 날, 천천히 하지요." 아닙니다. 그러니까 예수 믿은지 오래되었어도 달라지는 것이 없는 것입니다. 이미 말씀드린 대로 지금이 기회입니다. 오늘만이 내가 쓸 수 있는 확실한 시간입니다. 여러분, 금년 한 해 주님을 경외하므로 피차 복종하는 한해가 되시기를 축원합니다.

말씀을 마칩니다. 18세기 미국 사회에 큰 영향을 끼친 영적부흥운동이 있었는데 이른바 대 각성운동이었습니다. 이 운동은 당시 시대의 목회자요 신학자였던 조나단 에드워즈가 앞장서 이끌었습니다. 그는 매일 다섯 가지 결심을 고백하며 자신을 새롭게 했습니다.

첫째, 사는 동안 언제나 최선을 다해 살아간다.

둘째, 한순간의 시간이라도 결코 놓치지 않고 내가 할 수 있는 한 가장 유익한 방법으로 그것을 선용한다.

셋째. 아무리 큰 이익이 된다고 해도 타인들로부터 경멸의 대상이 되는 것이라면 결코 취하지 않는다.

넷째, 어떠한 일도 원한 때문에 하지 않는다.

다섯째, 내 인생에 있어서 다시없는 좋은 기회라 하더라도 하나님 보시기에 좋지 않은 일이라면 선택하지 않는다.

그렇습니다. 사랑하는 성도 여러분 금년 한 해 세운 계획가운데 나에게 있어 아주 중요하고 꼭 해보고 싶은 일이라 할지라도 하나님보시기에 바람직하지 못한 계획은 없는지 살펴보시기 바랍니다. 반대로 아무리 부담이 되고 껄끄러운 일이라 할지라도 주님이나 교회에 크게 유익이 되는 일이라면 실행에 옮기는 결단이 있어야 할 것입니다.

"세월을 아끼라!" 금년 한 해 시간을 아껴 개인이나 가정이나 교회에 크게 유익이 되는 한해가 되시기를 축원합니다.

6
벧엘로 올라가라!!
창35 : 1~7

우리가 살아가는 일생의 여정에는 수많은 굴곡과 희로애락의 여러 가지 사건들이 놓여있습니다.

그런데 가만히 보면 기쁘고 행복할 때는 불행했던 과거를 생각지 못하고 반대로 슬픔과 불행에 처할 때는 행복의 시간들은 영원히 사라져 버린 것처럼 실망하며 좌절합니다. 유행가 가사처럼 인생은 돌고 도는 것인데 대부분의 사람들은 현재 누리고 있는 상황이나 환경이 영원히 계속될 줄로 알고 살아가는 것 같습니다. 물론 과거를 잊고 살아서는 안 될 것들이 있습니다. 부모나 가까운 사람들로부터 받은 은혜는 아무리 세월이 흘러도 잊어서는 안 됩니다.

신앙생활도 마찬가지입니다.

예수 믿기 이전에 범했던 죄와 죄의식 그리고 우리의 감각적인 부분들을 만족하게 해 주었던 세속적인 미련들과 육적인 쾌락의 유혹들은 다 깨끗이 잊어 버려야 합니다. 사도바울은 예수님 만난 이후에 그를 자랑하게 했던 가문, 학문, 로마시민권, 대단한 종교적 자부심들을 분토처럼 버렸다고 했습니다. 그리스도의 십자가 외에는 생각지도 않기로 했다고 고백했습니다. 그러나 그가 한시도 잊지 않은 것이 있습니다. 그것은 그에게 주신 주님의 은혜입니다. 주님과 만났을 때의 감격입니다 주님과 다짐했던 약속입니다. 그래서 사도바울은 그리스도를 만났던 다메섹 도상에서의 감격을 그의 서신에서 자주 인용했습니다.

그런데 우리는 잊어야 할 것은 잊지 못하고 잊어서는 안 될 것을 잊고 산다는데 문제가 있습니다.

어떻게 보면 잊을 것은 잊고 기억할 것은 기억하는 것이 신앙이라고 정의를 내려도 좋을 것입니다. 우리는 창35장의 야곱의 기사를 대하면서 기억해야 할 것을 잊고 살다가 위기에 처한 야곱의 생애를 발견하게 됩니다. 그리고 그러한 위기로부터 구원받은 모습도 보게 됩니다. 주목할 것은 야곱의 전 생애가 그러했듯이 야곱과 그 가족에게 임한 위기나 또는 위기로 부터의 구원이나 모두 하나님의 관계로부터 시작되고 있다는 사실입니다. 어찌 야곱에게만 해당되는 이야기겠습니까. 모든 인생들의 생애가 다 그렇습니다.

성경 속에 나타난 인생들의 역사는 그 행복 불행이 예외 없이 하나님과의 관계에 달려 있음을 알 수 있습니다. 하나님과의 정상적인 관계가 유지될 때는 행복했습니다. 그러나 하나님과의 관계가 단절되고 파괴될 때는 불행이 찾아 왔습니다. 이러한 관점에서 창35장의 사건에 접근하려고 합니다. 먼저 35장 사건의 배경을 다시한번 정리해 보면 이삭을 속이고 형에서의 장자의 축복을 가로챈 후에 야곱은 에서의 보복을 피하기 위해서 피신의 길에 오르게 됩니다. 날이 저물어 벧엘 광야에 돌베개를 하고 누워 있을 때 하나님께서 그에게 나타나셨습니다. 사다리가 하늘에 닿아 있고 그 사다리 위로 천사들이 오르락내리락 할 때 하나님께서 나타나셔서 말씀하셨습니다. “네가 고향에 돌아 올 때까지 함께 하시겠다”고 약속하시면서 번성과 번영의 축복을 주셨습니다.

잠을 깬 야곱은 다시 벧엘을 찾겠다고 서원했습니다. 그 후 30여년의 세월이 흐르는 동안 하나님께서는 야곱에게 하신 약속을 다 지키셨습니다. 하나님께서는 그의 뭀을 다 하셨습니다. 그러나 야곱은 가나안 땅에 돌아와서도 하나님께 한 약속을 하나도 지키지 않았습니다. 세겜에서 불과 24km 밖에 떨어져 있지 않았음에도 야곱은 한 번도 벧엘을 찾지 않았습니다. 벧엘을 찾겠다는 약속도 소유의 십일조로 드리겠다는 서원도 까마득히 잊고 있었습니다. 오히려 세겜에 정착해서 사는 10년 동안 이방문화와 풍습에 물들었습니다. 하나님의 선민의 모습은 퇴색해 갔고 하나님과의 관계는 단절되었습니다.

당연히 불행이 찾아왔습니다. 딸 디나 사건, 야곱의 아들들의 학살사건, 이로 인해 가나안 본토인들의 보복에 직면하게 된 것입니다. 드디어는 가나안 족속들에게 몰살당할 수밖에 없는 위기에 처한 것입니다.

야곱의 힘으로는 이 위기를 피할 수도 없었고 극복할 수도 없었습니다. 절체절명의 위기였습니다. 이에 하나님께서 야곱에게 다시 나타나신 것입니다. 그리고 말씀하셨습니다. "일어나 벧엘로 올라가서 거기 거하며 네가 네 형 '에서'의 낯을 피하여 도망 하던 때에 네게 나타났던 하나님께 거기서 단을 쌓으라"(창35:1) 그것은 절체절명의 위기에 봉착한 야곱과 그 가문이 살아남을 수 있는 유일한 길이었습니다. 여러분 우리는 비록 야곱이 살던 그 당시와는 다른 환경 속에서 살고 있고 야곱이 당했던 위기와는 다른 상황 이지만 우리도 우리의 인생여정에서 야곱처럼 위기에 직면할 때가 있습니다. 그것이 하나님과의 바르지 못한 관계에서 비롯되어진 위기 일 때 그 위기로부터 구원받는 길은 무엇이겠습니까?

35장의 기사는 이 문제에 대한 답을 우리에게 제공하고 있습니다.

첫째로 하나님께서는 야곱에게 "일어나라"고 말씀하셨습니다.

"하나님께서 야곱에게 이르시되 일어나 벧엘로 올라가서" 말할 것 없이 세겜땅에서 떠나라는 명령입니다. 그곳은 불신앙의 자리였습니다. 하나님이 없는 자리였습니다. 이방문화가 지배하는 곳이었습니다. 그러나 인간적으로 볼 때는 참으로 쾌적하고 살기 좋은 곳이었습니다. 더군다나 야곱에게는 풍요로운 삶을 제공해 주던 곳이었습니다. 그런데 하나님은 그곳에서 일어나라고 하십니다. 신앙의 결단을 촉구하신 것입니다.

여러분! 야곱과 이 가족의 세겜에서의 삶을 기록한 34장의 기사 속에는 그 어느 곳에서도 하나님을 발견할 수 없습니다. 위기를 자초한 원인도 문제에 대처하는 과정에서도 악하고, 추하고, 더러운 인간의 본성 계략 행동만이 나타나고 있습니다. 세겜은 철저히 하나님이 망각된 장소였습니다. 너무나도 좋은 현실에 마음과 신앙을 몽땅 빼앗겼던 곳이었습니다. 그러므로 야곱에게 위기가 왔습니다. 하나님은 야곱에게 세겜을 박차고 일어나라고 하신 것입니다.

아무리 현실의 환경이나 상황이 좋아도 하나님이 없는 곳에는 돌이킬 수 없는 불행이 기다리고 있습니다. 주님은 좁은 문과 넓은 문, 좁은 길과 넓은 길로 이 진리를 말씀하셨습니다. 넓은 길은 찾는 이가 많습니다. 편하기 때문입니다. 그러나 그 종착역은 멸망이요 지옥입니다. 그래서 주님은 우리를 향해서 좁은 문으로 들어가라고 하셨습니다.

여러분! 이 시간 우리의 마음속에 떠나야 할 세겜이 없는지 반성해 봅시다.

우리의 생활 속에 우리의 가치관 가운데 일어나 떠나야 할 세겜은 없는지 살펴보아야 합니다. 아직도 세겜과 같은 불신앙의 자리에서 머뭇거리고 있는 못된 생각이나 생활의 습관이 남아 있다면 우리는 과감히 그 자리에서 떨쳐 일어나야 합니다. 적어도 하나님의 백성답게 살기를 원한다면 결단을 내려야합니다, 야곱처럼 큰 불행과 위기를 맞기 전에 결단해야 합니다. "세겜에서 일어나라" 이 시간 하나님의 사랑의 음성이 우리의 심령에 울려 퍼지기를 기원합니다.

둘째로 하나님은 벧엘로 올라가라고 명령하십니다.

야곱의 출생지를 비롯해서 야곱과 관계있는 여러 곳이 있었을 텐데 하나님은 굳이 벧엘을 찾으라고 말씀하고 있는 것입니다. 죄악의 도성 세겜만 떠나면 됐지 왜 굳이 벧엘을 찾으라고 하셨을까? 그 답을 얻으려면 벧엘은 과연 야곱에게 있어서 어떤 의미를 갖는 곳일까 하는 점을 되새겨 볼 필요가 있습니다.

여러분 벧엘은 야곱에게 있어서 어떤 곳이었습니까?

원래 벧엘은 야곱에게 있어서 절망과 좌절의 장소였습니다. 자기가 포기된 곳이었습니다. 이미 말씀드렸듯이 벧엘은 형 에서를 피해 도망 길에 올랐을 때 첫 밤을 맞이했던 광야였습니다. 정든 집과 부모를 떠나 기약이 없는 망명길에 오른 야곱 그의 곁에는 아무도 없었습니다. 고독한 장소였습니다. 희망이 사라져 버린 장소였습니다. 버림받은 장소였습니다. 한마디로 기가 막힌 장소였습니다. 그런데 하나님은 그 장소를 찾으라고 말씀하시고 있는 것입니다.

여러분! 사람들은 대부분 현실이 부요하면 어려웠을 때를 잊어버립니다.

굳이 가난하고 어려웠을 때처럼 궁상맞고 청승맞게 살아야 한다는 것이 아닙니다. 우리는 언제나 과거보다는 나은 오늘을 살아야 하고 오늘보다는 더 나은 내일을 추구하며 살아야 합니다. 그러나 현실의 삶이 아무리 풍요로워도 아니 그럴수록 더욱 우리는 어렵게 살던 그때를 잊지는 말아야 합니다. 그래야 오늘의 부요를 계속해서 소유할 수 있습니다.

이야기를 들으니 일본은 2차 세계대전 당시에 원자폭탄이 떨어졌던 히로시마에는 그때의 처참했던 현장을 아직도 그대로 보존하고 있다고 합니다. 비록 경제대국으로 변모했지만 그 비극의 때, 그 비극의 장소를 잊지 말자는 의도에서입니다. 그래서 일본인들은 그렇게 국민소득이 높으면서도 근면하고 절약정신이 투철합니다. 어쩌면 히로시마에 절망과 비극의 그 현장이 오늘의 일본을 있게 한 것입니다.

여러분! 우리는 어떻습니까?

너무나 쉽게 잊고 있지는 않습니까? 민족분단의 비극을 몰고 온 6.25, 수백만의 동족의 인명을 앗아간 6.25, 그러나 지금 그 어디에도 6.25의 흔적은 발견할 수 없습니다. 6.25의 비극은 아직도 끝나지 않았는데 먹고 사는 것이 좀 좋아졌다고 해서 애써 그때의 기억을 망각하고 흥청망청 살아가고 있지는 않습니까? 그래서 성수대교가 무너지고 장관 국회의원들이 부정축재를 하고 나라야 어찌됐던 일신의 부귀영화를 위해 혈안이 되어있지는 않은지요.

신앙생활에서도 마찬가지입니다.

우리에게는 누구나 절망의 때, 절망의 장소가 있었습니다. 삭개오처럼 체념의 뽕나무가 있었습니다. 세 번씩이나 예수님을 모른다고 부인하고 옛 일터로 돌아와서 그물을 던지던 갈릴리 바다 고기 잡던 체념의 장소가 있었습니다. 주린 배를 채우려고 돼지 쥐엄 열매를 따먹던 실패와 절망의 장소가 있었습니다.

여러분! 우리가 좀 부요하고 잘 살게 되었다고 해서 절망의 그때 그 장소를 잊어서는 안 됩니다. 죄에 짓눌려 고통하며 방황하던 그때를 잊어서는 안 됩니다. 우리는 본래 절망의 존재였음을 잊어서는 안 됩니다. 하나님께서는 야곱을 향하여 절체절명의 위기 앞에서 전혀 소망이 없었던 그때, 그 장소를 향하여 올라가라고 명령하십니다. 그 이유는 이사야가 표현한 것처럼 마치 지렁이와 같이 쓸모없고 천하고 나약한 야곱의 본래의 모습을 깨닫게 하시기 위함이었을 것입니다. 그래서 현재의 부요함을 주신 하나님을 기억하게 하시기 위함이었습니다.

그러나 또 한편으로는 벧엘은 야곱에게 있어서 소망의 장소였습니다.

절망이 소망으로 바뀐 감격의 장소였습니다. 모든 것이 끝났다고 생각했고 이제 나에게는 희망이 없다고 체념하고 황량한 벌판에 돌베개하고 누워버린 절망의 그때 그 장소에 하나님이 찾아오신 것입니다. 창 28:14~15 "내가 너희와 함께 있어 네가 어디로 가든지 너를 지키며 너를 이끌어 이 땅으로 돌아오게 할찌라 내가 네게 허락한 것을 다 이루기까지 너를 떠나지 아니 하리라 하신지라" 하나님께서는 야곱을 버리지 아니하시겠다는 것입니다. 야곱과 함께 동행 하시겠다는 것입니다. "내가 네게 허락한 것을 다 이루기까지 너를 떠나지 아니하리라" 그것은 타향살이

20년 그 숱한 고생과 고난 중에서도 꿋꿋하게 견딜 수 있었던 힘이었습니다. 절망 중에 하나님과의 첫 인격적 만남과 대화 – 그 사건은 야곱의 생애를 역전시킨 결정적인 사건이었습니다.

하나님이 자기를 떠나지 아니하시고 함께 하심을 처음 알게 된 장소, 그의 생애를 바꾸어 놓은 장소, 그에게 소망을 준 장소, 그곳이 바로 벧엘이었습니다. 이제 전멸의 위기에 처한 야곱을 향해서 하나님께서는 그의 생애를 소망으로 바꾸어 준 그 장소를 찾으라고 명령하신 것입니다.

벧엘은 단순히 야곱의 생애에 있어서 기념비적인 의미를 갖는 곳만은 아닙니다. 벧엘은 종교적인 의미를 갖는 장소입니다. 하나님과의 만남 물론 그것은 하나님의 일방적인 나타나심이었지만 이 경험은 야곱에게 용기를 주었고 희망을 주었고 삶의 의미를 안겨 주었습니다. 세겜을 인간의 장소 인본주의 세속주의 향락주의 물질만능주의의 상징이라고 한다면 벧엘은 하나님의 장소 신본주의의 상징이라고 볼 수 있습니다. 벧엘로 올라가라. 이 명령은 곧 하나님을 찾으라는 명령입니다. 하나님의 영역으로 들어가라는 말씀입니다. 신본주의로 돌아가라는 명령입니다.

호세아 선지자는 당시 죄악에 빠져 있던 그래서 나라의 운명이 풍전등화와 같았던 이스라엘을 향해 피를 토하듯 외쳤습니다. 호6:1~2 “오라 우리가 여호와께로 돌아가자 여호와께서 우리를 찢으셨으나 도로 낫게 하실 것이요 우리를 치셨으나 싸매어 주실 것임이라 여호와께서 이틀 후에 우리를 살리시며 셋째 날에 우리를 일으키시리니 우리가 그의 앞에서 살리라”

여러분! 여호와 하나님을 다시 찾는 길 여호와 하나님께 다시 돌아가는 것 그것은 곧 구원의 길입니다. 벧엘로 올라가는 길 또한 벧엘은 야곱이 하나님과 굳게 약속한 장소입니다. 창28: 20~21 “야곱이 서원하여 가로되 하나님이 나와 함께 하시사 내가 가는 이 길에서 나를 지키시고 먹을 양식과 입을 옷을 주사 나로 평안히 아비 집으로 돌아가게 하시오면” 야곱은 하나님께 간절히 호소했습니다. 하나님은 야곱의 소원을 다

들어 주었습니다. 야곱은 하나님께 굳게 서원합니다. 창28:21~ "여호와께서 나의 하나님이 되신 것이요 내가 기둥으로 세운 이 돌이 하나님의 전이 될 것이요 하나님께서 내게 주신 모든 것에서 십분의 일을 내가 반드시 하나님께 드리겠나이다" 그러나 십년의 세월이 흐르는 동안 야곱의 이 약속은 지켜지지 아니했습니다. 야곱이 약속을 지키는 것 그 자체가 중요한 것이 아니라 야곱이 하나님의 존재를 잊고 있었다는 것이 문제였습니다.

"일어나 벧엘로 올라가라!"

마음과 생활 속에서 잊었던 하나님을 다시 찾으라는 것입니다. 그것이 야곱이 생존할 수 있는 유일한 길이었기 때문입니다. 여러분 우리도 마찬가지입니다, 그리스도를 잊으면 그것은 곧 영적인 죽음을 의미합니다. 우리의 심령과 생활 속에 그리스도를 회복하지 못하면 그것은 곧 절망이요 멸망입니다.

그래서 하나님께서는 종종 우리가 주님을 처음 만났던 장소로 되돌아가기를 원하시는 것입니다. "너의 처음 사랑을 버렸느니라. 그러므로 어디서 떨어진 것을 생각하고 회개하여 처음 행위를 가지라" 우리는 누구나 주님께 첫 사랑을 고백했던 때가 있습니다. 죽을 때까지 주님사랑의 마음 변치 않겠노라고 다짐했던 때가 있습니다. 주님을 만남으로 감격의 눈물 흘리던 때가 있습니다. 나 같은 죄인 살리신 그 은혜가 너무 고맙고 감사해서 주님위해 목숨까지라도 바치겠노라고 굳게 서원했던 때가 있습니다. 우리의 신앙생활이 나태해지고 주님사랑, 이웃사랑의 열기가 식어져서 냉랭하고 덤덤해 질 때, 우리는 나만의 벧엘을 찾아야 합니다. 세겜의 미련을 떨쳐 버리지 못하고 계속 세겜에 머물러 있다가는 야곱처럼 비극을 겪게 되고 절체절명의 위기에 빠지게 됩니다.

"일어나 벧엘로 올라가라!"

벧엘로 올라가기 전에 해야 할 일이 있습니다. 본문 2절에 보면 야곱은 가족들에게 3가지를 명령했습니다. 이것은 하나님을 만나고 하나님께 나아가기 위한 꼭 필요한 조건입니다.

첫째로 이방 신상을 버리라고 했습니다.

본문 4절에 보면 야곱의 온 가족들이 야곱의 명에 따라 모든 이방신상과 귀에 있는 고리를 야곱에게 주었습니다. 야곱은 그 모든 것들을 세겜 근처 상수리나무 밑에 묻었습니다. 이방 신상은 그들의 마음을 빼앗았던 대상이었습니다. 그들의 삶을 지배했던 신들이었습니다. 어떤 경로를 통해서 이방신들이 야곱의 집안에 들어 왔는지는 모르지만 분명한 것은 하나님께 나아가기 위해서는 그것을 버려야만 했습니다.

여러분! 우리도 하나님께 나아가기 위해서는 우리가 가지고 있는 이방신들을 버려야 합니다. 아니 파묻어 버려야 합니다.

이방신 우상숭배는 하나님 아닌 것을 하나님으로 섬기는 것을 말합니다. 하나님보다 더 사랑하고 하나님보다 더 영향을 받는 모든 것을 말합니다. 그것이 돈과 재물 일수도 있고 명예심 일수도 있고 가족이나 사랑하는 사람일 수도 있습니다.

여러분! 우리가 진정으로 하나님의 은혜를 체험하려면 우리가 가장 아끼는 옥합을 깨뜨려야 합니다. 나의 마음을 빼앗는 이방 신상을 깨끗이 내 생각, 내 마음, 내 생활 속에서 없애 버려야 합니다.

둘째로 우리 자신을 정결케 해야 합니다.

이방 문화와 풍속에 오염된 사상과 생활을 깨끗이 청산하고 심령을 정결케 해야 한다는 뜻입니다. 이스라엘 백성들과 제사장들이 하나님 앞에 나갈 때는 언제나 몸을 정결케 해야 했습니다. 성막에서 봉사하는 제사장들의 이마에 두른 띠에는 '여호와께 성결' 이라고 쓰여 있습니다. 하나님께서는 그 앞에 나아오는 모든 인생들에게 성결을 요구하셨습니다. 출애굽기19:10 "너는 백성에게로 가서 오늘과 내일 그들을 성결케 하며 그들로 옷을 빨고 예비하여 제 3일을 기다리게 하라" 단순한 외적 정결을 말하는 것이 아니라 그러한 의식을 통한 내적 정결을 요구하신 것입니다. 지금도 마찬가지입니다. 하나님께서는 우리에게 성결을 요구하십니다.

우리는 무엇으로 우리 자신을 정결하게 할 수 있습니까? 요한 사도는 말합니다. "그 아들 예수의 피가 우리를 모든 죄에서 깨끗케 하실 것이요.(요일1:7) 그렇습니다. 그리스도의 보혈로서만 우리는 깨끗해 질수 있습니다. 그리스도의 보혈의 공로로서만 우리는 하나님께 나아 갈수 있습니다.

끝으로 우리는 의복을 바꾸어야 합니다. 사도바울은 "누구든지 그리스도와 합하여 세례를 받은 자는 그리스도로 옷 입었느니라" 우리는 그리스도로 옷을 바꾸어 입은 사람들입니다. 우리는 죽을 때까지 바꿔 입은 이 신령한 옷을 벗어 버리면 안 됩니다. 야곱이 하나님의 명령에 즉각 순종하고 벧엘을 향해 발행할 때 하나님께서는 그 주변 족속들을 크게 두려워하게 하셨습니다. 그래서 한사람도 야곱의 일행을 추격하는 자가 없었습니다.

"일어나 벧엘로 올라가라!"

하나님의 이 말씀은 신앙의 깊은 잠에 빠져 있던 야곱을 깨우치는 말씀이요 절체절명의 위기로부터 야곱을 구원하시려는 하나님의 사랑의 음성이었습니다. 야곱은 머뭇거리지 아니하고 하나님의 명령에 즉각적으로 순종하므로 위기를 모면하고 하나님께서 예비한 축복을 소유하게 되었습니다.

"일어나 벧엘로 올라가라!"

야곱에게 들려주셨던 이 명령이 안일한 신앙생활에 빠져있는 우리에게 하나님을 향한 진실된 회복을 요구하는 주님의 음성으로 받아들이시길 바랍니다. 하나님께서 멀리 떠나 있게 했고 주님을 향한 우리의 마음을 빼앗았던 비신앙적인 요소들을 땅속에 깊숙이 묻고, 깨끗하고 정결한 마음으로 첫사랑의 순수하고 뜨거운 열정으로 잃었던 우리의 벧엘을 다시 찾는 결심과 결단이 이 시간 우리와 함께 하시기를 축원합니다.

7
살아나셨느니라
눅24:1~12

언젠가 뉴스위크지에 하나님의 존재를 끝까지 부인하다 죽은 한 과학자에 관한 기사가 실린 적이 있습니다. 그 사람은 미국의 천문학자 칼 세이건 박사입니다.

그는 골수암에 걸려서 투병생활을 하다가 62세에 세상을 떠났습니다. 그는 하나님의 존재는 부인했지만 평소 예수에 관해서는 관심이 많았습니다. 그래서 여러 저명한 신학자들의 자문을 구하기도 하면서 예수에 대해 많은 것을 알기 원했습니다. 그렇지만 그는 " 증거가 없는 한 확신할 수 없고 확실히 알 수 없는 한 믿을 수 없다"는 고집을 고수했습니다.

어느 날 병석에 누워있는 그에게 한 저명한 목사가 찾아와서 대화를 나누는 중에 목사님에게 물었습니다. "당신처럼 저명하고 똑똑한 사람이 어찌 그 알 수 없는 예수를 믿습니까?"

그러자 이번에 목사가 그에게 물었습니다. "아니 당신처럼 똑똑한 사람이 어째서 예수를 믿지 않습니까?" 목사는 여러 가지 말로 예수에 대해서 이야기 했지만 그는 끝내 예수를 믿지 않은 채 숨을 거두었습니다.

후에 그의 아내가 한 말입니다. "내 남편은 예수를 믿고자 한 것이 아니라 예수를 알고자 한 것입니다"

여러분 우리가 꼭 명심해야 할 것은 예수는 믿음의 대상이지 지식의 대상이 아니라는 사실입니다. 예수는 신앙의 대상이지 분석의 대상이 아닙니다. 왜냐하면 그분은 창조자요 유일한 신이기 때문입니다.

지식과 분석으로 설명 할 수 있다면 신이 될 수 없습니다.

여러분! 오늘은 부활절입니다.

인류역사상 죽었다가 다시 살아난 것을 기념하고 축하하는 절기를 가진 종교는 우리 기독교 밖에 없고 예수밖에 없습니다. 성도들은 누구나 성경에 기록된 예수님의 부활 사건에 대해서 잘 알고 있습니다.

그러나 예수의 부활에 대해 아는 것이 중요한 것이 아니라 그 사실을 믿는 것이 중요합니다. 아는 것만으로는 예수의 부활이 우리 생애에 전혀 영향력을 주지 못합니다. 예수의 부활 사실을 아는 것에서 믿는 것으로 더 나아가서 확신과 체험의 단계로 나아갈 때 예수의 부활 사건은 우리의 생애를 180도로 바꾸는 놀라운 영향력을 갖습니다.

성경의 기록을 보면 예수님의 부활의 능력이 철저한 기독교 박해자 사울을 철저한 예수의 추종자, 기독교 복음의 전파자 바울로 바꾸어 놓았습니다. 비겁자 베드로를 순교자 베드로로 변화시켰습니다. 모든 사람에게 손가락질 받던 죄 많은 여인 막달라 마리아를 모든 사람이 사랑하고 부러워하는 여인으로 바꾸어 놓았습니다. 엄청난 박해 하에서도 그리스도의 복음이 전 세계로 퍼져나가는 원동력이 되었습니다.

예수님은 공생애 3년 동안 자신의 죽음과 부활을 여러번 언급하셨습니다. 그러나 예수님과 늘 함께 했던 제자들 중에서 예수님의 부활을 믿는 제자들은 하나도 없었습니다. 아니 부활에 대해 개념이 전혀 없었습니다. 그래서 본문에서 보는 것처럼 예수님이 부활하셨다는 소식을 듣고도 좀처럼 믿으려 하지 않았습니다. 오늘 본문에는 예수님의 부활을 믿지 못한 세 부류의 사람들이 등장하는데 첫째는 여인들이 있었습니다.

본문 10절에 보면 이 여인들의 이름이 막달라 마리아, 요안나, 야고보의 모친 마리아를 비롯해서 저희와 함께한 소수의 여인이라고 밝히고 있습니다. 눅23:55에는 이 여인들이 갈릴리에서 예수와 함께 온 여자들이라고 했습니다.

이 여인들은 예수님께서 잡히실 때도 함께 있었고 골고다로 끌려 갈 때도 그리고 십자가에 못 박혀 돌아가실 때도 함께 했던 여인들이었습니다. 그 누구보다 열심히 예수님을 믿고 사랑하고 따랐던 여인들이었습니다. 그러나 그들의 믿음과 열심과 사랑은 어디 까지나 인간적인 것이었습니다. 다시 말하면 예수님을 하나님의 독생자로 메시야로 구세주로 또 죽음의 권세도 어쩌지 못하는 전능자로 믿고 따른 것이 아니었습니다.

여인들은 예수님이 십자가에서 운명하시고 무덤에 묻히자 이제는 모든 것이 끝났다고 체념하고 절망했습니다. 그래서 여인들은 마지막으로 관습대로 예수님의 시신에 향품과 향유를 바르기 위해 무덤을 향하고 있었습니다. 여인들은 예수님이 살아나리라고는 꿈에도 생각하지 못했습니다. '어떻게 무덤을 막아 놓은 돌문을 옮겨 놓을 수 있을까' 그것만을 걱정하면서 무덤을 향해 발걸음을 재촉하고 있었습니다. 그런데 무덤에 도착 했을 때 여인들은 놀라운 광경을 목도했습니다. 무덤의 돌문이 옮겨진 것입니다. 여인들은 의아해 하며 조심스럽게 무덤 안으로 들어가 보니 예수님의 시신이 보이지 않았습니다. 너무나도 황망해서 어쩔 줄 몰라 할 때 흰옷 입은 두 천사가 나타나서 여인들에게 "어찌하여 살아있는 자를 죽은 자 가운데서 찾느냐" 나무라면서 여인들에게 말합니다.

"갈릴리에 계실 때에 너희에게 어떻게 말씀하였는지를 기억하라. 인자가 죄인의 손에 넘겨져 십자가에 못 박히고 제 삼일에 다시 살아나야 하리라" 천사의 말을 듣고 여인들은 비로소 전에 주님께서 하신 말씀을 기억하고 예수님의 부활 사실을 믿게 되었습니다. 중요한 것은 여인들이 주님께 들은 말씀을 기억해내었고 부활의 주님을 회복하게 되었다는 사실입니다.

여러분! 우리가 일평생 주님께서 말씀하신대로 살 수만 있다면 얼마나 좋겠습니까?

그러나 우리는 의식적이던 무의식적이던 주님의 말씀을 자주 잊고 삽니다. 때로는 기억조차 못합니다. 전혀 성경 진리와 다른 세상 논리나 방법이 최선의 길인 것처럼 여길 때도 있습니다. 잘못된 길로 가고 있는 것입니다. 그것은 영생에서 멀어지는 길이요 천국에서 멀어지는 길입니다. 돌아서야 합니다. 궤도 수정을 해야 합니다. 바른 길로 들어서야 합니다.

어떻게 하면 됩니까?

주님께서 하신 말씀을 기억하는 것입니다. 말씀을 읽는 중에 기도하는 중에 설교를 들으면서 현재 내 생각, 내 생활, 내 가치관이 주님의 말씀이나 뜻에 합당한 것인지 냉정하게 점검해 보아야 합니다.

여러분!

우리 마음과 삶속에 예수를 회복하는 것이 사는 길이라면 예수를 회복하는 길이란 주님의 말씀을 기억하는 것이요 내 생각이나 가치관을 주님의 말씀에 맞추어 가는데 있습니다. 부활의 아침 본문에 나오는 여인처럼 주님께서 우리에게 들려주신 주님을 회복하고 천국의 소망을 회복하시는 영광스럽고 복된 부활절이 되시기를 바랍니다.

둘째는 제자들입니다

요한복음 20:19에 당시 제자들의 모습을 이렇게 전하고 있습니다. "이 날 곧 안식 후 첫 날 저녁때에 제자들이 유대인들을 두려워하여 모인 곳의 문을 닫았더니 예수께서 오사 가운데 서서 이르시되 너희에게 평강이 있을 찌어다" 부활의 주님이 제자들을 찾아오셨는데 정작 제자들은 문을 닫고 숨어있었습니다.

왜 그랬습니까?

예수님의 부활을 믿지 못했기 때문입니다. 그들을 지켜줄 예수가 죽어

무덤에 묻혔기에 이제 그들에게는 희망이 없었습니다. 절망뿐이었습니다. 두려웠습니다. 한때는 '죽는데 까지 따르겠다'고 큰 소리 치던 자들이었습니다. 대 제사장의 무리들과 맞서 대제사장의 종 말고의 귀를 베며 예수를 호위하려 했던 담대한 자들이었습니다. 예수그리스도의 이름으로 귀신을 쫓아내며 병자들을 고치던 능력의 사람들이었습니다. 그런데 그것은 어디까지나 예수님께서 살아계실 때의 모습이었습니다. 예수님이 돌아가시자 그들은 하나 같이 비겁자 무능력자 나약자로 전락하고 말았습니다. 메시야의 제자들로서의 최소한의 자존심도 팽개쳐 버리고 유대인들이 무서워 문을 꼭꼭 걸어 잠그고 집안에 숨어 벌벌 떨고 있었던 것입니다.

우리는 제자들의 모습에서 우리의 자화상을 보게 됩니다.

교회는 다녀도 부활의 주님을 믿지 못하는 성도들의 궁색하고 초라한 모습을 보게 된다는 말씀입니다. 예수를 믿는다고 하면서도 부활의 주님을 믿지 못하고 부활하신 예수님을 체험하지 못하는 성도들의 삶속에는 진정한 평안도 역경을 이겨낼 담대함도 기대 할 수 없다는 교훈을 얻게 됩니다. 성경의 역사를 보면 하나님이 없는 인생 부활의 주님을 만나지 못한 인생은 하나같이 불안하고 불행했습니다. 많은 것을 소유하고 막강한 권세를 거머쥐고서도 불안에 떨어야 했습니다. 가진 것도 없고 권세가 없어도 하나님과 동행한 사람 예수를 소유한 사람은 환경이나 조건에 상관없이 담대했고 평안했고 행복했습니다.

그래서 주님은 요14:27에 이렇게 말씀하십니다. "평안을 너희에게 끼치노니 곧 나의 평안을 너희에게 주노라 내가 너희에게 주는 것은 세상이 주는 것과 같지 아니하리라" 이 평안은 부활의 주님을 만나는 사람 누구에게나 주어지는 하나님의 선물이요 축복입니다.

여러분! 제자들은 하나 같이 겁쟁이들이었습니다. 죽을 때까지 불안에 떨며 숨어 지낼 수밖에 없던 불행한 자들이었습니다. 그런데 무엇이 저들의 생애를 바꾸어 놓았습니까? 어떤 일이 있었기에 겁쟁이였던 그들로 하여금 주를 위해 기꺼이 순교의 길을 걷게 했습니까?

그것은 부활의 주님을 만난 것입니다.

이미 소개한대로 요20:19에 예수님께서 숨어 불안에 떨고 있는 제자들을 찾아 오셔서 못과 창에 찔린 흔적이 뚜렷한 손과 옆구리를 친히 보여 주시면서 "너희에게 평강이 있을 찌어다"라고 말씀하셨습니다. 부활의 주님을 만난 후 제자들의 모습은 180도로 바뀌었습니다. 더 이상 겁쟁이도 비겁자도 아니었습니다. 우리는 사도행전에서 딴 사람이 된 제자들을 만나게 됩니다. 그들은 목숨을 걸고 예수를 전했습니다. 교회사를 보면 야고보는 목 베임을 당했고 베드로는 십자가에 거꾸로 못박혀 순교했고 도마는 먼 인도까지 가서 복음을 전하다가 그곳에서 순교했습니다. 가룟유다를 제외한 모든 제자들이 한결같이 예수를 전하다가 당당하게 순교의 길을 걸었습니다. 히브리서 기자는 이런 믿음의 사람들을 가리켜 "세상이 감당치 못한 사람들" 이라고 표현했습니다. 그렇습니다. 부활의 주님을 믿고 체험한 사람은 세상이 어쩌지 못합니다.

사랑하는 성도 여러분!

오늘 부활절 이 자리가 부활의 주님을 만나는 감격과 축복의 자리가 되기를 소원합니다.

셋째는 베드로입니다

여인들에게 예수님께서 다시 살아나셨다는 소식을 들은 제자들의 반응이 11절에 기록되었습니다. "사도들은 그들의 말이 허탄한 듯이 들려 믿지 아니하나" 무슨 말입니까? 예수님이 다시 살아나셨다는 사실을 믿지 못했다는 것입니다. 정신 나간 소리로 들었다는 것입니다.

그러나 베드로는 주님의 부활 소식을 접하고 즉시 무덤으로 달려갔습니다.

"베드로는 일어나 무덤에 달려가서 구부려 들여다보니 세마포만 보이는지라 그 된 일을 놀랍게 여기며 집으로 돌아가니라"이 구절에서 우리에게 시사하는 것이 무엇입니까? 무덤을 찾기는 했지만 그 역시 예수님의 부활을 확신하지는 못했다는 것입니다. 그 후의 베드로의 행적을 살펴보면 이 추측이 맞는 것 같습니다. 베드로는 예수님의 수제자 이었습니다. '주는 그리스도시오 살아계신 하나님의 아들'이라고 고백했던 인물입니다. '오라!' 하는 주님의 음성에 망설임 없이 바다에 뛰어 내렸던 대단한 믿음의 사람이었습니다. 욥바에서는 죽은 도르가를 살리는 기적을 행하기도 한 인물입니다. 그런데 예수님이 잡히시고 무기력하게 십자가에 달려 운명하시자 그는 겁쟁이 비겁자 배신자로 전락해 버리고 말았습니다.

여러분! 어쩌면 베드로의 이 모습이 우리의 모습이 아닌가 합니다. 모든 것이 순조롭고 평안하고 내 뜻대로 잘 나갈 때는 믿음도 좋고 충성심도 대단하지만 위기가 닥치고 불이익이 있고 내 뜻대로 되지 않으면 언제 그랬냐는 듯 예수님과는 상관없는 자로 변해 버릴 때가 있다는 말씀입니다. 베드로가 예전의 모습을 회복하고 십자가에 거꾸로 달려 순교하기까지 주님의 수제자로서의 명예를 회복하게 된 것은 역시 부활의 주님을 만나고 나서부터입니다.

주님이 먼저 찾아 오셨습니다. 고기 잡는 삶의 현장에 친히 찾아오셔서 세 번씩이나 "네가 나를 사랑하느냐" 묻고 확인 하시면서 그의 마음속에 꺼져가는 '주님 사랑의 불씨'를 다시 살려 주신 것입니다.

사랑하는 성도 여러분!

오늘 이 자리에 우리에게 찾아와 "네가 나를 사랑하느냐" 부활하신 주님의 음성을 듣는 자가 되기를 소원합니다. 찾아오신 부활의 주님과 만나는 자리가 되기를 축원합니다. 부활이 있기에 우리는 소망이 있습니다. 부활이 있기에 우리는 넉넉하게 인내 할 수 있습니다. 부활이 있기에 우리는 환난 중에도 승리의 노래를 부를 수 있고 용서 할 수 있고 사랑 할 수 있습니다. 얼마든지 행복할 수 있습니다.

치명적인 장애를 가진 어느 장애인의 고백입니다.

"손가락이 오그라들어 구부러지고 근육은 쇠약해지고 무릎은 뒤틀리고 어깨 아래로는 아무런 감각이 없는 내가 언젠가는 가볍고 밝으며 강력하고 눈부신 의로 옷 입은 새로운 몸을 가지게 될 것이다. 이것이 나처럼 척추를 다친 사람에게 뇌손상을 입은 환자나 혹은 조울증 환자에게 어떤 소망을 주는지 상상할 수 있는가 다른 어떤 종교나 철학도 새로운 몸과 정신을 약속하지 않는다. 오직 그리스도의 부활의 복음 안에서만 상처 입은 사람이 이처럼 놀라운 소망을 발견 할 수 있다." 이 장애인의 고백처럼 어떤 고난이나 역경 속에서도 그리스도의 부활의 복음 안에서 생애 끝 날까지 믿음으로 승리하시며 부활하신 주님의 은총이 여러분의 생애를 끝 날까지 항상 함께 하시기를 주님의 이름으로 축원합니다.

8
새로운 피조물

고후5:14~19

어떤 사람이 세상을 떠나면서 자식들에게 유서를 남겼는데 사람 人자 8개만은 써 놓았다고 합니다. 그 뜻은 이렇습니다. "이 사람 저 사람들이 사람을 사람이라 하지만 사람이면 사람인가 사람다워야 사람이지" 라는 뜻이었습니다. 그는 세상을 떠나면서 그 자식들에게 사람다운 사람이 될 것을 간곡히 당부하면서 그러한 유서를 남겼던 것입니다.

사람은 많지만 참 인간다운 인간은 찾아보기 어려운 세상인 것 같습니다. 비단 어제 오늘의 문제가 아니라 이 땅에 사람들이 퍼지기 시작할 때부터 인간들은 부패하고 악하고 타락한 역사를 기록해왔습니다. 옛적 노아시대에는 사람의 죄악이 세상에 꽉 찼다고 창세기 6장은 증언하면서 노아 한사람 밖에는 사람다운 사람이 없었다고 했습니다. 큰 성 소돔과 고모라 성에도 수많은 사람들이 있었으나 단 의인 10사람이 없어서 멸망을 당했습니다. 멸망을 목전에 둔 유대나라 예루살렘성에도 사람다운 사람이 하나도 없다고 예레미야는 탄식했습니다.

여러분! 오늘날은 어떻습니까?

이 지구상에 50억의 인구가 살고 있지만은 과연 사람다운 사람이 얼마나 됩니까? 우리 주변에도 수많은 사람이 살고 있습니다마는 참으로 시대가 요구하고 이웃이 필요로 하는 꼭 필요한 존재들로써의 인간들이 얼마나 됩니까?

친애하는 성도 여러분!

대단히 죄송스러운 말씀이지마는 저와 여러분들은 이 문제에 대해서 어떻게 대답할 수 있을지 한번쯤 생각해 보아야 될 줄로 압니다. 룻소는 자기 문하생들에게 강론하기를 "너희는 정치가가 되기 전에 사람이 되라. 실업가 관리 교육자 종교인이 되기 전에 먼저 사람이 되라"고 했습니다. 사람은 많지만 사람다운 사람이 흔치 않았다는 것을 전제한 말입니다.

오늘날 이 땅에는 내노라하는 정치가는 많이 있습니다. 그러나 참으로 국가를 위하고 백성을 위하는 정치가는 눈에 띄지 않습니다. 자신의 지위와 명예에만 집착되어 있었습니다. 저마다 입을 열면 국가를 위하고 백성을 위한다고 하지만 실제로는 자기와 자기를 따르는 특정한 무리들의 출세와 안일에만 몰두해 있습니다.

또 이 땅에는 내노라하는 경제인 기업인들도 많이 있습니다. 국가 발전 국민경제를 운운하고 있지마는 속은 시커멓습니다. 착취에 가까운 노동력을 바탕으로 오늘의 대재벌을 이룩하고 재물을 축적 했으면서도 노동자들의 복지나 이익의 분배 이익의 사회 환원에는 그렇게도 구두쇠일 수가 없습니다. 정말 이 땅에 시급히 요구되는 것은 정치나 경제나 군사가 아니라 참된 인간입니다.

자, 그러면 우리가 지금 얘기하는 인간이라는 것은 어떠한 존재입니까?

우리는 흔히 다른 동물과 대비되는 존재로서의 인간의 가치나 우월성을 자랑하지마는 그것만 가지고는 부족합니다. 오히려 육체적으로만 본다면 인간은 동물보다 못한 면이 많이 있습니다. 체력으로 따지면 곰이나 코끼리를 당해 낼 수 없습니다. 용맹성으로 따지면 사자나 호랑이를 따를 수 없습니다. 아름다움을 따지면 공작이나 백조를 따를 수 없습니다.

유교에서는 인간이 도덕적 존재라는 면에서 그 의미를 찾으려고 합니다. 물론 인간에게 도덕이 있다는 것은 훌륭한 일임에 틀림이 없습니다. 그러나 동물의 세계에도 도덕의 흔적이 발견됩니다. 비둘기는 삼지의 예의가 있고 까마귀는 반포의 효가 있다고 합니다. 원앙새도 평생 수절하는 절개가 있고 개도 자기 주인에게 목숨 바쳐 충성합니다. 벌이나 개미도 사회생활의 규칙이 있습니다. 그러므로 윤리와 도덕은 인간에게만 있다고 볼 수는 없습니다.

그러면 도대체 인간이란 무엇인가, 성경은 무엇이라 말하고 있는가?

창1:26 "하나님이 가라사대 우리가 우리 행위대로 사람을 만들자"라고 말씀하셨습니다. 성경의 인간관은 바로 이 하나님의 형상에 있습니다. 사람은 하나님의 형상이 있음으로 참 인간입니다. 하나님과의 관계성을 떠나서는 참 인간이 될 수 없습니다.

흔히 현대문명을 가르쳐서 3S시대라고 합니다. screan, sport, sex 이 세가지가 인간을 지배한다는 것입니다. 그러나 여기에는 하나님의 형상이 없습니다.

또한 현대를 컴퓨터 시대라고 합니다. 고도화한 과학문명이 인간의 사고와 삶을 지배합니다. 그러나 여기에도 하나님의 형상이 없습니다.

어떤 과학자가 인조인간을 만들었습니다. 많은 사람들을 초청해서 자축연을 베풀었습니다. 모든 축하순서를 다 마치고 인조인간을 시운전해보기 위해 버튼을 눌렀습니다. 그랬더니 이 인조인간이 눈을 뜨고 손과 발을 움직이며 걷기 시작합니다. 온몸을 쇠로 만들었기 때문에 매우 강한 힘을 갖고 있었습니다. 인조인간은 그를 만든 과학자와 그 부인이 있는 곳으로 오더니 손을 번쩍 들어 다짜고짜로 과학자의 아내의 머리를 내려쳤습니다. 그 자리에서 즉사하고 말았습니다. 다음에는 과학자를 죽였습니다. 닥치는 대로 사람들을 내리쳤습니다. 연회장은 아수라장이 되고 모든 사람들은 혼비백산해서 다 도망쳤습니다. 이 과학자는 인간의 껍데기는 만들었으나 인간의 마음, 양심은 만들지 못했던 것입니다.

과학 문명의 허구성은 풍자한 이야기입니다. 인간의 도덕도 지식도 경험과 과학도 인간을 어느 정도 개선하고 개량할 수 있을 지는 모르지만 그러나 그것은 불완전합니다. 그리고 오래가지 못합니다.

그러면 새사람이 되는 방법은 무엇인가?

사도바울은 오늘 본문에서 그 비결을 소개합니다. 5:17 "그런즉 누구든지 그리스도 안에 있으면 새로운 피조물이라 이전 것은 지나갔으니 보라 새것이 되었도다." 사도바울은 그의 영적인 체험을 통해서 이 귀한 진리를 터득했습니다. 누구든지 그리스도 안에 있으면 새로운 피조물이라, 본문은 새로운 피조물 이라는 개념과 관련된 두 가지 사실을 우리에게 교훈해 주고 있습니다.

첫째, 누구든지 새로운 피조물이 될 수 있는 자격이 주어졌다는 것입니다.

그 대상이 제한되어 있지 않다는 것입니다. 하나님께서는 모든 인간에게 새롭게 변화되고 새롭게 태어나고 새롭게 창조함을 받을 수 있는 자격을 부여해 주셨습니다. 어떤 사람은 이렇게 이야기 합니다. '나는 틀렸어' '나는 희망이 없어' '나는 가망이 없어' '나는 마음이 완악하고 강퍅해서 새사람이 되기는 틀렸어' 그렇게 자조하고 포기하는 경우가 있습니다. 어쩌면 세상 사람들은 그렇게 평가 할지도 모릅니다. 범죄자로 소생불가능자로 낙인찍을 찌도 모릅니다. 그러나 하나님은 어떠한 심각한 죄악의 상태에 처해 있던지 어떠한 절망적인 패역한 환경에 놓여있던지 하나님은 인간들을 향하여 얼마든지 가능하다고 말씀하십니다. 새사람, 존경받은 존귀한 사람이 될 수 있음을 말씀하셨습니다.

어떻게 가능합니까? 본문은 '그리스도 안에 있으면 새로운 피조물'이라고 분명히 말하고 있습니다. 새로운 피조물이 되는 유일한 비결임을 밝혀주고 있습니다. 17절 말씀을 유의해 보시기 바랍니다. 사도바울은

"너희가 그리스도 안에 있으면 새로운 피조물이 점점 되어간다" 그렇게 말씀하지 아니하고 현재 진행형인 '새로운 피조물'이라고 말씀했습니다. 그리스도 안에 있으면 우리는 이미 새로운 피조물이 된 것입니다. 여러분이 '이 시간 나는 분명히 그리스도 안에 있다'고 고백할 수 있다면 여러분은 이미 새로운 피조물인 것입니다.

전에는 죄의 종이요, 사망의 권세아래 있었던 신분이었으나 그리스도를 믿음으로 말미암아 진리 안에 자유자가 되었습니다. 영생을 소유한 자가 되었습니다. 그러므로 우리는 새로운 피조물로써 살아가야 합니다. 새사람으로 살아가야 합니다. "너희는 유혹의 욕심을 따라 썩어져 가는 구습을 좇는 옛사람을 벗어 버리고 오직 심령으로 새롭게 되어 하나님을 따라 의와 진리의 거룩함으로 지으심을 받은 새사람을 입으라" (엡4:24) 우리 자신은 비록 보잘 것 없고 진노의 자식처럼 죄로 찌든 자였고 때로는 그렇게 추한 모습을 나타낼 때가 많이 있지마는 그러나 우리가 그리스도 안에 있으면 늘 새로운 피조물로 살아 갈 수가 있습니다.

모래가 조개 안에 있으면 진주가 되듯이 우리도 그리스도 안에 있으면 고귀한 존재가 됩니다. 바울은 딤전1:13에서 예수 안에서의 새로운 존재성을 이렇게 증거 했습니다. "내가 전에는 훼방자요 핍박자요 폭행자이더니 이제는 충성스러운 일꾼이 되었도다." 빌레몬의 종이었던 '오네시모'가 예수를 믿은 후에 새사람이 된 것을 사도 바울은 다음과 같이 증거했습니다. "전에는 무익한 자였으나 이제는 유익한 자라"(몬1:11) 요한복음에 나오는 사마리아 여인은 남편을 5명이나 두고 사는 음부였으나 예수를 그리스도로 믿은 후에 사마리아 성에 일대 부흥의 불을 일으킨 전도자가 되었습니다. 베드로는 한낱 고기를 잡는 어부였지만 그리스도 안에 거하게 될 때 사람을 낚는 위대한 인물이 되었습니다. 멸시받고 손가락질 받던 삭개오는 그 마음에 그리스도를 영접한 후에 그의 인생관 가치관이 새롭게 바뀌었습니다. 성자 프랜시스는 어떤 문둥병자의 흉한 손에 입을 맞추고 나서 말하기를 "내가 죄에서 떠나 그리스도 안에 거하게 된 후에는 전에 밉던 것 싫던 것이 아름답고 좋게 보인다"고 했고, 못된 불량배요 깡패였던 어거스틴은 그리스도를 믿고 그 안에 살기를 다짐하고 나서 전 세계 사람들로부터 성 어거스틴이라는 칭호를 받는 위대한 성자가 되었습니다. 이러한 예를 들자면 한이 없습니다. 그리스도와 인격적인 접촉이 이루어지고 그리스도에게 붙잡혀 그리스도 안에 거하게 된 그 누구도 새로운 피조물이 되지 않은 이가 없습니다. 그들의 인생관이 바뀌고 세계관이 바뀌고 가치관이 바뀌었습니다.

친애하는 성도 여러분!

우리는 지금 누구 안에 무엇 안에서 살아가고 있습니까? 아직도 유혹의 욕심을 따라 구습을 좇는 옛사람을 벗어 버리지 못하고 있지는 않습니까? 우리의 옛 자아를 그리스도와 함께 십자가에 못 박고 무덤 속에 장사 지냈다면 다시는 탐욕과 죄악의 옛 자아의 지배를 받아서는 안 됩니다. 그리스도인은 삶과 행동의 새로운 표준을 부여받은 사람들입니다. 세상의 기준에 의해서 사물을 판단하거나 사물의 가치를 보아서는 안 됩니다. 우리는 그리스도를 표준으로 인한 그리스도를 기준으로 인해 살아가야 합니다.

예수님은 이를 위해서 우리를 대표해서 죽으셨습니다. 본문15절 "저가 모든 사람을 대표하여 죽으심은 산 자들로 하여금 다시는 저희 자신을 위하여 살지 않고 오직 저희를 대표하여 죽었다가 다시 사신 자를 위하여 살게 하려 하심이라."

자! 그러면 그리스도 안에서 사는 삶은 어떠한 삶을 의미합니까? 첫째로 그리스도를 주로 고백하는 삶입니다.

사도바울은 그의 여러 서신 서두에서 항상 "예수 그리스도의 종 된 나 바울"이라고 자신을 소개했습니다. "나는 로마의 시민권을 가진 사람이요, 나는 유대인 중에 유대인이요, 나는 가말리엘의 문하에서 학문을 익힌 사람입니다." 다시 말해서 얼마든지 그 자신을 돋보이게 할 수 있는 여러 신분과 조건을 들 있었는데도 바울은 그렇게 자신을 소개하지 않았습니다. 그는 다메섹 도상에서 그리스도를 만난 후 그 안에 거하게 된 순간부터 그때까지 그가 자랑스럽게 생각해 왔던 모든 인간적인 조건들 심지어는 종교적인 대단한 열심까지도 다 포기해 버렸기 때문입니다. 그는 말합니다. "내가 그리스도와 함께 십자가에 못 박혔나니 그런즉 이제는 내가 산 것이 아니요 오직 내안에 그리스도께서 사신 것이라. 이제 내가 육체 가운데 사는 것은 나를 사랑하사 나를 위하여 자기 몸을 버리신 하나님의 아들을 믿는 믿음 안에서 사는 것이라."(갈2:20) 그는 그 자신의 뜻과 의지와 희망을 따라 산 것이 아니라 그리스도의 뜻과 의지와 희망을 따라 살았습니다. 종처럼 살았습니다. 종은 주인의 뜻에 따라 움직여야 하는 신분입니다. 종은 주인의 명령에 절대 복종해야 하는 신분입니다. 종은 주인이 기뻐하고 희망하는 데로 살아야 하는 신분입니다. 노예상태요 매우 비참한 신분이지마는 그러나 사도바울은 사람의 종이 아니라 하나님의 아들인 그리스도의 종이었기에 그는 행복했고 만족했습니다. 인간적으로 볼 때 그는 늘 궁핍했고 핍박과 박해가 뒤따랐고 고난과 시련의 가시밭길이었지마는 그리스도 안에서 그리스도를 위하여 받는 고난이었기에 그는 낙심치 아니하고 오히려 기뻐하고 감사했습니다. 그가 장차 받을 크고 영원한 영광에 비하면 그가 잠시 받는 환난은 아무 것도 아니었습니다. 이것이 바로 그리스도를 주로 고백하는 사람의 모습입니다.

오늘날 많은 신자들이 그리스도를 '주'라고 곧잘 부르고 있지마는 주님이라는 말의 의미를 깊이 생각하며 부르고 있지는 않은 것 같습니다. 자신을 주님의 종이라고 고백하면서도 종처럼 살아가는 성도들은 찾아보기 어렵습니다. 어떻게 보면 주종의 관계가 뒤바뀌어 버린 것이 아닌가 생각 될 때가 많이 있습니다. 주님은 주인으로써 우리에게 명하시기를 "자기 십자가를 지고 나를 따르라"고 하셨는데 우리는 오히려 내가 져야 할 십자가까지 예수님에게 지우고 뒷짐 지고 큰 소리 치며 예수를 따르고 있지 않습니까?

예수님은 주인으로서 우리에게 겸손하라고 하셨습니다.

그는 친히 천한 인간의 몸을 입으시고 이 땅에 오시므로 겸손의 본을 보이셨는데 예수를 주로 고백하는 우리들은 오히려 예수의 명예를 더럽히면서 높임만을 받으려 하고 교만함과 거드름을 피우며 살아오지 아니했습니까? 예수님은 서로 용서하고 사랑하며 살라고 당부하셨는데 우리들은 용서는커녕 시기하고 질투하고 미워하고 남을 헐뜯으며 살아오지 아니했습니까?

여러분! 우리는 정말 그리스도를 '주'로 고백하는 삶을 살아야 하겠습니다. 이렇게 하기 위해서는 우리 자신을 완전히 주님께 굴복시켜야 합니다. 주님은 오늘도 우리를 향해 말씀하십니다. "네가 나에게 완전히 네 삶의 주도권을 넘겨주기만 하면 나는 너를 복 주어 가장 귀한 사람이 되게 할 것이라"

찬송가 "내주여 뜻대로 행하시옵소서 온몸과 영혼을 다 주께 드리니 이 세상 고락 간 주 인도하시고 날 주관하셔서 뜻대로 하소서. 내 모든 일들을 다 주께 맡기고 저 천성 향하여 고요히 가리니 살든지 죽든지 뜻대로 하소서" 그렇습니다 우리는 내가 가지고 있는 모든 것 주님께 드릴 때 주님께로부터 더 좋은 것으로 모든 것을 받게 됩니다.

많은 사람들이 심지어는 그리스도인들 까지도 인간의 행복을 환경이나 소유물에 의한 것으로 알고 있습니다. 그것은 참으로 어리석은 생각입니다. 그리스도인의 진정한 행복과 평안은 나를 완전히 굴복시키고 그리스도 안에 있을 때 비로소 주어지고 채워집니다. 역대하16:9 "여호와의 눈은 온 땅을 두루 감찰하사 전심으로 자기에게 향하는 자를 위하여 능력을 베푸신다"고 했습니다. 오늘도 주님은 전심으로 여호와를 향하는 자를 두루 찾고 있습니다. 여러분 우리의 시선 우리의 마음 우리의 관심은 지금 무엇을 향하고 있습니까?

둘째로 주님의 자비와 긍휼만을 갈구하는 삶입니다.

인간들은 가지고 있는 권력과 힘을 대단하게 생각합니다. 그래서 광주에서 천안문광장에서 수천 명을 학살하고 있습니다. 그러나 자기의 힘을 확신하고 불의를 행하는 자들은 반드시 또 다른 힘에 의해 비극적인 종말을 맞게 됩니다. 그것이 인류역사의 변함없는 진리요 철칙입니다. 어떤 사람은 돈과 부귀를 대단하게 생각합니다. 돈이면 안 되는 것이 없는 줄 알고 기고만장합니다. 그러나 가만히 따지고 보면 그것도 별것 아닙니다.

부귀와 영화를 한 몸에 누렸던 솔로몬은 그의 말년에 이렇게 한탄했습니다. "나는 사업을 크게 하였노라. 좋은 집도 짓고 포도원을 가꾸며 여러 동산과 과원을 만들고 많은 노비를 거느렸고 많은 소와 양떼가 있었고 은금과 보배를 취했으며 무엇이든지 내 눈에 원하는 것 내 마음에 기뻐하는 것을 취하였노라. 그러나 그 후에 본즉 내 손으로 한 모든 일과 수고한 모든 수고가 다 헛되어 바람을 잡으려는 것이요 해 아래서 무익한 것이었노라."

인간은 돈과 재물에 눈이 어두워 질 때 마음의 평안과 영생의 기쁨은 사라져 버리고 맙니다. 인간이 참 행복과 평안을 얻으려면 주님의 자비와 긍휼하심이 있어야 합니다. 인간의 힘으로는 도저히 불가능합니다. 우리가 가지고 있는 인간의 본성으로는 도저히 하나님의 뜻을 이루어 드릴수가 없고 따라서 참 행복을 소유할 수가 없습니다.

예수님의 제자였던 가롯유다는 돈 몇 푼 때문에 스승인 예수를 팔았습니다. 수제자였던 베드로는 그에게 위험이 닥치자 예수를 세 번씩이나 부인하였습니다. 충성스럽게 교회를 잘 섬기던 아나니아와 삽비라는 돈에 눈이 어두워 비참한 결말을 맞이했습니다. 여러분! 이것이 인간이 가지고 있는 선의 정체입니다. 사도바울의 고백처럼 매일 매일 내 자신의 인간적인 본능과 욕심을 죽이지 아니하면 늘 죄를 범할 수밖에 없는 것이 인간입니다. 본질적으로 죄인인 우리가 우리의 능력으로 하나님의 자녀가 되고 거룩한 하나님의 백성이 된다는 것은 도저히 불가능합니다. 이 사실을 너무나도 잘 아셨던 여호와 하나님께서는 그래서 독생자 그리스도를 우리에게 보내주셨습니다. 그리스도로 하여금 우리의 연약함을 담당케 하셨습니다. 죄의 값을 치러 주셨습니다. 그 대신 그리스도를 믿는 모든 자들에게 하나님의 자녀가 되는 자격을 부여해 주셨습니다. 우리가 하나님의 자녀가 된 것은 전적으로 주님의 자비와 긍휼하심 때문입니다.

오늘도 우리가 그리스도 안에서 참 하나님의 백성답게 살아가기 위해서는 역시 하나님의 도우심이 있어야 합니다. 그리스도 안에 있으면 그리스도의 자비와 긍휼 안에 거하면 결코 정죄함이 없습니다. 죄의 노예가 아니라 죄로 부터 자유자가 됩니다.

친애하는 성도 여러분!

우리는 그리스도를 주로 고백하는 순간 그리스도 안에 거하게 되었습니다. 그리스도 안에 거하며 새로운 피조물이 된 것입니다 다시는 죄와 사망이 우리를 지배하지 못합니다. 본문 14절에 "그리스도의 사랑이 우리를 강권 하신다"라고 했습니다. 다시 말하면 그리스도의 사랑이 우리의 삶을 주관하시고 잡아끈다는 의미입니다. 그리스도의 사랑이 우리의 삶의 방향을 지시하시고 인도하신다는 뜻입니다.

사도바울은 롬12:1 "너희 몸을 하나님이 기뻐하시는 거룩한 산 제물로 드리라"고 강조했습니다. 하나님께 드리는 제사의 제물은 완전히 살라져야만 하나님께서 받으셨습니다. 우리의 몸이 하나님께 온전히 제물로 바쳐 지려면 나를 완전히 태워 없애야 합니다. 나의 이기적인 생각, 욕심, 언어, 행위 가지고는 그리스도 안에 거할 수 없습니다. 새로운 피조물이 될 수 없습니다.

새사람 새로운 피조물이 될 수 있는 자격은 누구에게나 다 주어졌지만 그리스도 안에 거하지 아니하면 다시 말해서 그리스도의 생각, 그리스도의 행동, 그리스도의 생애를 본받고 닮아가는 자기희생과 아픔이 없으면 우리는 새사람 새로운 피조물이 아닙니다. 아직도 옛사람입니다.

9
여호와 이레

창22:1~19

창세기 22장은 아브라함의 생애가운데 가장 극적인 사건을 가록하고 있습니다.

성경이 아브라함을 어째서 믿음의 조상으로 부르게 되었는지를 밝혀 주고 있습니다. 하나님께서 후사를 약속한지 25년 만에 드디어 아들을 주셨습니다. 아브라함과 사라의 기쁨이 얼마나 컸었는지는 충분히 상상하고도 남음이 있습니다. 특히 하갈의 몸에서 얻은 이스마엘도 내쫓은 터라 이삭에 대한 아브라함의 애정과 기대감은 극진했습니다. 아브라함이나 사라에게 있어서 이삭은 생명과도 같았고 희망의 전부였습니다.

그런데 어느날 하나님께서 아브라함을 부르셨습니다. 그리고는 청천벽력과도 같은 명령을 내리셨습니다. 그것은 그토록 사랑하는 이삭을 번제로 바치라는 것입니다. 번제는 제물을 죽여서 가죽을 벗기고 각을 떠서 제단에 올려놓고 불태워 드리는 제사입니다. 제물 전부를 남김없이 불태워 드리는 제사입니다. 하나님은 이삭을 그렇게 바치라는 것이었습니다.

여러분! 이삭이 죽으면 후사를 통한 하나님의 언약은 어떻게 되는 것입니까? 그리고 그런 것을 떠나서라도 인간적인 면에서 노년에 얻은 자식이요 애지중지 키운 자식을 아비의 손으로 죽여서 불에 태워 제물로 드린다는 것이 어디 사람이 할 짓입니까? 하나님의 명령은 하나님의 약속과 모순이 될 뿐만 아니라 어떻게 그런 명령을 내리실 수 있습니까? 얼마든지 아브라함은 하나님께 반항할 수 있었습니다. 아마 이전 같으면 아브라함은 하나님께 반문했을 것입니다.

그런데 창22장은 아브라함의 전혀 다른 모습을 보여줍니다. 아브라함은 하나님의 도저히 이해하기 어려운 명령을 받고 나서 한마디도 이의를 제기하지 않았습니다. 오히려 아브라함은 다른 날 보다 더 일찍 일어나 번제에 필요한 준비물을 갖추고 하나님께서 지시하는 곳으로 떠났습니다. 창12장에서 "너의 본토 친척 아비 집을 떠나라!"는 명령에 아무소리 하지 아니 하고 오직 말씀만을 좇아갔던 첫 신앙의 열정을 회복한 것입니다.

여러분!

진정으로 예수그리스도를 주로 고백하는 성도들이라면 누구나 처음 예수 만났을 때의 감격을 기억하실 것입니다. "이제는 주님을 위해서 나의 모든 것을 바치겠노라"고 굳게 다짐한 때가 있었습니다. "주님께서 무엇이라 말씀하셔도 다 순종하겠노라"고 단단히 결단하던 때도 있었습니다.

그런데 세월이 흐르면서 왜 그렇게 말이 많아지고 왜 변명이 그렇게도 많아졌는지…

그 뿐입니까? 하나님 앞에 내 주장 내 의견을 앞세우며 고집 피우는 적은 또 얼마나 많이 있습니까? 종교적 의식에는 익숙해졌지만 주님의 말씀 앞에 겸손하고 어린아이처럼 순수한 열정은 다 식어 버리고 말았습니다.

그러나 여러분! 우리가 아브라함처럼 하나님의 각별한 사랑과 축복을 받으려면 하나님께 대한 순수한 믿음과 순종의 자세를 회복해야만 합니다. 아브라함은 하나님께서 지시한 산에 이르러 번제 단을 쌓고 제사 준비를 마친 후에 이삭을 결박해서 단위에 앉힌 다음 칼을 들어 이삭을 내려치려 할 때 하나님께서 아브라함을 막으셨습니다.

그리고 본문에서 보는 것처럼 번제로 쓸 제물을 미리 준비하셔서 그것으로 번제를 드렸습니다. 아브라함은 그곳을 여호와 이레라 불렀습니다. 그 뜻은 '하나님께서 준비하신다.' '하나님께서 돌보신다.'는 뜻입니다. 여호와 이레의 경험 그것은 아브라함의 신앙을 정상으로 끌어올린 중요한 사건이었습니다. 여러분 우리도 우리의 신앙생활 속에 여호와 이레의 경험이 있어야 합니다.

그러면 이삭을 바치라고 하신 하나님의 명령의 목적이 무엇인가 하는 점입니다.

22장 서두에 그 목적이 분명히 밝혀 있습니다. '하나님이 아브라함을 시험하시려고…' 그렇습니다. 아브라함을 시험하시기 위함이었습니다. 다시 말하면 알아보기 위함이었습니다. '아브라함이 나를 얼마나 사랑하는가?' 하는 것을 알아보시기 위함이었다는 말씀입니다.

사랑에 관한 시험이었기에 육적으로 아브라함이 가장 사랑했던 이삭을 시험의 도구로 사용하신 것입니다. 자기 생명보다 더 귀하게 사랑했던 이삭을 바칠 정도라면 더 말한 필요가 어디 있겠습니까? 여러분! 진실하고 성실한 성도들에게 임하는 시험의 목적도 바로 여기에 있습니다. 그것은 성도들의 얼마나 예수님을 사랑하고 예수님을 신뢰하고 있는 가를 알아보시기 위함입니다. 다니엘과 그 세 친구에 임했던 고난, 요셉에게 연속적으로 일어났던 역경, 욥에게 임했던 고난도 마찬가지이었습니다. 그것은 그들의 믿음을 시험하시려고 하나님께서 허락하셨던 시련이었습니다.

여러분! 하나님은 신앙의 사람들을 시험하십니다. 그 사람의 믿음이 어느 정도인가를 알아보시기 위함입니다. 신8:2 "너를 낮추시며 너를 시험하사 네 마음이 어떠한지 그 명령을 지키는지 아니 지키는지 알려하심이라" 하나님께서는 우리의 신앙의 정도를 알기 위해서 시험을 주십니다. 우리의 신앙의 현주소를 발견하게 하고 그래서 격려하고 힘을 더하여 주시기 위해서 우리를 시험하는 것입니다. 약1:12 "인정하심을 받은 후에 주께서 자기를 사랑하는 자들에게 약속하신 생명의 면류관을 얻을 것임이라"

하루는 가나안 여인이 예수님을 찾아왔습니다.

흉악한 귀신들린 딸을 고쳐달라는 애원을 했습니다. 예수님은 못 본체 했습니다. 그러나 그 여인은 더욱 끈질기게 매달렸습니다. 그래도 예수님은 가나안 여인의 호소를 무시했습니다. 그러나 여인은 끝까지 포기하지 않았습니다. 심지어 주님은 여인을 향해 이렇게 말씀하셨습니다. "자녀의 떡을 취하여 개들에게 던짐이 마땅치 아니하니라."(마15:26) 다시 말하면 가나안 여인을 개 취급 하신 것입니다. 이때 가나안 여인인 무엇이라고 말합니까? "주여! 옳소이다마는 개들도 제 주인의 상에서 떨어지는 부스러기를 먹나이다." 이때 예수님은 이 여인을 향하여 말씀하시기를 "여자야 네 믿음이 크도다. 네 소원대로 되리라" 성경에 "그 시로부터 그의 딸이 나으니라" 라고 기록되어 있습니다. 예수님은 주님께 대한 그녀의 믿음을 알아보시기 위해 여인을 시험하신 것입니다. 예수님은 이 여인의 소원을 들어 주시기 위해서 시험하신 것입니다.

시험과 미혹, 성경에서 사용되는 시험은 주로 하나님께로부터 오는 것입니다. 그러나 미혹은 사탄으로부터 옵니다. 시험은 대체로 나의 행위와 상관없이 어느 날 나의 삶속에 갑자기 들이 닥치는 사건을 말합니다. 욥의 경우처럼 한순간에 전 재산이 날아가고 자녀가 몰살하고 참기 어려운 고통이 몰아닥치는 사건과 같은 경우입니다.

많은 분들의 이러한 시험에 낙심하고 좌절해서 신앙의 길에서 떠나는 것을 봅니다. 국가대표선수로 선발되었으면 아무리 힘들어도 태릉선수촌에서 실시하는 훈련과정을 잘 견뎌야 합니다. 마찬가지로 우리가 그리스도로 말미암아 자녀로 선택을 받았으면 하나님의 자녀로서 받아야 하는 시험을 잘 통과하여야 합니다. 작은 복에 연연하다가 큰 복을 놓쳐서는 안 됩니다.

시편기자는 말하기를 "하나님이여, 주께서 우리를 시험하시되 우리를 단련하시기를 은을 단련함 같이 하셨다"고 고백했습니다. 하나님은 우리를 은처럼 단단하게 단련시키기 위해 그래서 더욱 귀하게 사용하시며 더 큰 복을 주시기 위해 우리를 시험하시는 것입니다. 여러분! 정말 하나님을 잘 믿고 신앙생활 잘하려고 하는데 끊임없이 시련이 몰아닥치면 그것은 틀림없이 하나님께서 여러분에게 주시는 축복의 기회인줄 믿고 믿음으로 극복하시기를 바랍니다.

해마다 전 세계적으로 태풍으로 많은 피해가 발생합니다. 그러나 이러한 태풍이 없으면 바다가 썩는다고 합니다. 일 년에 몇 차례씩 태풍으로 바다 속까지 요동질을 해야만 바다가 생명력을 유지 한다는 것입니다. 시험이나 시련 또는 역경이나 고난이라는 상황 그 자체는 괴롭고 힘든 것이지만 그것은 축복의 한 과정이라는 사실을 우리는 기억해야 합니다. 하나님께서 예비하신 약속의 땅을 향해가는 한 노정에 불과하다는 말씀입니다.

그러므로 하나님께서는 우리를 시험하시고 우리에게 시련과 고난을 허락하시되 반드시 이길 힘도 예비하신다는 사실에 우리는 주목해야 합니다. 고전10:13 "사람이 감당할 시험밖에는 너희에게 당한 것이 없나니 오직 하나님은 미쁘사 너희가 감당 못할 시험 당함을 허락지 아니하시고 시험 당할 즈음에 또한 피할 길을 내사 너희로 능히 감당하게 하시느니라"

여러분! 감당할 수 있고 극복할 수 있는 시험은 이미 시험이 아닙니다. 준비된 학생에게는 시험이 즐겁습니다. 시험 그 자체가 영광의 길이기에 기쁨으로 맞이합니다. 하나님께서 택한 백성들에게 더 큰 축복을 위해 주신 시험이라면 하나님께서 이길 수 있는 힘도 주시지 않겠습니까?

많은 사람들이 너무나 당연한 이 이치를 믿지 못하고 깨닫지 못해서 시험에 시험을 받아서 신앙의 길을 떠납니다. 우리를 위해 주시는 하나님의 시험 때문에 시험당하는 어리석은 자가 되지 말고 더욱 굳센 믿음과 순종으로 하나님의 시험을 잘 통과해서 여호와 이레의 축복을 체험하시기를 축원합니다.

자, 그러면 아브라함은 하나님께서 주신 시험을 어떻게 극복했습니까? 그것은 시험을 승리로 이끄는 비결이기도 합니다. 아브라함은 하나님의 명령을 즉각적으로 응했습니다. 이삭을 바치라는 명령을 받고 머뭇거리지 아니했습니다. 22:3에 쓰인대로 그는 아침 일찍이 일어났습니다."

하나님의 말씀에 대한 아브라함의 신속한 반응을 보여주고 있습니다. 이의를 제기 할 수도 있었고 하나님의 명령의 부당함을 호소할 수 있었습니다. 설사 그것이 거역할 수 없는 명령 이었다 해도 그렇게도 애지중지 하던 하나밖에 없는 아들인데 조금이라도 더 같이 있고 싶은 것이 아버지의 심정 이었을 텐데 아브라함은 약해지려는 자신을 다그치기라도 하듯이 여느 때보다 더 일찍이 일어 난 것입니다. 하나님의 명령을 순종하기 위함이었습니다. 이 세상에서 그 누구보다 그 무엇보다 하나님의 말씀이 최우선 이었던 아브라함의 신앙을 보여주고 있는 것입니다. 아브라함의 위대함이 여기에 있습니다. 아브라함이 하나님의 각별한 사랑을 받은 이유도 바로 여기에 있습니다.

여러분! 무엇을 우리에게 교훈하고 있습니까?

하나님의 말씀 하나님의 명령이 내 마음에 부딪칠 때 그것이 명백한 하나님의 뜻이라면 주저해서는 안 됩니다. 자신의 이기적인 욕심에 이끌려서 하나님의 뜻을 자기 멋대로 편리한데로 해석하거나 수위를 조절하거나 희석시켜서는 안 된다는 것입니다. 아브라함처럼 '내가 여기 있나이다.' 마치 종이 주인의 분부를 기다리듯이 즉각적으로 응답해야 한다는 것입니다.

우리의 모습은 어떠합니까? 그렇게도 떠나라! 하는데도, 그렇게도 버리라! 하는데도, 그렇게 가라! 고 하는데도 아직도 떠나지 못하고, 버리지 못하고, 주님의 지시를 따라 가지 못하고 이 핑계 저 핑계 변명만 하고 있지는 않습니까?

여러분! 우리가 하나님께 인정받고 칭찬받는 하나님의 백성으로 살아가려면 하나님의 말씀에 즉각적으로 반응해야 합니다. "내가 여기 있나이다. 말씀만 하옵소서" 하나님께로부터 축복받는 비결인 것입니다.

둘째 아브라함은 하나님의 명령에 대해서 완전하게 준비했고 완전하게 시행했습니다.

창22:3 이하를 보면 아브라함은 번제에 필요한 모든 준비를 완벽하게 했고 9절 이하를 보면 번제를 하나님께서 지시한데로 완벽하게 시행했습니다. 자기 아들을 죽여 제물을 바쳐야 하는 기가 막힌 상황 하에서도 하나님께 드리는 제사에는 한 치의 실수나 소홀함도 있어서는 안 된다는 것을 알고 있었기에 아브라함은 나무를 쪼개고 불을 준비하고 단을 쌓고 제물인 아들을 결박하여 단 위에 올려놓았습니다. 하늘이 무너져 내리는 절망과 아픔 속에서도 아브라함은 묵묵히 온전히 하나님을 섬기기에 있는 힘을 다하고 있었던 것입니다. "번제에 쓸 양이 어디 있느냐?"고 의아해 묻는 이삭의 물음에 가슴이 에이는 것 같았지만, 이삭을 결박해서 단위에 올려놓는 아브라함의 심정은 터질 것 같았지마는, 이삭을 내려치려고 치켜든 아브라함의 손길은 떨렸지만 한 치의 어긋남도 없이 하나하나 수행했습니다. 인간의 감정이나 정서보다 하나님의 말씀을 더 중히 여겼던 아브라함의 위대한 신앙을 우리에게 교훈하고 있는 것입니다.

우리도 아브라함의 이러한 신앙의 모습을 본받으며 살아가야 합니다.

우리는 우리의 사업 돈벌이, 나와 식구들에 관한 일에 대해서는 지나치리만큼 철저하고 세밀하고 완벽하게 준비하면서도 하나님의 말씀을 따르는 일에 대해서는 너무나도 무관심 하고 소홀할 때가 많습니다. 하나님의 명령과 규례를 지키는 일은 남은 시간, 찌꺼기, 열심을 대충대충

해 치울 때가 많습니다. 이러한 신앙의 자세로는 예비 된 하나님의 은총을 체험할 수 없습니다.

자, 그러면 하나님의 명령에 대한 아브라함의 즉각적이고도 최선을 다해 준비된 마음과 정성으로 시행한 결과 어떠했습니까? '여호와 이레' 여호와 하나님께서 아브라함을 위해 제물을 준비해 놓으셨습니다. 13절에 "아브라함이 눈을 들어 살펴 본 즉 한 수양이 뒤에 있는데 뿔이 수풀에 걸렸는지라 아브라함이 가서 그 수양을 가져다가 아들을 대신하여 번제로 드렸더라." 하나님은 아브라함이 집을 나설 때 이미 번제를 위해서 수양을 준비해 놓으셨던 것입니다. 그러나 그 제물은 아브라함이 순종의 마음으로 하나님의 지시하신 산에 이르렀을 때 비로소 하나님께서 그를 위해 준비해 놓으셨음을 발견하게 되었습니다.

다니엘의 세 친구가 풀무 불에 던져지게 되었을 때 비로소 천사가 그들과 함께 하심을 알게 되었고 다니엘이 사자 굴에 던져졌을 때 비로소 하나님의 사자가 그곳에서 다니엘을 위해 대기 하고 있었음을 알 수 있었습니다. '여호와 이레' 그것은 하나님의 말씀과 명령에 절대적으로 순종한 사람에게 주어지는 하나님의 축복입니다. '여호와 이레' 그것은 하나님의 명령을 지키고 신앙의 지조를 지키기 위해 자기를 철저히 포기한 사람만이 경험하게 되는 하나님의 은총입니다.

여러분! 너나 할 것 없이 내 생명보다 더 귀한 이삭이 누구에게나 다 있습니다. 딴 것은 다 포기해도 이것만은 절대로 안 된다고 하는 것들이 있습니다. 그런데 가만히 보면 바로 그것이 여호와 이레의 축복을 가로막는 거침돌이 되고 있습니다. 그 대상이 자식이라고 할 때 더욱 그렇습니다. 그러한 자세가 본인은 물론 자식도 망하게 하는 결과를 가져오는 것입니다. 세상 학문에는 뛰어난 자녀들이 하나님을 경외할 줄 모르고 천국도 모르고 사랑, 겸손, 정직을 모르고 자란 자녀들 그들의 장래는 어떻게 되겠습니까? '여호와 이레'의 놀라운 축복 '네게 큰 복을 주고 네 씨로 크게 성하게 할뿐 아니라 네 씨로 말미암아 천하 만민이 복을 얻

으리라'

여러분! 우리 자녀들이 이러한 복을 받으려면 먼저 나의 이삭을 바쳐야 합니다. 나의 이삭을 향해 칼을 들어야 합니다. 나의 이삭을 번제 단에 올려놓아야 합니다. 그것이 큰 복을 받는 비결입니다. 히브리서 11장 17절은 창세기 22장의 아브라함의 신앙을 이렇게 말하고 있습니다. "아브라함은 시험을 받을 때에 믿음으로 이삭을 드렸으니 저는 약속을 받은 자로되 그 독생자를 드렸느니라." 아브라함은 하나 밖에 없는 아들이삭을 믿음으로 하나님께 드렸습니다.

여러분! 나에게 하나 밖에 없는 이삭 나의 생명과도 같이 귀하고 아끼는 것, 내 소망의 마지막 보루까지 믿음으로 드리는 것, 그것이 여호와 이레의 신앙입니다.

주후 114년 안디옥 교회의 유명한 초대 감독이었던「이그나시우스」가 로마 황제로부터 사형언도를 받았습니다. 많은 신도들과 그를 아끼는 불신자들까지 합세하여 그의 구명운동을 벌였습니다. 그의 신학적 입장을 조금만 양보하면 살 길이 있었습니다. 그러나 이 소식을 들은「이그나시우스」감독은 이렇게 말했습니다. "여러분 제발 저의 구명운동을 중지해 주십시오. 나로 하여금 나의 최선을 나의 주님께 바칠 수 있도록 해 주십시오" 그렇습니다. 나의 최선을 주님께 바칠 수 있다는 것처럼 큰 축복이 어디 있습니까?

여러분 내 속에 나의 생각, 나의 가치관, 나의 일생의 삶속에 가장 귀하고 가장 사랑하고 가장 아끼는 나의 이삭까지 주님께 드릴 수 있을 때 우리는 아브라함처럼 주님의 축복을 체험하게 될 것입니다.

이 시간 주님을 향한 우리의 믿음 충성과 헌신을 새롭게 다짐하시므로 여호와 이레의 은총이 여러분의 남은 삶속에 충만하시기를 축원합니다.

10
여호와께 감사하라
시136:1~4

미국의 어느 유명한 작가가 자기의 말 한 마디 한마디 마다 5달러의 가치가 있다고 큰 소리를 쳤다고 합니다. 그래서 어떤 사람이 그 작가가 얼마나 위대한 말을 하기에 저렇게 큰 소리를 치는지 알고 싶어서 10달러를 우송했다고 합니다. 그랬더니 즉각적으로 그 답으로 온 두 단어는 "Thank you"라는 두 마디였다고 합니다.

사실 가만히 생각해 보면 감사하다는 말은 10달러의 가치가 아니라 수천 수만불의 가치 아니 돈으로 환산할 수 없는 가치가 있다고 합니다. 그런데 한국 사람들처럼 감사의 표현이 적은 나라도 흔치 않은 것 같습니다. 서양 사람들이 일상적으로 가장 빈도 높게 쓰는 일상용어 50개 가운데 감사하다는 말이 28%로 으뜸이라는 통계자료를 본 적이 있습니다. 그들은 아주 조그맣고 사소한 도움을 받아도 감사하다 는 인사를 빼놓지 않습니다. 심지어는 연필 한 자루 껌 한통을 사도 감사하다는 말을 합니다. 거기에 비하면 우리나라 사람들은 감사결핍증 환자가 대부분인 것 같습니다.

유태인의 경전인 탈무드는 감사에 대해 이렇게 교훈하고 있습니다. "이 세상 최초의 인간인 아담은 빵을 먹기 위해서는 밭을 갈고 씨를 뿌리고 그것을 키워 거둬들이고 이것을 빻아 반죽해서 굽기까지 15단계의 과정을 거치며 땀을 흘려야만 했다. 그러나 지금은 돈만내면 빵집에 가서 얼마든지 빵을 사서 먹을 수가 있다. 옛날 같으면 혼자서 하지 않으면 안 되었던 15단계의 일을 많은 사람들이 대신해 주고 있기 때문에 빵을 먹을 때 마다 감사하지 않으면 안된다."고 가르치고 있습니다.

그렇습니다. 사람은 '감사하다'는 말을 배울 때 참으로 인간이 되기 시작하고 감사하다는 느낌과 감정을 가질 수 있을 때 비로소 사람다운 사람이 되어 간다고 말할 수 있을 것입니다.

그래서 부모들이 자녀들을 키울 때 '감사합니다' '고맙습니다'라는 인사말을 가르치는 이유가 바로 여기에 있다고 생각합니다. 이기적이고 욕심이 많고 교만하며 자기 분수를 모르는 사람은 감사 할 줄을 모릅니다. 그러나 그리스도로 말미암아 새 생명을 얻고 영원한 삶을 살아가게 된 우리 기독교인들은 매일매일의 생활 속에서 주님의 은혜에 늘 감사하는 마음을 가지고 살아가야 하겠습니다.

주님을 믿는 그리스도인의 삶의 가장 두드러진 특성은 감사입니다. 하나님을 알고 그리스도를 마음속에 영접하게 될 때 제일 먼저 우리의 가정과 표현 속에 나타나는 현상이 바로 감사입니다. 그래서 오늘 봉독해드린 시편136편의 저자도 26절에서 무려 26번이나 '감사하라'는 단어를 사용했습니다. 그리고 시편기자는 감사해야 할 이유로써 '하나님은 인자하심이 영원하시기 때문'이라고 반복해서 밝히고 있습니다.

그렇습니다. 여러분! 만일 지존하신 창조주 하나님께서 그 피조물인 인간을 대하심에 있어서 인자하심으로 관계하지 않으시면서 영원히 계신다면 우리 인간들을 항상 공포심과 두려움에 떨 수박에 없을 것입니다. 그러나 하나님께서는 영원토록 인생을 대하심에 있어서 인자하심으로 관계하시기 때문에 우리는 하나님과의 인격적 접촉이 가능한 것입니다. 피조물의 신분으로서 창조자의 인격적 관계를 가질 수 있다는 것 자체만으로도 인간들이 모든 시간과 상황에 대해서 감사해야할 충분한 이유가 된다고 생각합니다.

시편136편의 저자는 이스라엘의 파란만장한 역사 속에서 섭리하셨던 그리고 지금도 섭리하시고 계시는 여호와 하나님의 인자하심에 대해서 매우 구체적으로 감사의 이유를 밝히고 있습니다.

그 내용을 간단히 요약한다면 첫째, 하나님께서는 인생들을 위하여 친히 우주만물을 지으셨기 때문이라고 했습니다. "하나님이 가라사대 우리의 형상을 따라 우리의 모양대로 우리가 사람을 만들고 그로 바다의 고기와 공중의 새와 육축과 온 땅과 땅에 기는 모든 것을 다스리게 하자 하시고 하나님이 그들에게 복을 주시며 그들에게 이르시되 생존하고 번성하여 땅에 충만하라, 땅을 정복하라, 바다의 고기와 공중의 새와 땅에 움직이는 모든 생물을 다스리라" 그것은 전적으로 하나님의 은혜요 사랑이었습니다. 인생들의 감사는 너무나도 당연한 것입니다.

둘째로 '강한 손과 펴신 팔'로 이스라엘을 애굽의 사슬로부터 구원해 주셨기 때문이라고 했습니다.

이스라엘의 해방은 전적으로 하나님께서 하신 일이었습니다. 이스라엘 백성들의 독립의지나 독립운동으로 얻어지는 것이 아니었습니다. "여호와께서 가라사대 내가 애굽에 있는 내 백성의 고통을 정녕히 보고 그들이 그 간역자로 인하여 부르짖음을 듣고 그 우고를 알고 내가 내려와서 그들을 애굽인의 손에서 건져내고 그들을 그 땅에서 인도하여 내리라"(출 3:7-8) 그것은 온전히 하나님의 의지요 하나님의 행사였습니다. 이스라엘 백성의 감사는 너무나도 마땅한 것이었습니다.

셋째 하나님께서는 이스라엘을 해방시키신 후 광야의 여러 가지 위험으로부터 보호하시고 목적지 가나안까지 무사히 인도해 주셨기 때문이라고 했습니다. 이스라엘 백성들의 배신, 반역, 패역한 불신앙의 행위에도 불구하고 하나님께서는 완벽하게 그들을 보호하셨고 인도해 주셨습니다. 그것은 전혀 여호와 하나님의 긍휼과 인자하심 때문이었습니다. 시편기자가 고백하고 있는 이러한 감사의 조건과 내용은 오늘을 살아가는 하나님의 백성 우리들에게도 변함없이 주어지고 있는 감사의 내용들이라고 믿습니다.

사실 하나님께로부터 지음을 받은 우리 인생들은 우리의 삶 전체가 감사의 조건들로 가득 차 있다고 해도 과언은 아닐 것입니다. 우리는 값진 그 무엇을 가지고 이 땅에 태어난 것도 아니고 우리가 무엇을 추구하는 욕심과 욕구의 그 어떤 권리를 부어 받은 것도 아닙니다. 우리는 다만 하나님께서 주신 시간과 공간 속에서 태어나고 살아가는 것뿐입니다. 값없이 존재와 생명을 부여 받은 우리들은 그저 하나님께 대하여 감사할 것뿐입니다.

눅12장에 나오는 예수님의 비유중에 이런 기사가 있습니다.

어떤 부자가 농사를 지었는데 그 해에 큰 풍년이 들었습니다. 예상을 훨씬 초월한 대 풍작이었습니다. 이 사람은 풍성한 소출을 거두게 된 것이 자기의 수고와 노력 때문이라고만 생각했습니다. 풍작을 이룰 수 있도록 적당한 날씨를 주신 하나님께 대한 감사의 생각은 조금도 없었습니다. 그는 단지 "이 많은 소출을 어떻게 보관할 것인가?" 하는 문제에 대해 골몰했습니다. 부자가 그 밭에 소출이 풍성하매 중심에 생각하여 가로되 "내가 곡식을 쌓아둘 곳이 없으니 어찌할꼬"하고 또 가로되 "내가 이렇게 하리라, 내 곡간을 헐고 더 크게 짓고 내 모든 곡식과 물건을 쌓아 두리라"(눅12:16~18) 그리고 그는 속으로 계획하기를 "내가 내 영혼에게 이르되 영혼아! 여러 해 쓸 물건을 많이 쌓아 두었으니 평안히 쉬고 먹고 마시고 즐거워하리라"(눅12:19) 그러나 그는 가장 중요한 사실을 망각하고 있었습니다. 예수님은 이 부자와 같은 어리석은 생각을 가지고 살아가는 인생들을 향해 다음과 같은 교훈을 주셨습니다. "하나님이 이르시되 어리석은 자여! 오늘밤에 네 영혼을 도로 찾으리니 그러면 네 준비한 것이 뉘 것이 되겠느냐?"

그렇습니다. 풍년이 들어 대 풍작을 이룬 것이 나쁜 것이 아닙니다. 창고를 늘린 것이 잘못도 아닙니다. 문제는 주신 축복에 대한 감사의 깨달음이 없었다는 것이 첫째 어리석음이요, 은혜로 받은 축복을 자기만을 위해 채우려 했던 탐욕스럽고 이기적인 욕심이 잘못되었던 것입니다. 오늘날 대부분 사람들은 이 부자와 같은 어리석은 생각과 태도를 가지고 살아가고 있는 것 같습니다. 자족할 줄 모르고 나누어 가지며 살고자 하는 태도의 결핍 그것이 바로 파멸의 시작인 것입니다.

하나님께서는 하늘의 해와 달과 별을 주셨고 생존할 땅을 주셨습니다. 때에 따라 이슬과 비를 주셔서 곡식을 열매 맺게 해 주시고 사철의 질서 있는 순환을 통해서 생존의 의미를 깨닫게 해 주셨습니다. 태양 빛을 받으며 살아도 햇빛 값을 지불한 필요가 없으며 단 5분간만 호흡하지 못하면 살 수 없는 공기를 마음껏 마시며 살아도 우리는 그 값을 치루지 않아도 됩니다. 모두가 다 하나님께서 우리 인간들에게 은혜로 거저 주신 것입니다. 이러한 조건들이 없다면 인간은 단 하루도 살아 갈 수 없으면서도 생존에 필요한 모든 것을 주신 하나님께 대한 고마움이나 감사에는 너무나도 둔감해 있는 것이 우리의 실정입니다.

오히려 자신의 이기적 욕심과 자신의 안일을 위해 조금 모자라는 것, 더디 이루어지는 것 때문에 자기의 운명과 팔자를 들먹이며 자신을 항상 불행하게 생각하고 불평과 불만으로 살아가고 있는 것이 일반적인 현상입니다. 다른 말로 표현한다면 현대인들은 상대적 불만과 불평 때문에 정말 감사할 수밖에 없는 더 많은 조건들을 보지 못하며 살아간다고 말할 수 있을 것입니다. 늘 부족하고 늘 갈증을 느끼며 살아가고 있습니다. 그 옛날 에덴동산에는 아담과 하와가 살아가기에 조금도 부족함이 없었습니다. 그들에게 주어진 조건과 환경은 완전무결한 것이었습니다. 그럼에도 그들은 그 많은 것 가운데 오직 한 가지 그것에 대한 욕심 때문에 모든 것을 다 잃어버리고 말았습니다.

그렇습니다. 현대인들의 불행은 대부분 상대적인 것들입니다. 상대적인 불만과 불평, 상대적인 빈곤과 욕망, 좀 더 좋은 것 좀 더 좋은 환경, 좀 더 가지고 싶고 날 위해 살고 싶은 욕심이 현재 자신에게 주어진 감사와 감격의 수많은 조건들을 잊게 하거나 무감각하게 만들어 버리고 말았습니다.

성도 여러분! 사람은 이 땅에 태어날 때 아무것도 갖지 않고 이 세상에 나옵니다. 그러므로 우리 사고의 출발점을 제로(無)에 두면 우리에게는 부족함이 없습니다. 모든 것이 감사한 것뿐입니다.

그래서 사도바울은 데살로니가 교회에 편지하면서 "항상 기뻐하고 범사에 감사하라" 고 당부했습니다. 그는 또한 현재 주어진 환경과 삶에는 자족하기를 간곡히 권면했습니다. "어떠한 형편에든지 내가 자족하기를 배웠노니 내가 비천에 처할 줄도 알고 풍부에 처할 줄도 알아 모든 일에 배부르며 배고픔과 풍부와 궁핍에도 일체의 비결을 배웠노라"(빌 4:11~12) 그는 주님께서 그에게 주신 은혜가 너무 감사해서 현실적인 역경과 박해 속에서도 늘 감사하고 승리하는 삶을 살았습니다.

어떤 사람은 말하기를 "이 세상에서 가장 불행한 사람은 아무것도 못 가진 가난한 사람이 아니라 가진 것을 감사할 줄 모르는 사람이라"고 했습니다. 일용한 양식을 앞에 놓고 감사할 줄 아는 사람은 수십억을 벌면서도 늘 불만족스럽고 갈증을 느끼며 더 많은 것을 소유하기 위해서 혈안이 되어 있는 사람보다 훨씬 더 행복한 사람입니다. 그러나 더욱더 행복한 사람은 객관적인 현실 속에서 불행하다고 밖에 말할 수 없는 상황에서도 영혼의 참 평안을 누리며 사는 사람입니다.

금세기 위대한 여인 「페니 크로즈비」라는 여인은 출생한 지 6주 밖에 안 되었을 때 안질을 앓았는데 불행하게도 의사의 오진으로 실명하고 말았습니다. 그러나 그는 그처럼 불행한 환경 속에서도 「나의 갈갈 다가도록」, 「예수 나를 위하여」등 일생동안 6000곡의 은혜로운 찬송을 지었습니다. 그녀의 찬송을 통하여 많은 사람이 주님을 만나게 되었고 절망과 좌절과 실의에 빠진 사람들에게 새로운 용기와 희망을 주었습니다. 그는 말하기를 "나는 세상에서 가장 행복한 사람입니다. 그것은 실명으로 오히려 예수님을 만나게 되었고 하나님이 나를 구원해 주셨음을 체험하게 되었기 때문입니다."라고 고백했습니다. 그녀는 자신의 불행의 조건들로 인해 불행과 자학 속에서 비참하게 살아 갈 수밖에 없는 상황이었지마는 그러나 영원한 기쁨과 평안의 세계로 인도해 주신 구세주 예수로 말미암아 새롭게 태어났고 새로운 삶을 발견했던 것입니다.

그렇습니다. 그리스도인의 감사란 우리에게 새 생명을 주신 하나님께 대한 감사로부터 출발해야 합니다. 그리스도로 말미암아 다시 받은 목숨과 살고 있다는 확실한 의식으로부터 시작되어야 합니다. 그는 우리의 죄를 한 몸에 담당하시고 십자가의 형벌을 대신 받으시고 우리를 대속해 주셨습니다. "그가 찔림은 우리의 허물을 인함이여 그가 상함은 우리의 죄악을 인함이라. 그가 징계를 받으므로 우리가 평화를 누리게 되었고, 그가 채찍에 맞음으로 우리가 나음을 얻었고, 그가 죽음으로 우리가 살게 되었고, 구원을 얻게 되었고, 영생을 소유하게 되었습니다." 그는 우리를 슬픔에서 기쁨의 자리로 절망에서 소망을 암흑에서 광명한 자리로 옮겨 주었습니다. 그리고 이 땅의 유일한 삶의 영역에서 영원한 하늘나라의 시민으로 자격을 부여해 주셨습니다. 그리스도인들은 이 귀한 은혜를 값없이 받았으므로 범사에 그리고 항상 기뻐하고 감사하는 생활을 해야 합니다.

신앙의 자유 하나에 생명을 걸고 미국으로 떠나온 청교도들 그러나 그들의 생애는 인디안들의 습격과 홍수로 인해 농사의 실패 그리고 맹수의 습격으로 피로 얼룩졌습니다. 통나무집에서 예배를 드릴 때마다 눈물과 한숨과 원망으로 바뀌곤 했습니다. 그러던 어느 날 한 사람이 일어나 말했습니다. "여러분! 우리가 당하는 고생과 역경은 너무나 괴롭습니다. 그러나 하나님은 우리에게 기대 이상으로 더 많은 것으로 더 좋은 것으로 축복해 주셨습니다. 예수그리스도를 통해 확증시켜주신 하나님의 사랑! 이 사랑은 우리의 고생에 비할 바가 못 됩니다. 여러분 이 은혜 앞에 우리 감사의 예배를 드립시다." 예배에 참석한 모두가 눈물을 거두고 좋은 옷을 입고 좋은 음식을 만들어 함께 나누며 하나님의 은혜에 감사했습니다.

성도 여러분, 우리 가운데 혹시 현실이 너무 불안하고 각박하고 냉혹해서 그리고 너무 어려워서 감사할 조건이 어디 있느냐고 반문하시는 분이 계실지 모르겠습니다. 그러나 여러분 기억합시다. 하나님께서는 아브라함에게 약속하셨던 400여년이 되는 해에 말할 수 없는 고통과 억압에 시달리던 이스라엘을 해방시키셨습니다. 누구도 예측하지 못했고 상상할 수도 없었던 놀라운 사역을 하나님 때에 그의 택한 백성들을 위해 시행하셨습니다. 비록 세상이 어둡고 현실의 고통이 심해도 저녁이 되며 아침이 되는 창조의 섭리를 통하여 우리는 이 어둠속에서 반드시 도래할 광명의 새 아침을 소망하며 여호와 하나님께 감사하며 살아갑시다. 절망과 좌절과 체념의 의식을 소망과 기대와 감사의 적극적인 승리의 의식으로 전환시키며 살아갑시다.

바다에 사는 어부들은 바다가 내는 태고의 소리를 들을 줄 모른다고 합니다. 알프스의 산 계곡에 사는 농부들은 눈 덮인 알프스의 그 아름다운 장관을 보면서도 그 아름다움을 모른다고 합니다. 늘 그 속에서 살기 때문에 그것이 주는 감격에 무디어 졌기 때문입니다.

친애하는 성도 여러분! 혹시 하나님의 은혜에 대한 우리의 마음이 그렇게 되지는 않았습니까? 성경은 우리에게 말씀하고 있습니다. "범사에 감사하라! 이는 그리스도 예수 안에서 너희를 향하신 하나님의 뜻 이니라!"(살전5:18)

아무쪼록 무디어 졌던 감사의 마음을 다시 회복하는 시간이 되시기를 바랍니다. 나를 택하시고 불러 주시고 오늘 여기까지 보호하시고 인도해 주신 여호와 하나님의 은혜에 감사 감격하는 복된 날들이 되시기를 주님의 이름으로 축원합니다.

II
사망아 너의 이기는 것이 어디 있느냐?

고전15:55~58

죽음의 문제는 항상 인간들을 괴롭혀 왔습니다.

죽음은 정말 인간존재와 생명의 종말인가? 우리의 호흡이 끝나는 순간 지금까지의 삶의 모든 의미가 끝나버리고 마는가?

이러한 의문은 많은 철인들에 의해 끊임없이 제기 되어 왔습니다. 어쩌면 철학이라는 학문은 인간의 죽음을 전제로 출발한 학문이 아닌가 생각되기도 합니다. 욥14:14 욥의 탄식처럼 "사람이 죽으면 어찌 다시 살겠는가?" 하는 의문은 인류의 끊임없는 숙제로 내려왔습니다.

영국의 시인 〈테이스〉는 그의 시 가운데서 "사람은 그가 아주 죽으려고 지음을 받은 것 같이 생각지 않는다."고 했습니다. 한나라 무제는 장생불로를 원해서 승로반에 찬 이슬을 받아먹었다는 이야기도 있고, 중국의 진시황은 당시 불로초를 구하기 위해 동방의 삼신산 즉 우리나라 금강산에 동남동녀 500명을 보냈다는 전설이 전해 내려오고 있기도 합니다. 암으로 죽게 된 한 심리학자는 장차 암의 치료법이 발견되면 치료를 받을 수 있도록 그 자신의 몸을 냉동시켜 줄 것을 유언했다고 합니다. 그래서 그는 그 자신의 몸을 영하 200도로 얼려서 보관해 줄 액화질소와 이를 위한 철제용기의 비용으로 4,200달러의 돈까지 남겨 두었다고 합니다.

이처럼 인간들은 조금이라도 더 살아 보려고 안간힘을 써왔고 또 애쓰고 있습니다.

그러나 이러한 노력에도 불구하고 창세 때부터 지금까지 모든 인생들은 짧고 조금 긴 것의 차이뿐 예외 없이 죽어갔습니다. 죽음 앞에는 영웅호걸도 재물이 많은 사람이던 지식이 많은 사람이던 또는 유명한 사람도 속수무책이었습니다. 그래서 지혜에 있어서나 부귀영화 권력에 있어서 인류사상 가장 뛰어났던 솔로몬도 고백하기를 "오호라 지혜자의 죽음이 우매자의 죽음과 일반이라"고 하면서 "해 아래서의 인간의 모든 것이 헛되고 헛되며 헛되고 헛되니 모든 것이 헛되다"고 인생을 결론지었습니다.

유명한 철학자였던 소크라테스가 감옥에서 독약을 마시고 죽음을 기다리며 침대에 누워 있을 때 그의 친구가 그에게 물었습니다. 과연 우리가 다시 만날 수 있을까? 이때 소크라테스가 힘없이 대답했습니다. "우리는 다시 살게 되기를 희망한다. 그러나 우리가 다시 살게 될 것인가의 여부를 확실히 알 수 있는 사람은 아무도 없다"고 말했다고 합니다. 한 시대가 낳은 철인으로 그토록 명성을 남긴 그였지만 그에게도 도무지 알 수 없었던 것이 바로 이 죽음의 문제였습니다. 날카롭게 인생의 문제를 파헤쳤던 그도 죽음의 문제에 있어서는 무지한 존재에 불과했습니다.

그러나 여러분 "나는 부활이요 생명이니 나를 믿는 자는 죽어도 살겠고"(요11:25) 라고 말씀하신 그리스도를 믿고 죽음에 대한 확실하고도 분명한 인식을 갖고 살아가는 여러분과 저는 죽음의 문제에 있어서 선택받은 위대한 존재임에 틀림없습니다. 안타까운 것은 우리 주위에는 아직도 사회적으로 지식적으로 명성을 떨치는 무지한 소크라테스와 같은 인간이 많습니다. 이러한 현실은 비단 불신자들뿐만 아니라 신자들 가운데도 많이 있습니다. 어떤 조사 기관에서 1000명의 평신도를 대상으로 부활신앙에 관한 조사를 실시했는데 37%만이 부활신앙을 믿는다고 했습니다. 부활신앙이 기독교 신앙의 핵심이요 기독교 존재의 결정적 요제라고 한다면 이 같은 현상은 매우 심각한 일이 아닐 수 없습니다.

인간들은 단적으로 죽음을 맞는 자세는 두 가지로 구별됩니다.

첫째는 절망과 체념 속에서 죽어가는 인생들이 있습니다. 이 부류의 인간들은 죽음이라는 사건이 그에게 있어서는 삶의 끝입니다. 무신론자 「기브온」이 죽으면서 "모든 것이 다 캄캄하구나!" 탄식했습니다. 「홉스」는 죽으면서 "불구덩이에서 천년동안 누워 있을 찌라도 하나님의 사랑만 회복 할 수 있으면 좋겠구나, 하나님의 사랑이 그립구나, 아! 그러나 이제는 모든 것이 틀렸다" 절망하면서 죽어갔습니다. 「토마스 스카르」는 죽으면서 "이때까지 나는 하나님도 없고 지옥도 없는 줄 알았더니 이제는 둘 다 있는 줄 안다"고 하면서 이미 늦어버린 자신의 운명을 한탄하며 죽어갔습니다. 「볼테르」는 최후의 숨을 내쉬면서 "나는 하나님과 사람에게 버림을 당하였다 나는 지옥에 가노라"고 체념했습니다. 기독교인을 수없이 학살한 프랑스와 「챨스9세」는 최후의 죽음을 당하는 순간에 말하기를 "나는 망하였구나. 분명히 그러하다"고 절규하며 죽어갔습니다.

둘째로 또 한 부류의 인생들은 죽음을 영생을 향한 출발점으로 생각하며 담담하게 죽음을 맞는 사람들이 있습니다. 「웨슬레」는 죽으면서 "오! 하나님이 나와 함께 하심이여!" 감격하며 죽어갔습니다. "만세 반석 열리니 내가 들어갑니다." 라는 찬송을 지은「토플라디」는 "나는 나의 영혼 속에 벌써 천국을 맛본다." 고 하면서 미소 지으며 죽어갔습니다. 「요한 안드레」는 "하늘에서 불수레가 왔으니 나는 올라가 봐야겠다."라고 했고 「루터」는 "우리의 하나님께로부터 구원이 오도다. 우리의 하나님으로 말미암아 나는 죽음을 피하는 도다. 주님이여! 주님의 손에 내 영혼을 부탁하나이다."라고 하면서 평안하게 운명했습니다. 「무디」는 죽으면서 "땅은 물러가고 하늘이 열린다." 라고 했습니다.

유명한 주석가 「벵겔」은 죽음에 대해서 말하기를 "나는 죽음에 대하여 새삼스러운 감정을 느낄 필요가 없다고 생각한다. 나는 마땅히 사람은 누구나 죽을 것이라 생각한다. 죽음이 온다면 그것은 생애에 한 부분일 뿐이다." 라고 했습니다.

여러분! 과연 무엇이 같은 죽음이라는 현상을 놓고 이렇게 엄청난 차이를 가져오게 합니까? 그것은 오직 한가지 이유 때문입니다. 죽음을 끝으로 보느냐 아니면 또 다른 세계의 시작으로 보느냐에 달려있습니다. 다시 말하면 그리스도의 부활을 곧 나의 부활에 대한 보증으로 믿느냐! 안 믿느냐에 달려있습니다.

부활 다시 말해서 죽은 자가 다시 살아난다는 것은 유한한 인간의 지식세계나 인식의 테두리에서 볼 때는 분명히 억지요 상식 밖의 일로 보일 것입니다. 역설적으로 어쩌면 신앙이라는 것은 인간이 가지고 있는 이러한 억지라고 생각되는 인식과 비상식으로부터 출발하는 것인지도 모르겠습니다.

2000년 전 예수님이 태어날 당시 유대인들이 예수를 메시야로 받아들이기를 거부했던 이유도 바로 여기에 있습니다. 마굿간에서 태어난 메시아, 인간목수의 아들 메시아, 수치의 십자가에 달려 죽은 메시아, 당시 유대인들의 상식으로는 그것은 도저히 용납할 수 없는 억지요 상식 밖의 일이었습니다. 그러나 성경의 역사는 예수가 분명히 마굿간에서 태어났고 십자가에 달려 죽었음을 증언하고 있습니다. 그리고 그가 분명히 땅에 묻혔고 또한 무덤을 빈 무덤으로 만들었다는 사실도 증언해 주었습니다. 상식을 초월한 이 사건이야 말로 기독교를 기독교 되게 했습니다. 그러므로 부활사건이야 말로 기독교 신앙의 기초일 뿐 아니라 기독교의 핵심을 이루는 원동력이 됩니다. 부활사건이 없는 기독교는 도저히 상상 할 수도 없습니다. 부활사건이야 말로 기독교인들의 용기의 원천이요 모든 인류의 희망입니다.

그래서 기독교는 모든 인간이 절망이라고 생각하는 죽음을 향해 당당히 도전합니다.

사망아! 너의 이기는 것이 어디있느냐?
사망아! 너의 쏘는 것이 어디있느냐?

사망은 분명히 인간에게 불가항력의 존재요 맞서 볼 수 없는 한계상황이지만 그러나 그리스도의 부활로 말미암아 그 절대적인 힘이 무너져 버리고 말았습니다. 그리스도의 부활에 의해서 그리고 그리스도의 부활에 동참하는 신앙의 성도들에 의해서 그 힘은 무력화 되고 말았습니다.

그런데 예수님의 이 부활 사건이 지난 2000년 동안 수없이 많은 도전을 받아왔습니다. 기독교는 좋고 그리스도도 좋지만 부활의 사건만은 믿지 못하겠다는 자유주의 신학자, 신자들이 늘어만 가고 있습니다.

친애하는 성도 여러분! 여러분들은 진정으로 그리스도의 부활을 믿으십니까? 그리스도를 믿음으로 장차 부활의 영광에 참여하게 될 것을 믿습니까? 성경은 우리의 소망의 근거인 그리스도의 부활이 역사적 실제 사건임을 강하게 암시하는 기사가 여러 곳에 있습니다. 그리스도의 부활의 확신성에 대해서 몇 가지 생각해 보겠습니다.

첫째로 만일 예수께서 성경의 기록대로 우리 죄를 위하여 죽으시고 장사 지낸 바 되었다가 성경대로 사흘 만에 다시 살아나지 않으셨다면 어떻게 좌절과 실의에 빠져 있던 제자들에게 적어도 10번 이상 나타날 수 있었겠는가하는 점입니다.

프랑스의 반기독자 「주낭」은 말하기를 "그리스도의 부활은 히스테리 증세가 있는 한 여자의 말에 기초한 것"이라고 혹평했습니다. 만일 그의 말이 사실이라면 예수님의 12제자와 그 후 500여 형제들과 그리스도인을 핍박하고 죽였던 바울이 부활하신 예수님을 친히 만나본 사실을 무엇으로 설명하겠습니까? 역사가 증명하는 그들의 인격을 모조리 정신이상자의 환자로 취급해 버린다면 그들의 복음증거 위에 세워진 서구문명은 히스테리 문명이라는 말이 됩니다.

사도행전 저자 「누가」는 사도행전 1:3에서 확실하게 증언했습니다. "해 받으신 후에 또한 저희에게 확실한 많은 증거로 친히 사심을 나타내서 40일 동안 저희에게 보이시며 하나님 나라의 일을 말씀하시니라" 행1:3 예수님께서는 부활 후 40일 동안 지상에 머물러 계시다가 베다니에 가까운 감람산에서 많은 제자들과 무리들이 지켜보시는 가운데 승천하셨습니다.

둘째로는 예수님의 빈 무덤이 그의 부활을 증언해 주고 있습니다.

회교도들은 「메카」에 있는 거대한 「마호메트」무덤을 자랑합니다. 그러나 기독교는 빈 무덤을 자랑합니다. 예수님의 무덤에는 비석이 없습니다. 무덤 속에 아무것도 없기 때문입니다.

「드로이르」박사는 예루살렘에 있는 가든 묘지를 방문하고 말할 수 없는 기쁨으로 외치기를 "하나님이여 그리스도의 무덤이 비어 있음을 감사합니다." 라고 환호성을 올렸다고 합니다. 성경은 분명히 빈 무덤을 증언해 주고 있습니다. 예수님께서 무덤에 묻힌 지 3일째 되는 날 새벽 예수님을 찾아온 여인들은 무덤이 열린 것을 보고 깜짝 놀랐습니다. 예수님께서 무덤에 묻히고 난 뒤에 무덤은 완벽하게 막혀있었습니다. 커다란 돌로 입구를 막았고 군인들이 삼엄한 경비를 하고 있었습니다. 사람들에 의한 무덤의 돌이 굴려지고 시체를 탈취한다는 것은 도무지 불가능한 상황이었습니다. 그런데 새벽 미명에 무덤을 찾은 여인들은 돌이 굴려져 있고 무덤이 열려 있는 것을 목도했습니다. 무덤 안으로 들어가 예수의 시신을 찾았으나 찾지를 못했습니다. 텅빈 빈 무덤을 여인들은 두 눈으로 똑똑히 확인했습니다.

그리고 "왜 산자를 죽은 자 가운데서 찾느냐"는 천사의 음성도 똑똑히 들었습니다. 또한 베드로와 요한도 사흘째 되던 날 아침에 예수님의 무덤을 찾아가서 예수의 시신을 쌓던 세마포만 놓여 있는 빈 무덤을 확인했습니다. 빈 무덤 그것을 그리스도가 부활했다는 가장 강력한 증거가 됩니다.

셋째로 예수님이 부활했다는 증거는 예수님께서 십자가에 달릴 때 뿔뿔이 도망쳤던 제자들의 그 후의 모습에서 발견할 수 있습니다. 예수님을 버리고 도망갔던 비겁한 제자들이 며칠 사이에 어떻게 그렇게 담대하고 확신있는 사람들로 변화 될 수 있었겠습니까? 그것을 설명할 수 있는 길은 오직 한가지 밖에 없습니다. 그들은 부활하신 예수님을 직접 만났던 것입니다. 부활의 주님을 만난 그들에게는 두려울 것이 전혀 없었습니다. 그뿐만 아니라 예루살렘 성 전체가 떠들썩하게 예수님을 십자가에 못 박은 후 50일이 되자마자 바로 그 동일한 장소에서 예수님의 부활을 증거하는 복음이 온 예루살렘을 뒤엎어가고 있었습니다. 하루에도 3000명이 복음을 받아들였고 복음은 급속도로 확산되어 나갔습니다.

사도들이 큰 권능으로 주예수의 부활을 증거하니 무리가 큰 은혜를 얻었다고 사도행전 4장33은 당시의 상황을 묘사하고 있습니다. 그날 이후로 오늘에 이르기 까지 약 2000년 동안 그리스도의 부활의 메시지에 기초를 둔 기독교는 전 세계에 파급되어 나갔습니다. 어찌 소수의 나사렛 사람들이 이렇게 엄청난 권능을 행할 수 있겠습니까? 이 모든 일이 예수님께서 살아 계셔서 현재도 역사하심이 아니라면 이 일이 어찌 가능하겠습니까?

로마제국의 300년간 기독교 박해가 종말을 고한 무렵 박해자 「쥬리앙」황제는 363년 6월 최후의 숨을 거두면서 "갈릴리 사람들이여, 그대들이 이기었노라"고 고백하면서 죽어갔습니다.

친애하는 성도 여러분!

그리스도는 2000년 전에 오셨지만 역사의 흐름 속에 묻혀버린 과거의 인물이 아닙니다. 2000년 전 유대 땅에서 이스라엘의 혁명운동을 하다가 33세 죽은 혁명가가 아닙니다. 그리스도는 지금도 우리 곁에 있고 우리 생활 속에 임재하시고 우리의 마음속에 거하시고 있습니다.

사망아! 너의 이기는 것이 어디 있느냐!

예수그리스도께서 십자가의 고난을 넘어 죽음의 권세를 깨치고 승리하신 부활의 사건이 있었기에 우리는 참된 소망을 가질 수 있는 것입니다.

"사망아! 너의 쏘는 것이 어디 있느냐!"

유한을 무한으로 바꾸어 놓으시고 죽음을 삶으로 바꾸어 놓으신 그리스도의 부활이 있기에 우리는 두려워하지 아니하고 좌절하지 아니하고 고난의 현실을 이길 수 있는 것입니다.

초대교회의 성도들이 육신의 평안이나 땅에 있는 영화를 초개같이 여길 수 있었던 것도 바로 부활의 주님을 만났기 때문입니다. 그들은 주님의 다시 사심을 믿었기에 바울의 증거와 같이 썩을 것으로 심어도 썩지 않을 것으로 다시 거두며, 욕된 것으로 심어도 영광된 것으로 다시 거두며 약한 것으로 죽어도 강한 것으로 다시 살아나며 육의 몸으로 죽어도 영의 몸으로 다시 살 것을 분명히 믿었습니다.

사도바울은 고전15:16~19에서 "만일 죽은 자가 다시 사는 것이 없으면 그리스도도 다시 사신 것이 없었을 터이요, 그리스도께서 다시 사신 것이 없으면 너희의 믿음도 헛되고 너희가 여전히 죄 가운데 있을 것이요, 또 그리스도 안에서 잠자는 자도 망하였으리니 만일 그리스도 안에서 우리의 바라는 것이 다만 이생뿐이면 모든 사람 가운데 우리가 더욱 불쌍한 자니라." 라고 했습니다. 우리가 모든 사람들 가운데서 가장 행복한 존재 일 수 있는 것은 우리도 그리스도와 같이 죽어도 다시 살아난다는 분명한 보장이 있기 때문입니다.

사랑하는 성도 여러분!!

예수님께서 죽음의 권세를 깨부수고 부활하신 환희와 감격의 이 아침, 우리는 2000년의 긴 역사의 흐름 속에서도 잠시도 쉬지 아니하시고 부활의 능력으로 역사하시는 그리스도의 현존하시고 임재하심을 확실히 고백하는 삶속에서 그리스도의 부활의 사건을 교회에서만 머물러 있게 할 것이 아니라 우리 가정과 이웃과 사회전체에 확산시키는데 앞장서야 할 것입니다.

"사망아! 너의 이기는 것이 어디 있느냐!"
"사망아! 너의 쏘는 것이 어디있는냐!"

부활의 이아침 우리의 영혼 속에서 터져 나오는 담대하고 힘찬 외침이 되시기를 축원합니다.

그리고 본문의 말씀처럼 아무리 현실이 어렵고 역경의 파도가 높다하여도 부활의 신앙으로 견고하며 흔들리지 말고 주를 믿고 섬기는 일에 더욱 열심을 내야 할 것입니다. 우리의 수고가 주안에서 헛되지 아니 할 것입니다. 모쪼록 부활의 주님의 은총이 성도님들의 생애와 가정에 넘치시기를 축원합니다.

12
엠마오의 길
누 24: 25~35

예수님께서 십자가에 못 박히신 후 제자들은 뿔뿔이 흩어졌습니다. 그를 따르던 수많은 제자들이 제각기 갈 길을 찾아 떠나갔습니다.

예수님께서 무덤에 묻히신지 사흘째 되던 날 예루살렘 성내에는 죽은 나사렛 예수가 다시 살아났다는 소문으로 술렁대기 시작했습니다. 관원들과 예수를 잡아 넘긴 제사장 바리새인들의 긴장은 최고조에 달해 있었습니다. 만약 부활의 소문이 사실이라면 예수를 잡아 죽였던 그들에게 있어서는 대단히 심각한 문제가 아닐 수 없었습니다. 그래서 그들은 예수님의 부활의 소문이 더 퍼져나가지 못하도록 무덤을 지켰던 로마 군병들과 관원들에게 함구령을 내렸습니다. 그리고 예수를 따르던 제자들이 이 소문의 진원지라고 생각하고 제자들에 대한 체포령이 내려졌으리라고 생각됩니다. 예수님의 부활 사건이후 제자들에게 위험의 손길이 뻗치기 시작한 것입니다.

그래서 제자들은 한곳에 모여 숨어 있기도 했고 예루살렘 성을 떠나 피신하기도 했습니다. 오늘 본문에 나오는 「글로바」라는 제자와 다른 한 제자도 예외는 아니었습니다. 그들은 절망감과 좌절감에 사로잡혀 그들의 연고지였던 엠마오로 발걸음을 옮겨 놓고 있었습니다. 지금까지의 모든 꿈과 희망이 무너져 버린 허전함과 슬픔이 그들의 마음을 텅 비게 만들었습니다. 진리에 대한 회의와 궁극적 관심에 대한 혼돈이 그들의 생각을 어지럽게 했습니다.

우리는 엠마오로 내려가는 두 제자의 모습에서 오늘을 살아가는 우리의 모습을 발견하게 됩니다. 부활의 주님을 만나지 못하고 공허함과 혼돈으로 방황하면서 엠마오로 힘없이 발걸음을 옮기고 있는 실패한 모습으로 살아가고 있는 불쌍하고 초라한 우리 자신의 모습을 보는 것 같습니다. 엠마오의 두 제자! 어쩌면 그들은 아직도 회의와 혼돈의 늪을 해매고 있는 많은 현대 기독교들의 모습인지도 모르겠습니다. 부활의 주님은 그들 곁에 계시며 그들에게 예전과 조금도 다름없이 말씀하고 있지마는 어리석은 제자들은 예수를 알아보지 못한 채 죽은 예수에 대해서 슬퍼하며 절망의 심정으로 힘없이 예루살렘을 등지고 엠마오로 내려가고 있습니다.

여러분! 그들이 향하고 있는 엠마오의 길! 그 길은 어떠한 길이며 어떤 사건과 변화가 일어난 길입니까? 오늘 본문의 사건을 통하여 힘없이 엠마오를 향해 가고 있는 우리 자신의 모습을 돌이켜 보면서 이 사건이 주는 교훈과 용기와 새 소망을 얻고자 합니다.

첫째로 두 제자가 걷던 엠마오의 길은 예수님과의 단절을 상징하는 길이었습니다. 그들은 3년 동안 열심히 예수를 따라 다녔습니다. 예수님의 말씀을 청종했고 그의 명령에 순종했습니다. 모든 무리들이 다 주를 버린다 할지라도 그들은 절대로 예수를 버리지 않겠노라 충성을 다짐하기도 했습니다. 그러나 그들은 그릇된 메시야관을 가지고 예수를 따랐습니다.

본문21절은 이 같은 그들의 무지함을 증언하고 있습니다. "우리는 이 사람이 이스라엘을 구속할 자라고 바랐노라!" 그들은 예수를 정치적 메시야로 인식했습니다. 로마의 쇠사슬로부터 이스라엘을 해방시키고 독립된 국가에서 예수를 왕으로 모시고 영광된 조국을 이룩해 보겠다는 꿈에 부풀어 예수를 따랐던 것입니다. 예수가 왕이 되면 그들에게도 자랑스러운 지위가 주어질 것을 꿈꾸었는지도 모르겠습니다. 그런데 그들의 이러한 꿈은 예수가 빌라도의 법정에 서게 되었을 때, 그리고 그가 골고다의 길을 채찍에 맞으며 올라가는 모습을 보고 산산조각이 나고 말았습니다. 그러면서도 예수님이 십자가에 달려서 숨을 거둘 때까지 그들에게는 일말의 희망이 있었습니다. 놀라운 능력으로 그동안 보여주었던 신적인 능력, 기적적인 힘으로 십자가에서 내려와 불의의 세력을 물리쳐 줄 것을 기대했습니다.

어느 주석가는 그들의 심정을 다음과 같이 묘사했습니다. "예수께서 수난을 당하신 후에라도 우리는 하나님께서 갑자기 개입하셔서 그를 구원하실 지도 모른다는 어떤 기대감을 갖고 있었다. 하지만 그런 일은 첫째날에도 일어나지 않았고 둘째날에도 그러했고 이제 벌써 사흘째 되는 날인데 아직도 아무런 조짐도 없다. 아직도. 아직도…

소망의 불꽃은 거의 꺼져 가고 있다. 드디어 예수님께서 십자가 위에서 허무하게 숨을 거두자 그들은 절망했습니다. 말로 형용할 수없는 허무함이 그들에게 엄습해 왔습니다.

그때 상황을 어느 주석가는 다음과 같이 표현했습니다. "그들의 주님은 돌아 가셨다. 그들의 친구는 떠나셨다. 그들의 계획은 깨져 버렸다. 그들의 소망은 산산이 부서졌다. 그들은 갈피를 못 잡고 당황했다. 그들은 절망했다. 얼음, 얼음, 얼음– 차갑고 황량하고 메마르고 사방 수백 마일 얼음이 쌓여 있는 북극의 얼음덩어리 속에서 꽁꽁 얼어붙은 배를 타고 있는 사람 같았다. 삐꺽거리며 바람이 미친 듯 불어 산산이 부술 것만 같은 얼음의 세계 속에 있는 것 같았다. 그들은 그들이 사랑했던 사람을 다시 볼 수 있을까? 이곳으로 들어오는 너희 모든 자들이여 소망을 버리라!"

그렇습니다. 그들은 이제 절망감에 사로 잡혀 과거 예루살렘에서의 추억을 청산하고 엠마오로 향해 내려가고 있었습니다. 그 길은 그리스도와의 관계 청산을 의미하는 길이었습니다. 예수님과 가졌던 관계를 한 순간에 덧없는 꿈으로 돌려 버리고 예전의 생활로 돌아가는 길이었습니다. 참으로 허무한 길이요 서글픈 길이었습니다.

너희가 길가에서 주고받는 이야기가 무엇이뇨? 하시니 두 사람이 슬픈 빛을 띠고 머물러 섰더라.(17절) 그들은 십자가에서 처참하게 숨을 거두신 예수를 생각하니 불쌍한 생각이 들었습니다.

절망감과 함께 연민의 정이 그들의 마음을 슬프게 했습니다.

여러분! 혹시 우리가 지금까지 걸어온 신앙의 길이 두 제자의 엠마오의 길은 아닙니까? 우리는 십자가에서 죄 없이 죽은 예수님에 대하여 단순히 연민의 정을 느끼는 정도로 생각하고 있지는 않습니까?

여러분! 예수를 등지고 제 갈 길을 가고 있는 그들에게 주님은 찾아오셨습니다. 그리고 그들과 함께 동행하셨습니다. 우리의 삶속에 십자가의 결말은 매우 중요하고 필요합니다.

그러나 이 결말이 부활의 경험과 이어지지 아니하면 아무 소용이 없습니다. 분명히 기억하고 확신하고 지나갑시다. 오늘도 부활의 예수님은 우리와 가장 가까이에서 우리의 인생행로에 동행하고 계십니다. 그런데 우리는 엠마오 도상의 두 제자처럼 이 사실을 깨닫지 못하고 슬픈 표정을 짓고 한숨을 쉬며 탄식하며 살아가고 있습니다. 주님은 늘 우리와 동행하시고 있지만 우리가 여전히 슬프고 답답하고 절망과 좌절의 무력감에 빠지게 되는 것은 주님의 부활을 확신하지 못하기 때문이요, 주님의 동행을 믿지 못하기 때문입니다.

엠마오의 길 - 그 길은 분명히 그리스도와의 단절을 의미하는 길이었지마는 예수님은 그들을 버리시거나 체념하시지 않으셨습니다.

제자들은 알지 못했지마는 엠마오의길 -그 길은 예수님과의 단절되었던 관계를 회복하는 감격의 길이었습니다. 그것은 그리스도의 부활이 있었기에 가능했습니다.

이 시간 하나님과 멀어졌고 주님과 소원했던 관계가 그리스도의 부활의 능력으로 다시 회복되는 축복이 우리와 함께 하시기를 기원합니다.

둘째로 엠마오의 길, 그 길은 눈먼 인생의 길이었습니다.

"예수께서 가까이 이르러 저희와 동행하시나 저희의 눈이 가리워져서 그 인줄 알아보지 못하거늘" 슬픔과 절망에 잠겨 엠마오로 내려가는 두 제자에게 예수님은 가까이 다가 오셨습니다. 그러나 저들은 눈이 가리워져서 예수님을 알아보지 못했습니다. 예수님께서는 두 제자가 예루살렘을 떠나 엠마오로 발걸음을 옮길 때부터 그들과 함께 하셨습니다. 그러나 제자들은 그 사실을 전혀 깨닫지 못했습니다. 예수님의 동행 예수님의 다가오심을 깨닫지 못했다는 것이 제자들의 절망과 좌절과 불행의 원인이었습니다. 십자가 위에서 처참하게 죽으신 예수님의 과거의 영상만이 그들의 뇌리 속에 가득 차 있었습니다. 그래서 슬플 수밖에 없었고 허무하고 불행할 수밖에 없었습니다.

여러분! 우리의 모습을 보는 것 같지 않습니까?

우리들은 우리에게 어려움이 닥칠 때 현실적으로 우리의 꿈과 희망이 무산되어 졌다고 생각될 때 우리는 쉽게 주님을 포기하곤 합니다. 주님이 내게서 떠나갔다고 생각합니다. 그러나 주님은 어떠한 경우라도 우리를 포기하거나 떠나지 아니합니다.

성경의 역사는 인간이 주님을 떠나는 경우는 많이 있어도 주님은 절대로 그의 백성들을 떠나지 아니함을 보여주고 있습니다. 이사야41:8 이하에서 이사야 선지자를 통해 깨우쳐 주신 말씀은 성경 전체를 통해서 그의 택한 백성을 향한 변하지 않는 하나님의 정신이요 의지입니다. "내가 땅 끝에서부터 너를 붙들어 땅 모퉁이에서부터 너를 부르고 네게 이르기를 너는 나의 종이라. 내가 너를 택하여 싫어 버리지 아니하였다 하였노라" 이스라엘 백성들은 하나님을 배신하고 등을 돌렸지마는 하나님은 이스라엘 백성들을 버리거나 포기하지 않으시겠다는 말씀입니다.

자식은 혹 부모를 버려도 부모는 자식을 버리지 않습니다. 하나님과 우리의 관계가 꼭 그렇습니다. 주님은 폭풍 이는 갈릴리 바다 한 가운데서 위기에 직면한 제자들을 찾아오셨습니다. 뽕나무에 몸을 숨기고 있던 삭개오 앞에 걸음을 멈추셨습니다. 배신하고 고기잡이 어부로 되돌아간 베드로를 찾으셨습니다. 문 닫아 걸고 공포와 불안에 떨고 있는 제자들에게 평안의 주로 찾아오셨습니다. 살기등등해서 예수 믿는 자를 잡아 죽이려고 다메섹으로 내겨가던 사도바울을 부르셨습니다. 주님은 변함없이 엠마오로 내려가던 두 제자를 계속 따라오셨고 그들과 동행하셨지만 두 제자들은 예수를 알아보지 못했습니다. 저들의 눈이 어두워진 것은 그들의 불신 때문이었습니다. 저들의 무지함 때문이었습니다.

그들은 부활의 주님을 믿지 못했습니다. 주님의 고난과 십자가의 죽음이 인간들의 죄를 대속하시기 위해서 필연적이라는 성경의 말씀을 기억치 못했습니다. "내가 무덤 속에 갇히었다가 3일 만에 다시 살아나리라"는 주님의 말씀을 말씀으로 받아들이지를 못했습니다. 그럼에도 불구하고 예수님은 그들에게 찾아오셨습니다. 그들과 동행하셨습니다.

친애하는 성도 여러분. 우리는 결코 나홀로 인생의 길을 걸어가는 것 아닙니다. 야곱은 적막한 광야 벧엘에서 말할 수 없는 참담한 심정으로 절망의 돌베개를 하고 누웠지마는 주님은 야곱을 홀로 내버려 두지 아니했습니다.

그렇습니다. 주님은 삭막한 벧엘 광야에도 사망의 음침한 골짜기와 같은 환경 속에도 극렬히 타는 풀무불과 굶주림에 으르렁 거리는 사자굴이라 할 찌라도 그의 택한 백성과 함께 하셨습니다. 우리가 가장 비천하고 낮은 곳에 처해 있을 때라도 말할 수 없는 고뇌와 고통의 자리라 할지라도 주님은 우리와 함께 하십니다. 우리가 영혼의 주님을 받아들일 준비만 되어 있다면 우리는 언제 어디서든지 주님을 만날 수 있습니다.

그러나 여러분! 만약에 그리스도께서 그의 모습을 우리 앞에 나타내시는 순간에 우리가 그의 모습을 보지 못한다면 이 얼마나 비극적인 일입니까!

엠마오로 내려가던 두 제자, 철저하게 인간의 안목으로만 예수님을 보았고 이기적인 자기 욕심의 시각으로만 예수님을 대했기에 부활의 모습으로 그들과 동행하시는 예수님을 알아보지 못했습니다. 본문22절 "어떤 여자들이 우리로 놀라게 하였으니 이는 저희가 새벽에 무덤에 갔다가 그의 시체는 보지 못하고 와서 그가 살으셨다 하는 천사들의 나타남을 보았다 함이라" 우리는 이들의 말 속에서 인간의 유한한 지식과 이성으로 주님을 보고 있는 어리석은 인생의 모습을 대하게 됩니다. 그들은 주님의 부활의 소식은 들었지만 그저 허탄한 것을 본 여인네들의 허황된 소리로 돌려 버리고 말았습니다. 그것은 인간의 상식을 무시하는 소리였기에 그들은 그 말을 믿으려 하지 아니했습니다.

그렇습니다. 엠마오의 길은 위대한 메시아의 능력을 어리석은 인간의 테두리 속에 가두어 버리려 했던 눈먼 인생의 길이었습니다. 이 길은 미련하고 선지자의 말을 더디 믿는 자들의 보편적인 삶의 길입니다. 혹시라도 우리의 삶의 길이 신앙의 길이 이렇게 어리석은 자의 눈먼 길이 아닌지 반성해 봅시다. 우리는 내가 가지고 있는 지식 경험 재물 명예 권력에 눈이 어두워 부활의 주님을 알아보지 못하고 만나지 못하는 불쌍한 삶을 살고 있지는 않습니까? 과연 내가 가고 있는 이 길이 참 진리와 영생의 길인지 아니면 눈먼 어리석은 인생의 길인지를 돌아보는 아픔이 우리에게는 있어야 할 것입니다.

셋째로 엠마오의 길 –그러나 그 길은 변화의 길이요 새로운 소망을 갖게 된 새 생명의 길이었습니다. 그들의 발걸음을 예루살렘으로 되돌리게 한 놀라운 변화와 위대한 전환을 가져온 길이었습니다. 이렇게 놀라운 변화를 가져온 동기는 오직 한가지였습니다. 그들은 부활의 주님을 만났던 것입니다. "저희와 함께 음식 잡수실 때에 떡을 가지사 축사하시고 떼어 저희에게 주시매 저희 눈이 밝아져 그 인줄 알아보더니"(24:30~31) 제자들은 낯선 나그네와 이야기 하는 동안 마음이 뜨거워지는 것을 느꼈습니다. 슬픔과 비탄에 젖어 있던 두 제자의 마음속에 희망이 솟구치고 용기가 생겼습니다. 주님과 접촉되어 지는 곳이면 그 어디서도 이러한 현상은 나타납니다.

우리의 생애에 있어서 이 사실은 매우 중요합니다. 우리는 우리 생애 속에서 예수님과 접촉되지 못하면 우리의 삶은 무의미 하고 공허하고 방황과 좌절일 수밖에 없습니다. 그러나 예수님과 접촉되고 서로 대화가 오가고 인격적이고 실제적인 교제가 이루어지는 삶을 살 때 우리의 삶의 시간은 의미가 있고 희망이 있고 기쁨이 있습니다.

친애하는 성도 여러분! 혹시 아직도 엠마오 길가에서 방황하고 계신 성도님! 주님이 바로 여러분 곁에 서 계십니다. 그 주님과 얘기를 나누시기 바랍니다. 그 주님을 마음속에 나의 주로 영접하시기 바랍니다. 내 인생의 주인은 내가 아닙니다. 역사의 주인은 인간인 내가 아닙니다. 그리스도가 나와 관계된 모든 것의 주인이십니다. 그리스도를 주인으로 영접하는 사람만이 그 눈이 떠집니다. 그리고 주님을 볼 수 있습니다. 예수님을 나의 주님으로 볼 수 있는 자의 삶은 변화될 것입니다. 놀라운 전환을 경험하게 될 것입니다.

끝으로 엠마오 도상의 두 제자는 어떻게 그와 동행 하던 나그네가 부활하신 그리스도이신 것을 알게 되었는가입니다. 직접적인 사건은 만찬석상에서 음식을 서로 나누었을 때입니다. "떡을 가지사 축사하시고 떼어 저희에게 주실 때 저희 눈이 밝아져 예수신줄 알아보게 되었다"고 본문은 기록하고 있습니다. 그러나 이것은 예수를 알아보게 된 결과에 불과하고 이러한 결과를 가져온 결정적인 동기는 하나님의 말씀을 풀어주심에 있었습니다. "가라사대 미련하고 선지자들의 말한 모든 것을 마음에 더디 믿는 자들이여! 그리스도가 이런 고난을 받고 자기의 영광에 들어가야 할 것이 아니냐 하시고 이에 모세와 모든 선지자의 글로 시작하여 모든 성경에 쓴바 자기에 관한 것을 자세히 설명 하니라 저희가 서로 말하되 길에서 우리에게 말씀하시고 우리에게 성경을 풀어 주실 때에 우리 속에서 마음이 뜨겁지 아니하더냐!"

여러분 주님께서는 자신의 부활의 모습을 나타내기 위하여 그들을 어떻게 준비시켰습니까? 이것은 우리를 만나시기 위해서 늘 우리 곁에 계신 그리스도를 만나는 비결을 우리에게 보여주고 있습니다. 주님은 어떤 기적을 행하시지도 아니했고 안수기도도 하지 않으셨습니다. 단지 성경말씀을 풀어 주셨습니다.

그렇습니다. 매우 중요한 메시지를 우리에게 주고 있습니다.

예수님과 접촉할 수 있는 길, 예수님과의 인격적 만남의 길, 그것은 오직 말씀을 통해서만 가능합니다. 시19:7~10 "하나님의 말씀은 살았고 운동력이 있어 좌우에 날선 어떤 검보다 예리하여 혼과 영과 및 관절과 골수를 찔러 쪼개기까지 하며 또 마음의 생각과 뜻을 감찰하시나니" 냉랭하게 식었던 그들의 심령은 말씀으로 뜨거워졌고 그 말씀이 그들의 눈을 밝게 해 주었습니다. 하나님의 말씀을 들려 주셨을 때에 희망의 밝은 빛이 그들 마음속에 비춰졌습니다. 그리스도를 바로 알아 볼 수 있었습니다. 그들의 마음이 뜨거워져 다시 예루살렘으로 돌아가 복음전파를 위해 일생을 바칠 수 있었습니다.

어떤 분은 이렇게 묻곤 합니다. 성경이 어떻게 하나님의 말씀인 줄 아는가? 한 여인이 공원 벤치에서 어떤 책을 열심히 읽고 있었습니다. 이때 한 신사가 다가와서 여인에게 묻습니다. "무슨 책을 그렇게 열심히 읽고 계십니까?" "예! 하나님의 말씀인 성경책을 읽고 있습니다." 신사가 의아해서 물었습니다. "하나님의 말씀이라니요? 누가 당신에게 그렇게 알려 주었습니까?" "예! 하나님께서 친히 나에게 말씀해 주셨습니다." 신사의 궁금증은 더해 갑니다.

"당신이 정말 하나님과 이야기를 했단 말입니까? 그것이 그분의 말씀이라고 그분이 직접 말씀 하셨습니까?" 다그쳐 물었습니다. 논리적으로 이야기 하는 것이 익숙하지 못했던 이 여인은 잠시 당황했습니다. 잠시 후 이 여인은 신사에게 되물었습니다. "선생님은 하늘에 태양이 떠 있다는 것을 나에게 증명할 수 있습니까?" 신사는 어처구니없다는 듯이 대답합니다. "그것을 증명하다니요? 그것은 분명한 것 아닙니까? 태양은 우리를 따뜻하게 하고 우리는 지금 그 태양을 보고 있지 않습니까? 그 이상의 증명이 더 필요합니까?" 이때 여인은 미소를 띠우면서 분명하게 말했습니다. "마찬가지입니다. 당신의 말이 옳습니다. 그것이 바로 하나님께서 내게 이 책이 그분의 말씀이라고 하신 것과 같은 이치입니다. 나는 성경을 읽고 있고 이 말씀은 나를 따뜻하게 하고 나에게 빛을 줍니다. 나는 그 속에서 하나님을 보며 이 말씀이 주는 빛과 온기는 오직 하나님만이 주실 수 있는 빛과 온기입니다. 그리고 하나님께서는 성경이 당신의 말씀이라고 분명히 말씀하시고 있습니다. 이 밖에 더 이상의 증명이 필요하십니까?" 그렇습니다. 하나님의 말씀은 우리의 무뎌진 영혼을 깨우쳐 주고 우리의 나약한 심령에 온기와 참 소망을 줍니다.

절망과 좌절에 빠져 엠마오로 내려가던 두 제자! 그들은 주님께서 성경을 풀어 주실 때에 마음속에 뜨거워 지면선 소망과 기쁨을 갖게 되었습니다. 새 생명을 소유하게 되었습니다. 눈이 밝아져 부활하신 그리스도를 보게 되었습니다. 그리고 식어졌던, 포기했던 사명의식을 다시 찾게 되었습니다. 진정한 삶의 의미를 되찾게 된 것입니다.

친애하는 성도 여러분!

이제 우리는 엠마오 도상에서 방황하지 마시기 바랍니다. 끊임없이 주시는 생명의 말씀을 통해서 늘 부활의 주님을 만나시기 바랍니다. "내가 누구를 보내며 누가 우리를 위하여 갈꼬?" 안타까이 부르시는 주님의 음성 앞에 "내가 여기 있나이다, 나를 보내소서" 자신 있게 담대하게 그리스도의 증인으로서 사명자의 길을 걸어가시는 성도님들의 되시기를 축원합니다.

13
거듭나지 아니하면
요한복음 3장 1~15

옷만 갈아입었다고 해서 그 사람의 인격이나 신분이 변하는 것이 아닙니다. 아무리 화장을 요란하게 해도 그 사람의 얼굴이 근본적으로 바뀌는 것은 아닙니다. 그런데 현대인들은 일반적으로 겉모양으로 자기를 꾸미려고 합니다. 겉으로 치장된 모습을 자기의 모습으로 보아주기를 바랍니다.

그래서 되지도 못하고도 된 척, 형편없으면서도 대단한 척, 없으면서도 있는 척, 악하면서도 선한 척, 소위 '척' 병에 걸려 있습니다. 예수님 당시에 바리새인들이 이 '척'병의 중환자들이었습니다. 이들은 자신들이 이 병의 중환자들이라는 사실 조차도 느끼지 못했던 구제불능 자들이었습니다. 그래서 주님은 그들을 준열히 책망하고 꾸짖으셨습니다. 예수님께서 바리새인들을 책망하신 기사를 통해서 보면 그리스도의 사람이 된다는 것 – 다시 말해서 구원을 받고 천국시민이 된다는 것은 단순히 율법을 형식적으로 충실히 지킨다고 해서 되는 것이 아니라는 것을 강하게 교훈해 주고 있습니다. 바리새인이라는 말은 '분리된 자'라는 뜻인데 그들은 스스로 생각하기를 세상과 분리 되었다고 자부했지만 그들의 자부심은 하나님에 의해 거부당했습니다. 형식적으로는 세상과 분리 되었지마는 그들의 마음은 더 악하고 오만한 자기 과시와 욕심에 빠져있었습니다. 참된 신앙은 이 굴레를 벗어 버리는 것이라고 할 수 있습니다. 주님 앞에 벌거벗은 모습으로 서는 것 이것이 바로 참 신앙의 첫 단계입니다.

오늘 본문에서도 예수님을 찾은 니고데모 그도 바리새인이었습니다. 오늘 우리는 니고데모와 예수님과의 심각한 대화를 통해서 신앙인이라고 자타가 인정하는 한 영혼의 심각한 고민을 대하게 됩니다.

어쩌면 그의 모습은 오늘날 신앙의 겉모습만을 열심히 치장하며 살아가는 현대 신앙인들의 보편적인 모습일 수 있다는데 문제의 심각성이 있습니다.

본문 1절과 10절은 당시 니고데모의 신분과 지위를 말해 주고 있습니다. 첫째로 그는 바리새인이었고 전형적인 열심있는 종교인이었습니다. 하나님의 율법을 지킴에 있어서나 의식에 있어서 조금도 나무랄 데가 없었던 인물이었습니다.

둘째로 그는 유대인의 관원이었습니다. 그는 당시 유대인의 사회에서 절대적 권위를 가지고 있던 산헤드린 공회회원이었습니다.

셋째 니고데모는 10절에 있는 말씀대로 백성들로부터 존경받는 선생랍비였습니다. 또한 그는 요19:39 절에 있는 말씀으로 비추어 볼 때 부자였습니다. 그는 주님께서 십자가에 달려 돌아가신 후에 그 시체를 아리마대 요셉의 무덤에 장사 지내려 할 때에 성경은 니고데모도 몰약과 침향 섞은 것을 백근쯤 가져왔다고 기록하고 있는데 값비싼 향유를 100근 이나 가져올 정도로 부자였습니다. 다시 말해서 니고데모는 모든 면에 있어서 조금도 부족한 것이 없었던 훌륭한 인물이었습니다. 그런데 이러한 니고데모가 예수를 찾아 왔습니다. 대화의 내용으로 미루어 볼 때 그는 자기가 가지고 있는 부족함이 없는 재물, 지위, 명성에도 불구하고 마음에 채워지지 아니하는 텅 빈 구석이 있었습니다.

그래서 예수님을 찾았습니다. 하늘나라에 대해서 하나님 백성으로서의 바른 삶에 대해서 기존의 생각을 깨부수는 신선한 충격을 던져 주고 있던 예수의 정체에 대해서 그리고 그가 부르짖는 진리에 대해서 좀 더 자세하게 알기를 원했습니다. 그러나 「니고네모」가 주님에 대해서 가졌던 처음 관심은 다른 사람들과 마찬가지로 그의 행하신 표적에 있었습니다.

본문2절에 "그가 밤에 예수께 와서 가로되 랍비여! 우리가 당신은 하나님께로서 오신 선생인줄 아나이다. 하나님이 함께 하시지 아니하시면 당신이 행하시는 이 표적을 아무라도 할 수 없음이니이다."

「니고데모」는 예수님의 활동이 하나님의 능력으로부터 온 것을 잘 알고 있었습니다. 그런데 「니고데모」가 그러한 인식을 갖게 된 동기가 문제였습니다. 그리고 주님에 대한 이해 또한 잘못된 것이었습니다. 그는 예수님이 하나님의 어떤 초인적인 능력을 소유한 분이거나 신적인 영향력 내지는 감화력을 가진 범상치 않은 랍비쯤으로 생각했습니다. 그리고 예수가 하늘로부터 온 분이라는 것도 그의 인격적인 고백이 아니라 단지 예수가 행한 표적을 본 때문이었습니다.

어쨌든 당시 유대인들의 예수님께 대한 인식에 비하면 「니고데모」는 매우 훌륭한 생각을 가지고 있었지마는 예수님의 니고데모에 대한 태도는 매우 냉담했습니다. "내가 진실로진실로 네게 이르노니 사람이 거듭나지 아니하면 하나님 나라를 볼 수 없느니라." 예수님의 답변은 그가 본 표적은 참으로 중요한 표적과 기사가 못 된다는 것이었습니다. 참으로 중요한 것은 한 인간의 내면적 삶에 강한 변화가 일어나서 그것을 중생이라고 표현할 수밖에 없을 정도로 되는 것이라고 하셨습니다. 단지 눈에 보이는 표적만을 보고 하늘나라를 운운하고 하나님을 운운한다는 것이 얼마나 허망하고 잘못된 것인가를 지적하신 말씀입니다.

그렇습니다. 예수님의 이 정신은 예나 지금이나 조금도 변함이 없습니다. 표적만 보고 예수님을 믿는 신앙은 생명력이 없습니다. 어쩌면 그것은 신앙이라고 말 할 수도 없습니다. 표적과 기적이 없을 때 언제라도 예수를 버릴 수 있는 신앙입니다. 표적보다는 예수님을 역사적 신앙의 실체로 이해하고 믿는 것이 중요합니다. 나아가서는 인격적인 그리스도를 믿고 따르는 것이 중요합니다.

「니고데모」는 예수님의 실체를 바로 깨닫지 못했습니다. 그는 예수님을 한낮 그들의 정치적 욕구를 초능력으로 채워줄 분으로만 생각했습니다. 예수를 어떤 분으로 인식하고 믿고 있느냐? 이것은 우리가 하늘나라의 시민이 되느냐 못되느냐 하는 관건이 됩니다.

어떤 분들은 주님을 도덕적 모범가, 훌륭한 인격자 또는 성인중의 한 분으로 생각합니다. 또 어떤 분들은 예수님을 점쟁이나 무당으로 격하시키기도 합니다. '나는 하나님의 특별계시를 받았다. 나는 하나님의 특별한 환상을 보았다. 내 기도를 받으면 어떤 병도 고칠 수 있다.' 하며 신비적 체험만을 강조하는 무지한 신자들이 자꾸만 늘어가고 있습니다. 우리가 분명히 알아야 할 것은 참된 신앙은 보여 지는 표적에 좌우되는 것 아닙니다. 아무리 신비하고 굉장한 기적을 체험했다고 해도 그것이 곧 신앙이 되는 것 아닙니다. 신앙이라는 것은 우리의 인격이 말씀으로 새로워지고 하나님과의 인격적인 실제적인 교류가 이루어질 때에 가능한 것입니다.

출애굽한 이스라엘 백성들은 하나님의 기적과 굉장한 표적을 늘 목도했습니다. 그렇다고 해서 그들이 다 하나님과 바른 관계를 가졌던 것은 아니었습니다. 기적이 있었고 표적이 있었음에도 불구하고 그들은 범죄했습니다. 하나님을 불신하곤 했습니다. 출애굽 당시의 이스라엘 사람들이 다 광야에서 불신앙으로 죽어갔습니다. 무엇을 말합니까? 신앙은 기적이나 표적이 아니라는 것을 말해 줍니다. 또한 「니고데모」도 예수님의 실체뿐 아니라 예수님과의 대화 내용으로 미루어 볼 때 하늘나라에 대한 인식도 전혀 엉뚱한 것이었습니다. 그는 바리새인으로서 당시 유대인들의 일반적인 신관을 그대로 가지고 있었던 것 같습니다. 모든 유대인들의 최대 관심사였던 하늘나라에 대한 개념에 있어서 니고데모는 예수님의 생각, 다시 말해서 진리로부터 멀리 떨어져 있었습니다.

당시 유대인들의 일반적인 메시아관은 어떠했습니까? 그들은 메시야가 출연하게 되면 현실적으로 모든 불의한 세력을 물리치고 메시야가 강력한 주권을 가지고 정치적 해방을 통해서 그들을 부활시키시리라고 믿고 있었습니다. 그래서 이 나라에 동참할 수 있는 길은 율법이 명한 규례를 충실히 이행하므로 가능하다고 믿었습니다. 그래서 그들은 하루에 세 번 기도하고 일주일에 두 번 금식기도 하고 안식일을 철저하게 지켰으며 십의 일도 바쳤습니다. 그러나 그들의 이 열심은 진실 된 것이 아니었습니다. 그들의 기도는 자신도 모를 정도로 중언부언 했고 금식한 것을 자랑하기 위해 얼굴에 슬픈 표정을 지었습니다. 안식일을 철저하게 지키기 위해 무려 200가지 넘는 세부시행 규칙을 설정하기도 했습니다.

그러나 그들은 단지 예배나 제사 행위를 갖는 것만으로 만족하고 자위했을 뿐 하나님께 대한 사랑이나 삶의 변화에는 전혀 관심이 없었습니다. 십일조는 틀림없이 바쳤으나 그들의 마음과 정성은 봉헌 속에 포함되지 아니했습니다. 그래서 예수님의 공생애 첫 외침이 "회개하라! 천국이 가까웠다" 고 하시면서 그들의 형식적인 종교행위를 꾸짖으셨습니다. 바리새인들을 향하여서는 "독사의 자식들아!" 극한 적인 단어 사용도 서슴지 않으셨습니다. 왜냐하면 그들의 그러한 모습은 하나님이 원하셨던 바가 아니었기 때문입니다.

친애하는 성도 여러분! 우리의 신앙생활은 어떠합니까? 예수님 당시의 유대인들처럼 바리새인들처럼 형식적이고 외식적이지 않습니까? 경건의 모습은 있으나 경건한 삶의 내용은 텅 비어있지는 않습니까? 열심의 모습은 있으나 자기희생의 아픔은 거부하고 있지는 않습니까? 그리스도의 사랑은 요란스럽게 외치면서도 사랑의 흔적은 찾아볼 수 없지는 아니 합니까? 우리 모두는 이제 정말 외식적인 거짓 신앙을 철저하게 벗어 버리고 겸허하게, 진실 되게 우리 주님께서 본을 보이신 신앙의 자세를 가지고 참 신앙과 진리의 길로 궤도수정을 해야만 하겠습니다.

"진실로진실로 너희에게 이르노니 사람이 거듭나지 아니하면 하나님나라를 볼 수 없느니라." 예수님의 해결책은 분명합니다. "거듭나야 한다."는 것입니다. 거듭난다는 것만이 하나님나라를 볼 수 있고 소유할 수 있는 길입니다. 거듭나지 아니하면 예수를 몇 십번 믿었다고 해도 아무리 예배에 열심히 참석하고 봉사한다고 해도 하나님과는 무관합니다. 하나님나라와는 상관이 없습니다. 구원과는 거리가 멉니다. 그러나 거듭나면 신앙생활 한지 얼마 되지 아니해도 구원을 받습니다. 하나님의 백성이 되고 하늘나라의 시민이 될 수 있습니다.

그러면 거듭난다는 것은 무엇을 의미하는가? 성경에 나타난 중생이라는 원어의 뜻은 '위로부터 난다' '위를 향하여 난다'는 뜻과 함께 '새로이 태어난다.' '다시난다'는 의미를 함축하고 있습니다. 이와 같은 어원을 종합해 볼 때 거듭난다는 것은 첫째 하나님의 본질로부터 다시 태어나는 것을 의미합니다. 요한1서 5:1절에 "예수께서 그리스도이심을 믿는 자마다 하나님께로서 난자"라고 했습니다.

'하나님께로서'라는 말은 하나님의 속성과 본질을 가지고 다시 태어남을 의미합니다. 창1:26의 재현을 의미합니다. 아담과 하와의 타락으로 상실하였던 하나님의 속성과 본질과 형상으로 다시 나고 재창조되는 것을 뜻합니다. 중생은 단순히 옛 성질의 개혁이나 수양에 의한 인격의 개혁을 의미하는 것이 아닙니다. 하나님께서 강권적으로 주도하시고 성령이 활동하시므로 그리스도 안에서 인격과 성품과 행위가 근본적으로 변화 되는 것을 말합니다. 좀 더 분명하게 표현하자면 사도바울의 말처럼 새 사람을 입는 것입니다. 이제는 내가 사는 것이 아니라 내 속에 그리스도가 사는 삶을 의미합니다.

둘째로 중생은 새 생명으로의 전환을 의미합니다. 영원한 죽음의 본질과 속성으로부터 영원한 생명에로의 회복이며 복귀입니다. 그래서 엡

2:5에 보면 "허물로 죽었던 우리를 그리스도와 함께 살리셨다"고 했습니다. 중생은 본질적으로 죽은 상태에서 본질적으로 새롭고 영원한 새 생명으로 옮기는 것이며 그 생명을 영원히 소유하는 것입니다. 흔히 예수 믿는 것은 단순히 예배당가고 찬송 부르고 성경말씀 듣고 어떻든지 도덕적 교훈을 많이 받아서 하나씩 둘씩 그릇된 점을 고쳐나가면서 수양하는 것이 기독교의 신앙생활이라고 생각하는 분이 있습니다. 그러나 그것만이 기독교인의 신앙생활이라면 기독교는 유교나 도교사상보다 나은 것이 없습니다. 기독교는 인간을 그보다 더 깊이 근원적으로 봅니다. 사람은 근본적으로 그 성품이 죄악으로 부패해서 죽은 영혼입니다. 기독교의 요구는 근본적으로 다시 나지 않으면 새사람이 되지 아니하면 다시 나는 것과 같은 본질적 변화가 없으면 구원을 얻을 수 없고 하나님의 나라를 소유할 수가 없습니다. 인간존재의 의미도 발견할 수 없다는 것이 기독교의 근본정신입니다.

그렇다면 어떻게 어떤 방법으로 이러한 거듭남이 가능합니까? 거듭나야 한다. 다시 태어나야 한다.

예수님의 말씀이 도무지 니고데모는 이해되지 아니했습니다. "사람이 늙으면 어떻게 날 수 있삽나이까? 두 번째 모태에 들어갔다가 날 수 있나이까?" 당연한 의문이라고 생각합니다. 인간적인 방법이나 사고의 수준으로 보면 그것은 사람이 모태에 들어갔다 나오는 것처럼 불가능한 일입니다.

그러나 예수님의 의도는 겉사람의 다시 태어남을 말하는 것이 아니었습니다. 속사람 다시 말해서 본질적인 변화 영적인 새로 태어남에 대해서 말씀하신 것입니다. 예수님은 13절 이하 거듭남의 유일한 길을 밝히셨습니다. 다시 말해서 구원의 유일한 방편으로 그 자신을 니고데모에게 소개하셨습니다.

사도바울은 고후5:17에서 이 문제에 대해 더욱 분명하게 밝혔습니다. "그런즉 누구든지 그리스도 안에 있으면 새로운 피조물이라 이전 것은 지나갔으니 보라! 새것이 되었도다." 그렇습니다. 우리는 그리스도로 말미암아 다시 태어날 수 있습니다.

여러분! 바울에게 언제부터 새로운 삶이 시작되었느냐고 물어 보십시오. 그는 분명히 다메섹 도상에서 그리스도를 영접한 때부터라고 대답할 것입니다. 베드로에게 물어보십시오. 그는 안드레가 자기를 예수님께 데려다준 바로 그때부터 새 삶이 시작되었다고 말할 것입니다. 삭개오도 예수님께서 자기가 몸을 숨기고 있던 뽕나무 아래에서 삭개오야! 삭개오야! 부르는 순간 자기의 삶은 180도 변화되었다고 말할 것입니다. 예수님의 오른편 십자가에서 숨진 강도도 예수님께서 "오늘 네가 나와 함께 낙원에 있으리라"는 음성을 듣는 순간 새 생명의 세계로 옮기었다고 대답할 것입니다.

한국 초대교회에 유명한 김익두 목사님은 젊은 시절에 이름 난 깡패두목이었습니다. 같은 마을 사람들은 성황당 나무 밑에 돌을 올려놓고 제발 오늘만은 김익두를 만나지 않게 해 달라고 빌기까지 했다고 합니다. 그런데 그 마을에 교회가 서고 전도사가 부임했습니다. 김익두에게 전도하기 시작했습니다. 처음에는 전도사에게 폭행을 가하며 온갖 몹쓸 짓을 다했습니다. 그러나 전도사님이 이에 굴하지 않고 찰거머리처럼 전도를 하니 나중에는 전도사만 보면 "예수 믿으라"는 소리가 듣기 싫어 도망치곤 했습니다. 하루는 논두렁 외길에서 김익두를 만난 전도사님은 그를 붙잡고 놓아주질 않았습니다. 견디다 못해 김익두는 할 수없이 한 번만 교회에 나가주마 약속했습니다. '남아일언중천금'이라 다음 주일에 송아지가 도살장에 끌려가듯 교회에 나갔습니다. 그런데 성령님이 그날 크게 역사하셨습니다. 그는 바로 그날 예수를 만났습니다. 주님이 주시는 놀라운 은혜를 체험했습니다. 예수를 믿고 난 후, 그는 전혀 딴사람이 되었습니다. 외상 술 먹은 술집에 가서도 백배사과하고 술값 대신 고용살이를 하겠다고 자청했습니다. 그는 늦게서야 신학공부를 마치고 삼천리 방방곡곡 다니며 하나님의 복음을 전하는 위대한 하나님의 종이 되었습니다. 그의 삶은 예수그리스도를 만난 순간부터 새롭게 시작되었습니다.

그렇습니다. 이것이 중생입니다. 원어 뜻대로 '위에서부터 새롭게 태어나는' 다시 말해서 '영적인 차원에서 다시 나는 것'이 중생입니다. 영혼과 인격의 전 성향이 갱신되어 근본적으로 내적변화가 이루어지는 것이 중생입니다.

여러분! 먼저 나무가 좋아져야 좋은 열매를 맺습니다. 나무를 그냥 두고 열매만 아무리 개량하려고 애써도 아무 소용이 없습니다. 근본적으로 나무의 성질이 변해야 합니다. 근본적으로 부패한 인간의 본성이 변하는 것을 중생이라고 합니다. 하나님의 형상을 따라 우리의 성향과 성질이 하나님의 본질로부터 다시 재창조함 받는 것이 중생입니다.

니고데모는 지식도 있고 지위도 있었고, 재물도 있었고, 사람들로부터 존경도 받았지만 그것만으로는 안 되었습니다. 영혼 깊은데서 부터 자주 일어나는 허전함과 회의와 고민을 해결할 길이 없었습니다.

예수님을 찾아갈 수밖에 없었습니다. 예수그리스도만이 고민하고 방황하는 인간의 유일한 해답이었기 때문입니다.

주님은 오늘도 변함없이 말씀하고 계십니다. "내가 곧 길이요 진리요 생명이라!" "주 예수 내 맘에 들어와 계신 후 변하여 새사람 되고 내가 늘 바라던 참 빛을 찾음도 주 예수 내 맘에 오심, 물밀듯 내 맘에 기쁨이 넘침은 주 예수 내 맘에 오심" 이제 예수그리스도를 진정으로 마음에 모시어 들이셔서 거듭나는 삶을 참 기쁨과 소망이 넘치는 삶을 누리시는 여러분이 되시기를 축원합니다.

14
칭찬받는 교회가 됩시다
계 3:7~13

요한 계시록 2장과 3장에 나오는 일곱 교회는 이 땅의 모든 교회를 상징합니다. 이 일곱 교회 가운데 다섯 교회는 책망을 들었고 두 교회만 칭찬을 받았습니다. 왜 다섯 교회는 주님께로부터 책망을 들었는가? 이 문제는 어떤 교회 또는 어떤 교인들이 주님의 책망을 듣게 되는가? 하는 문제와 동일한 의미를 갖습니다.

에베소교회는 첫 사랑을 버렸기 때문에 책망을 받았습니다.

"너를 책망할 것이 있나니 너의 처음 사랑을 버렸느니라"(계2:4) 다시 말하면 주님께 대한 신앙의 순수성이 변질 되었다는 것입니다. 아무리 교회가 크고 웅장하고 역사와 전통을 자랑해도 주님께 대한 순수한 신앙을 상실하면 주님으로부터 책망을 듣습니다. "내가 네게 임하여 네 촛대를 그 자리에서 옮기리라"(계2:5) 교회로 인정하지 않겠다는 것입니다. 성도로 인정하지 않겠다는 것입니다.

계2:13~15절 :20~21절에는 버가모와 두아디라교회는 이단을 용납하므로 책망을 들었습니다. 예수를 믿지 않았거나 예수를 버렸기 때문이 아니라 예수그리스도와 더불어 다른 우상을 겸하여 섬겼기에 책망을 들은 것입니다. 그리스도를 믿노라 하면서도 그리스도의 뜻과 말씀에 어긋나는 세속적인 추구는 결과적으로 주님께 대한 배신행위와 같은 것입니다.

탐심이 곧 우상숭배라는 것이 성경적인 정의이고 보면 오늘 날 대부분의 교회나 교인들이 과연 얼마나 주님의 책망을 면할 수 있을 것인지 두렵습니다. "내가 네게 속히 임하여 내 입의 검으로 너희들과 싸우니라."(계2:16) "볼찌어다 내가 그를 침상에 던질 터이요 큰 환난 가운데 던지고 또 내가 사망으로 그의 자녀를 죽이리니."(계2:22~23) 두 교회를 향한 주님의 무서운 경고입니다.

사데교회와 라오디게아 교회는 생명력과 진실성을 상실하므로 책망을 받았습니다.

"네가 살았다 하는 이름을 가졌으나 실상은 죽은 자로다" "하나님 앞에 네 행위의 온전한 것을 찾지 못하였노라" "네가 차지도 아니하고 더웁지도 아니하도다." 살았다 하는 이름을 가졌으나 실상은 죽은 성도, 차지도 않고 더웁지도 않는 미지근한 교회와 성도, 어쩌면 현대교회와 교인들의 상태를 정확히 지적하고 있는 것 같습니다. 이런 교회, 교인들을 향해 주님은 엄중히 경고하십니다. "내 입에서 너를 토하여 내치리라"(계3:16) 이 또한 얼마나 무서운 경고입니까?

여러분 다섯 교회에 대한 주님의 책망의 경고는 그 책망의 내용을 그대로 안고 있는 오늘날 한국교회와 성도들에게 깊은 자각과 각성을 촉구하는 말씀이라고 생각합니다. 그런데 여러분 본문을 자세히 살펴보면 책망 받은 다섯 교회가 큰 잘못이 있어서 주님께로부터 무시무시한 경고를 들은 것은 아니라는 사실입니다. 일반적인 기준에서 보면 오히려 칭찬받아야 할 훌륭한 점들이 더 많았습니다.

2장 2절, 3절에서 에베소교회는 "내가 내 행위와 수고와 네 인내를 알고 또 악한 자들을 용납지 아니한 것과 또 악한 자들을 용납지 아니한 것과 자칭 사도라 하되 아닌 자들을 시험하여 그 거짓된 것을 네가 드러내 것과 또 네가 참고 내 이름을 위하여 견디고 게으르지 아니한 것을 아노라."

2장 13절 버가모교회를 향해 "네가 어디 사는 것을 내가 아노니 거기는 사단의 권좌가 있는 데라, 네가 내 이름을 굳게 잡아서 내 충성된 증인 안디바가 너희 가운데 곧 사단의 거하는 곳에서 죽임을 당할 때에도 나를 믿는 믿음을 저버리지 아니하였도다."

2장 19절 두아디라교회를 향해서는 "내가 네 사업과 사랑과 믿음과 섬김과 인내를 아노니 네 나중 행위가 처음 것보다 많도다."

여러분! 이정도면 사람들로부터 얼마든지 칭찬 받을 수 있지 않습니까? 그러나 우리는 이 점을 명심해야 합니다. 아무리 사람들로부터 굉장한 칭찬을 들어도 주님께로부터 칭찬 듣지 못하고 인정받지 못하면 그 모든 것이 허사라는 것입니다. 사람 앞에서는 속마음과는 전혀 상관없이 자기행위를 그럴듯하게 위장할 수 있습니다. 그러나 우리의 중심을 꿰뚫어 보시는 주님 앞에는 뛰어난 위장술도 대단한 연기력도 통하지 않습니다.

언제나 '코람데오'의 삶을 살아야 합니다. 하나님 앞에서 살아야 하고 하나님을 향하여 살아야 하고 하나님을 위하여 살아야 한다는 말씀입니다. "내가 어찌 하나님 앞에 득죄하리요"라고 하던 요셉의 자세를 본받아 살아야 합니다. 우리의 신앙의 현주소를 바로 알고 있어야 하는 것은 우리의 내세와 직결되는 문제이기에 매우 중요한 것입니다.

'처음 사랑을 버렸다.' '네 행위가 온전치 못하다.' '살았다 하는 이름을 가졌으나 실상은 죽은 자다.' '네가 더웁지도 않고 차지도 아니하다.' 한마디로 진실하지 못하고 순전하지 못하다는 것입니다.

여러분! 교회는 왜 주님 앞에서 진실하고 순전해야 합니까? 그것은 교회가 가지는 신성(神性) 때문입니다. 교회는 사람의 힘으로 된 것이 아닙니다. 성도는 스스로의 힘으로 성도의 신분을 얻은 것이 아닙니다.

사도행전 20장 28절에 보면 교회를 가르켜 "하나님이 자기 피로 사신 교회"라고 했고 에베소서2장 20절에는 "그리스도께서 친히 교회의 머릿돌이 되셨다"고 했습니다. 죄 많고 허물 많은 우리가 성도의 신분을 얻게 된 것은 그리스도의 희생을 통해서 얻어진 것입니다. 사도바울이 비유한 것처럼 그리스도는 신랑이요 지상교회와 성도들은 신부와 같습니다. 그러므로 신부된 교회와 성도들은 신랑되신 그리스도께 순전하고 정결하고 진실된 마음을 드려야 하는 것입니다. 교회와 성도들의 마음속에는 언제나 그리스도가 주인으로 자리 잡고 있어야 하고 매일매일 삶 역시 그리스도가 살아 있어야 합니다. 사도바울의 말씀처럼 살아도 주를 위하여 죽어도 주를 위하여 먹든지 마시든지 무엇을 하든지 그리스도가 내 삶의 주인이라는 확고한 의식을 가지고 살아야 한다는 말씀입니다. 그 속에 그리스도가 없고 그리스도의 정신이 살아있지 아니하면 그것은 사람의 집단이지 교회라고 할 수는 없는 것입니다. 교회를 구성하고 있는 성도들에 의해서 그리스도의 말씀과 교훈이 구체적으로 실현되지 못하고 있다면 아무리 교회 건물이 훌륭하고 십자가 종탑이 높이 서있고 수많은 교인들이 모여도 그것은 주님의 교회라고 부를 수 없습니다.

어떤 이가 물었습니다.

"당신의 교회는 힘 있는 교회입니까?" "예"

"교인 수는 얼마나 됩니까?" "30명입니다"

"30명 이라구요? 의아해서 반문합니다.

"그렇다면 그들은 부자들입니까?" "아니요 그들은 대부분 가난 합니다"

"아니 그런데 왜 당신은 당신교회가 힘이 있다고 생각하십니까?"

"왜냐하면 우리 교회 교인들은 정직하고 헌신적이며 서로를 사랑 합니다. 또한 영혼을 사랑하는 뜨거운 마음이 있어서 전도하고 선교하는 일에 열심입니다."

"주님이 우리와 함께 하신다는 확신을 가지고 생활하기에 교회가 늘 활력에 넘쳤습니다."라로 대답을 했습니다.

자, 그러면 어떤 교회 어떤 성도가 칭찬받는 교회요 성도입니까? 오늘 본문에 등장하는 빌라델비아 교회를 통해 그 답을 얻어 보고자 합니다. 빌라델비아 교회가 주님께로부터 칭찬 받은 이유는 무엇입니까? 8절 말씀을 보면 빌라델비아 교회와 성도들은 주님의 말씀을 지켰고 주의 이름을 배반치 아니했다고 했습니다. 그런데 주목할 것은 그들이 주의 말씀을 지키고 주의 이름을 배반치 않고 충성하기에 매우 불리하고 어려운 상황에서 그렇게 했다는 것입니다. 8절에 "내가 네 행위를 아노니 네가 적은 능력을 가지고도 내 말을 지키며 내 이름을 배반치 아니 하였도다." 적은 능력 다시 말하면 하나님의 말씀대로 살기에는 현실적으로 너무나 어려운 형편이었다는 것입니다. 또는 그리스도인의 자존심과 명예를 지키며 살기에는 현실적으로 매우 궁핍했다는 의미이기도 합니다.

그럼에도 불구하고 빌라델비아 교회는 신앙의 지조를 지켰습니다. 사실 빌라델비아 교회는 오늘날의 기준에서 볼 때는 보잘 것 없는 교회였습니다. 일곱 교회 중 가장 작은 요즈음 식으로 표현하면 교회 규모도 작고 교인수도 헌금액수도 적었습니다. 교인들 중에 부자도 없었고 지위가 그럴듯한 사람도 없었습니다. 그러나 빌라델비아 교회는 서머나 교회와 함께 주님께로부터 칭찬을 들은 교회입니다. 그들은 매우 적은 능력을 가졌지만 최선을 다해 진실 되게 주님의 말씀대로 살려고 힘썼습니다. 적은 능력을 가지고도 쉽게 포기 하지 아니하고 주님을 위해 헌신하고 봉사 했습니다. 적은 능력을 가지고도 사탄의 시험을 이겨냈습니다. 10절의 말씀처럼 계속되는 시련과 시험의 와중에서도 끝까지 인내하며 주님의 명예를 사수 했습니다. 뿐만 아니라 빌라델비아 라는 어원 뜻처럼 남다른 형제애로 굳게 뭉쳐 있었습니다. 비록 하나하나 인격적으로 볼 때는 힘도 없고 보잘 것 없었지만 그들은 그리스도의 사랑으로 하나로 뭉쳐 있었고 서로가 서로를 채워주고 있었기에 넘어지지도 아니했고 흔들리지도 아니했습니다.

사도바울은 이러한 교회를 이렇게 정의했습니다.

에베소2장 20절~21절 "너희는 사도들과 선지자들의 터 위에 세우심을 입은 자라. 그리스도 예수께서 친히 모퉁이 돌이 되셨느니라." 그의 안에서 건물마다 서로 연결하여 주 안에서 성전이 되어가고 빌라델비아 교회 성도들은 자신들의 어려운 환경이나 처지를 빌미로 해서 주님의 말씀을 순종하고 교회를 위해 헌신하고 충성하는 일을 기피하거나 소홀히 하지 않았습니다.

여러분! 주님께서 우리에게 원하시는 것은 큰 능력 큰 힘 많은 재물 대단한 재능 또는 놀라운 효과가 아닙니다. 주님께서 원하시는 것은 주님께 대한 한결같은 신뢰요, 작은 일에 충성하는 것입니다. 그것이 봉사이던 열심이던 그것이 기도이던 헌신이던 최선을 다하시기 원하십니다.

여러분! 사람이 아무리 큰 능력과 많은 지식을 가졌다 해도 하나님 앞에서는 아무것도 아닙니다. 그래서 사도바울은 자기의 지식과 능력을 뽐내는 자들에게 교훈합니다. "하나님이 미련한 것을 택하사 지혜 있는 자들을 부끄럽게 하려 하시고 약한 것들을 택하사 강한 것들을 부끄럽게 하시며 세상의 천한 것들과 멸시 받는 것들과 없는 것을 택하사 있는 것들을 폐하려 하신다".(고전1:27)고 했습니다.

그는 또 말하기를 "하나님의 미련한 것이 사람보다 지혜 있고 하나님의 약한 것이 사람보다 강하다"(고전1:25)

여러분! 주님께서 원하시는 바가 무엇인지는 분명합니다. 주님께서는 많은 것 큰 것을 원하시는 것이 아니라 적고 작아도 변치 않는 신실함과 순전함 온전한 믿음과 신뢰를 원하시고 기뻐하십니다. 그리고 주님은 그러한 적은 능력을 통해서 그 무엇도 그 누구도 따를 수 없는 위대한 역사를 이루어 내기를 기뻐하시는 분입니다.

오병이어의 기적을 잘 아실 것입니다. 소년이 가지고 있던 '떡 다섯 개와 물고기 두 마리'는 먹어야 할 수 천명의 무리의 수에 비하면 그것은 정말 티끌에 불과했습니다. 그러나 소년에게 있어서 그것은 전부였습니다. 소년이 가진 소유, 그 소년이 가진 능력 외형적으로 볼 때는 무시해도 좋을 정도로 미미한 것이었습니다. 그러나 주님은 소년의 마음속에 담겨있는 깨끗하고 순전한 믿음 헌신 그리고 이웃과 함께 나누려는 따뜻한 마음을 귀하게 여기셔서 그 마음을 받으셨습니다. 그래서 5000명을 먹이시고 12광주리가 남는 기적을 행하셨습니다. 상상할 수도 없는 위대한 기적이 한 소년의 가지고 있던 떡 다섯 개와 물고기 두 마리에서 비롯되었다는 것은 물량주의, 업적주의, 공명주의에 눈이 멀어버린 현대교회와 교인들에게 많은 것을 생각하게 하는 교훈이 아닐 수 없습니다.

한 가난한 과부가 헌금함에 넣은 액수는 두렙 돈에 불과합니다.

그러나 주님은 그 과부가 모든 사람들 보다 많이 넣었다고 말씀하셨습니다. 이어서 주님은 부자는 많은 것 가운데 얼마를 바쳤지만 과부는 그의 전부를 바쳤기 때문이라고 그 이유를 설명하셨습니다.

그렇습니다. 주님께서 우리를 달아보시는 저울은 특이한 저울입니다. 세상 저울은 무거운 것 올려놓고 많은 것 올려놓으면 저울 눈금이 휘어지지마는 하늘나라 저울은 가볍고 또는 적은 것 이라도 마음을 다해 정성을 다해 올려놓으면 저울 눈금이 최고점으로 올라갑니다.

세상의 저울로는 골리앗 보다 더 강하고 무거운 것이 없었지마는 하나님의 저울에는 전혀 바늘의 움직임이 없었습니다. 그러나 외형적으로 어리고 나약한 다윗이 올라가니 저울의 눈금이 최고점으로 올라갔습니다. 왜 그랬을까요? 그것은 그 무엇에도 비교할 수 없는 무한한 능력의 하나님이 그 속에 함께 하셨기 때문입니다.

성도 여러분! 우리는 얼마만한 능력을 가지고 있습니까?

비록 우리가 가지고 있는 외적인 능력이 심히 부끄럽고 보잘 것 없다해도 실망할 것 없습니다. 왜냐하면 우리 속에는 전능하신 하나님의 능력이 함께 하시기 때문입니다. 7절 말씀에 "그 누구도 닫을 수 없는 열린 문"을 우리 앞에 주셨기 때문입니다.

그래서 하나님은 이스라엘 백성들에게 늘 담대하라고 권면하셨습니다. "두려워 말라! 놀라지 말라! 내가 너와 함께 함이니라! 내가 너를 도와주리라!"

여러분! 기독교 역사는 훌륭한 서기관 바리새인들에 의해서 꽃피우고 열매 맺힌 것이 아닙니다. 힘 있는 능력자나 세도가에 의해서 또는 고관대작들에 의해 그 생명을 이어 온 것이 아닙니다. 오히려 가난하고 무능한 어부들에 의해서 또 천대 받던 세리와 힘없고 나약한 여인들에 의해서 소외된 무명의 사람들에 의해서 교회가 세워지고 오늘날 까지 그 위대한 생명력을 이어오고 있는 것입니다.

여러분! 주님의 인정받고 칭찬받는 교회와 성도는 어떤 외형적인 조건이나 겉모습으로 판단되어서는 안 됩니다. 사람들은 혹 겉으로 드러난 능력을 보고 판단하고 평가할지 모르나 하나님의 판단 기준은 전혀 다릅니다. 하나님은 드러난 능력보다 속에 감추인 능력으로 우리를 판단하십니다. 주님께 인정받고 칭찬받는 비결은 겉으로 나타나는 대단한 열심이나 기능이나 힘이 아닙니다. 위선적인 경건이나 거룩함도 아닙니다. 주님은 겉으로 드러난 행위 그 이면에 감추어 있는 우리의 속사람을 주목하십니다.

그러므로 우리는 비록 적은 능력이라도 진실하고 성실하게 주를 믿고 따르고 순종할 때 주님의 칭찬을 들을 수 있습니다. 그러면 적은 능력을 가지고도 주의 말씀을 지키며 주의 이름을 배반하지 아니하는 교회와 성도에게 약속되어진 축복은 무엇입니까?

첫째 10절 말씀대로 "네가 나의 인내의 말씀을 지켰은즉 내가 또한 너를 지키어 시험을 면하게 하리라" 우리를 지켜주시고 시험을 면하게 해주신다는 것입니다. 여러분! 지금도 우리에게는 크고 작은 시험이 끊임없이 몰려오고 있습니다. 사자와 같이 능력 있는 주의 종들도 사탄의 집요한 시험에 넘어집니다. 은혜도 받고 신령한 은사도 체험한 경건한 성도들도 물질, 권력, 명예에 대한 지나친 욕심으로 무너집니다. 그래서 주님은 우리를 향해 "시험에 들지 않게 기도하라"고 하셨습니다. 비록 적은 능력이라 할지라도 주의 말씀 붙잡고 주님의 말씀대로 살려고 애쓰고 힘쓸 때, 주님은 사탄의 시험을 이겨 낼 수 있는 힘을 주실 것을 약속하셨습니다.

둘째 11절에는 "네 면류관을 빼앗지 못하게 하신다."라고 하셨습니다. 면류관은 승리를 상징합니다. 그러니까 이 말은 "네 승리를 보장하겠다."는 말씀입니다. 바울도 죽음을 앞두고 자기의 신앙 고백하면서 "내가 선한 싸움을 다 싸우고 달려 갈 길을 다 마치고 믿음을 지켰으니 이제 후로는 생명의 면류관을 얻으리라"로 했습니다. 빌라델비아 교회는 적은 능력을 핑계치 아니하고 늘 주님을 위해 최선을 다했습니다. 말씀에 입각해서 살았고 서로 사랑하고 격려하고 도우며 살았습니다. 주님께서 명하신대로 매일매일 그리스도의 증인으로써의 충성된 삶을 살았습니다.

주님을 말씀하십니다. "끝까지 견디는 자는 구원을 얻으리라"(마 24:13) 사도바울은 갈라디아 교회에 편지하면서 이렇게 말합니다. "우리가 선을 행하되 낙심하지 말지니 피곤하지 않으면 때가 이르매 거두리라"(갈6:9)

셋째 12절에는 "이기는 자는 네 하나님 성전에 기둥이 되게 하겠다."고 하시면서 '하나님께로부터 내려오는 새 예루살렘의 이름과 나의 새 이름을 그 위에 기록하리라'고 약속했습니다. 영원히 하나님의 소유가 되는 복을 누리게 될 것이라는 의미입니다. 비록 적은 능력을 가지고 있지만 믿음의 지조를 지키고 하나님의 교회와 성도답게 말씀의 터 위에 굳게 서서 하나님의 영광을 위해서 살면 천국에서 기둥과 같이 귀하게 높임을 받게 될 것이라는 말씀입니다.

친애하는 성도 여러분!

우리가 비록 적은 능력을 가지고도 주를 위해 충성을 다하고 성도로서의 본분과 의무를 성실히 감당하면 빌라델비아 교회와 성도들에게 약속하신 영광의 면류관을 받게 될 것입니다. 사탄 마귀의 시험과 도전을 물리칠 수 있는 하나님의 크신 능력을 받게 될 것입니다. 장차 임할 새 예루살렘 하늘나라에 우리의 이름이 새겨질 것이며 하나님의 성전을 떠받치는 기둥과 같은 존귀와 영광을 누리게 될 것입니다.

여러분! 영적으로나 육적으로나 매우 어렵고 힘든 세상을 살아가지만 또 그 힘든 세파를 헤치고 살아가기에는 우리가 가진 능력이 너무나 약하고 부족하지만 빌라델피아 교회와 성도들처럼 적은 능력을 가지고도 신앙의 지조를 지키며 주의 말씀에 순종하며 살아 갈 때에 약속되어진 하늘의 영광을 얻게 될 것입니다. 8절의 말씀처럼 '그 누구도 닫을 수 없는 열린 문'을 우리 앞에 두셨습니다.

모쪼록 축복의 문 형통의 문, 건강의 문, 성공의 문, 평안의 문,천국의 문이 여러분 앞에 활짝 열리는 승리의 삶을 살아 갈수 있기를 축원합니다.

15
부끄러운 삶
창27 : 30~33

창27장에는 장자권을 둘러싸고 벌어지는 야곱과 에서 그리고 이삭과 리브가의 숨 막히는 긴장관계가 자세하게 기록되어 있습니다. 1~29절까지의 전반부는 야곱과 리브가가 공모하여 아버지를 속이고 야곱이 장자권의 축복을 받는 과정이 묘사 되어있고 후반부는 분노하는 에서의 모습과 형의 살해 위협을 피해 야곱을 도피시키려는 리브가의 모습이 기록되어 있습니다.

이삭의 나이 137세쯤 되었을 때 그는 눈이 어두워져서 잘 보지 못했습니다. 137세라면 그의 형 이스마엘이 죽은 나이였습니다. 이제 자신도 죽을 날이 가까웠다고 생각한 이삭은 장자 에서에게 축복하기로 결심했습니다. 이삭은 에서를 불러서 말합니다. "내가 이제 늙어서 언제 죽을지 모르니 너에게 축복하려고 한다. 그러니 너는 가서 사냥을 해서 내가 즐기는 요리를 만들어 오너라 그러면 내가 마음껏 먹고 너에게 축복해 주마"

이때 리브가가 이 말을 엿듣고 야곱에게 이 사실을 알립니다. 그리고 야곱을 에서로 변장시킵니다. 에서의 옷을 입히고 염소털로 손과 목덜미에 위장을 해서 털이 많은 에서처럼 꾸몄습니다.

그리고는 리브가가 염소새끼로 별미를 만들어서 야곱 손에 들려 이삭에게 들여보냅니다. 목소리도 이상하고 그렇게 빨리 별미를 만들어 온 것도 이상했지만 염소털로 위장한 야곱의 손을 만져본 이삭은 결국 야곱에게 장자의 축복을 주었습니다.

뒤늦게 이 사실을 알고 에서가 대성통곡하면서 남은 복이라도 달라고 이삭에게 간청했지만 그에게 줄 복은 남아있지 아니했습니다. 분노한 에서는 이에 동생 야곱을 죽여 버리겠다고 소리칩니다. 이 소리를 들은 리브가가 황급히 야곱을 자기 친정오빠 라반에게 피신시키려고 하는 계획을 이삭에게 고하는 내용이 27장의 내용입니다.

우리는 이 기사를 읽으면서 마치 재산상속을 둘러싸고 벌어지는 어느 재벌가문의 이야기를 듣는 것 같습니다. 창27장의 사건은 오늘날에도 우리의 삶속에 계속해서 반복되고 있다는 사실입니다. 시대적인 배경이나 환경은 달라도 그 동기나 성격에 있어서는 동일한 사건들이 우리 삶속에 있다는 것입니다.

이 시간 27장에 등장하는 여러 인물들을 통해 왜 이삭의 가정에 왜 이러한 불행한 갈등과 위기가 일어나게 되었는가? 하는 점을 잠시 생각해 보려고 합니다. 이삭의 가정에 불행이 닥치게 된 결정적인 책임은 이삭에게 있습니다. 25:23절에 보면 리브가가 잉태했을 때 하나님께서는 이렇게 말씀하셨습니다. "두 국민이 네 태중에 있구나! 두 민족이 네 복중에서부터 나누이리라. 이 족속이 저 족속보다 강하겠고 큰 자는 어린 자를 섬기리라!" 하나님의 이 말씀은 두말할 것 없이 야곱에게 장자권을 주시겠다는 뜻입니다. 그런데 하나님의 뜻을 모를 리 없는 이삭이 인간적인 것에 얽매여서 에서에게 장자의 축복을 주려한 것입니다.

이삭이 왜 야곱보다 에서를 더 좋아했을까요? 창25:27에는 이렇게 그 이유를 설명합니다. "그 아이들이 장성하매 에서는 익숙한 사냥꾼인고로 들사람이 되고 야곱은 종용한 사람인고로 장막에 거하니 이삭은 에서의 사냥한 고기를 좋아하므로 그를 사랑하고 리브가는 야곱을 사랑하더라" 물론 이삭의 성격이 내성적이고 유약한 면이 있어서 씩씩하고 사나이다운 에서를 더 사랑할 수도 있습니다. 그것 자체가 나쁜 것이 될 수는 없습니다. 그러나 사랑의 동기가 문제입니다. '사냥한 고기를 좋아해서' 에서를 사랑했다는 것이 문제입니다. 다시 말해서 하나님 관점에서가 아니라 순전히 인간의 관점, 자기 관점에서 자식을 보았다는 것입니다. 다른 말로 표현하면 신앙적인 관점에서가 아니라 세속적인 관점에서 자식을 보았다는 것입니다. 이삭의 이러한 태도가 이삭의 가정에 큰 비극을 몰고 왔습니다.

형제간의 반목처럼 가정의 큰 불행이 또 어디 있습니까?

야곱과 에서의 반목과 갈등은 그들의 후손대대에 미쳤으니 이 얼마나 큰 비극입니까? 그런데 그토록 큰 비극의 동기가 사냥한 고기를 좋아했던 이삭의 실수로부터 비롯되었으니 이 얼마나 어처구니없는 일입니까?

여러분! 남의 일이라고 생각하십니까? 솔직히 말해서 우리는 자식을 어떤 관점에서 보고 평가 합니까? 한마디로 우리는 자식이 내 마음에 들어야 좋아합니다. 내 마음에 들어야 하는 것이 무엇입니까? 성적, 대학입시, 다른 아이들보다 뛰어나는 것, 뛰어난 아이로 만들기 위해서 수단과 방법을 가리지 않습니다. 제 자신도 그렇습니다만 자기 자식이 신앙좋은 것 자랑하는 부모는 별로 보지 못했습니다. 객관적으로 보면 버릇없고 정서적으로 불안하고 이기적인데도 부모는 성적 좋은 것만 대견스러워 하고 좋은 대학의 대학생이라는 것만 자랑하고 돈 잘 벌어 오는 것만 자랑합니다.

여러분! 이러고도 사냥한 고기를 좋아해서 에서를 사랑했던 이삭의 이야기가 남의 이야기라고 할 수 있겠습니까? 이삭은 에서의 고기 맛에 빠져서 에서가 40세에 헷족속의 딸과 결혼해도 근심만 했지 말리지 못했습니다. 고기 맛에 도취되어서 경건한 삶을 살지 못하는 에서를 말리지 못했습니다.

여러분! 우리 성도들은 자식들을 하나님 입맛에 맞게 키워야지 내 맛에만 맞게 키우려고 해서는 안 됩니다. 하나님의 입맛에 맞게 키우는 것이 훌륭하게 키우는 것이요 진정으로 자식을 성공케 하는 길입니다. 단지 착하고 나쁜 짓 안하는 것만으로 만족해서는 안 됩니다.

하나님은 분명히 야곱에게 장자의 축복을 주시고자 했습니다. 이삭도 그것을 알고 있었습니다. 그럼에도 불구하고 이삭을 자신의 육정에 이끌려 에서에게 축복하려 했습니다. 4절 "나의 즐기는 별미를 만들어 먹게 하여 나로 죽기 전에 내 마음껏 네게 축복하게 하라" 별미에 눈이 어두워서 하나님의 뜻을 헤아리지 못하고 하나님의 뜻보다 자기의 뜻을 고집하고 있는 이삭의 모습에서 우리는 우리 자신의 모습을 대하게 됩니다. 한가정의 가장으로서 하나님의 뜻보다 자기의 뜻, 자기 욕심 자신의 감각적인 기분에 치우칠 때 얼마나 큰 불행이 가정에 임하는지를 이 사건은 우리에게 경고하고 있습니다.

이삭은 나중에 에서가 아닌 야곱에게 장자의 축복을 한 사실을 알게 되었습니다. 33절 "이삭이 심히 떨며 가로되 그런즉 사냥한 고기를 내게 가져온 자가 누구냐? 너 오기 전에 내가 다 먹고 그를 위하여 축복하였은즉 그가 정녕 복을 받을 것이니라" "심히 떨었다."는 것은 야곱에게 속은 것이 분해서 떨었다는 것이 아닙니다. 하나님의 뜻을 거스르고 에서에게 축복하려 했지만 하나님께서 강권적인 섭리로 야곱에게 축복하게 하셨다는 사실을 깨닫고 하나님께 두려워 떨었다는 의미입니다. 사람이 아무리 발버둥 쳐도 결국은 하나님의 뜻과 하나님의 계획에 의해서 인간의 역사는 진행되어 나갑니다. 남는 것은 실패한 인간들의 자기 자신에 대한 불행한 대가만 있을 뿐입니다.

여러분! 우리 인간의 시도가 하나님의 계획을 결코 바꿀 수는 없습니다. 성도들은 언제나 하나님의 뜻을 먼저 살펴야 합니다. 행동으로 옮기기 전에 하나님의 의견을 먼저 물어야 합니다. 여러분들은 자신의 욕심과 희망에 집착되어서 하나님의 뜻을 거스르는 잘못을 범하지 마시기를 축원합니다.

다음은 리브가를 살펴보겠습니다. 야곱을 더 사랑한 리브가는 하나님이 계획한 축복을 야곱이 받게 하기 위해서 교묘한 계략을 세워 실행했습니다. 복중에 두 아들을 잉태했을 때 야곱에게 장자의 복을 주겠다는 하나님의 뜻을 잊지 아니하고 그 하나님의 뜻대로 되어 지기를 바랐던 리브가의 생각은 좋은 것입니다. 그러나 그 방법이 문제였습니다. 리브가는 자신의 힘으로 자기의 꾀로 하나님의 뜻을 이루려 했습니다. 27:8에 보면 "내 아들아, 내 말을 좇아 내가 네게 명하는 대로 이렇게 이렇게 하라"고 했습니다. 리브가는 하나님의 목적을 이루어 드린다는 명분을 내세워서 하나님의 말씀을 좇아 하나님이 명하는 대로가 아닌 자기의 계획 자기의 방법대로 목적을 달성코자 했습니다. 이것이 하나님을 섬기는데 가장 경계해야할 인본주의입니다. 목적을 이루기 위해서는 수단이나 방법이 문제가 안 된다는 사고방식입니다.

여러분! 성경을 통해서 분명하게 결론 내릴 수 있는 것은 하나님은 인본주의를 철저히 배격하신다는 사실입니다. 하나님께서 그토록 귀하게 사용하신 모세가 약속의 땅 가나안에 들어가지 못한 이유가 바로 이런 이유에서입니다. "내가 너희들을 위해서 물을 내랴!" 물 때문에 도전하는 이스라엘 백성을 앞에서 화가 치민 모세가 한 말입니다. "너희가 나를 믿지 아니하고 이스라엘 자손의 목전에 나의 거룩함을 나타내지 아니한 고로 너희는 이 총회를 내가 그들에게 준 땅으로 인도하여 들이지 못하리라"(민20:12)

여러분! 하나님의 일은 하나님께서 하나님의 방법대로 하십니다. 그 누구도 하나님의 목적이 이루어지는 것을 막을 수 없습니다. 리브가의 의도가 100% 순수했다 할지라도 리브가의 생각, 리브가의 방법은 잘못되었습니다. 리브가가 그렇게 하지 아니했어도 하나님은 하나님의 방법대로 야곱에게 장자의 축복을 주셨을 것입니다, 오늘날 교회 내에서도 목적이 선하면 수단이나 방법이 좀 잘못되었어도 괜찮다는 인본주의적

사고가 만연되어 있습니다.

사도바울은 이러한 문제에 관해 선을 이루기 위해서 악을 행하는 자는 정죄를 받아 마땅하다고 했습니다. "나의 거짓말로 하나님의 참되심이 더 풍성하여 그의 영광이 되었으면 어찌 나도 죄인처럼 심판을 받으리요. 저희가 정죄 받는 것이 옳으니라."

여러분! 성도들은 어떤 일에든지 하나님의 방법대로 해야 합니다. 문민정부가 들어서면서 한창 사정바람이 불때 정당하지 못한 방법, 불의한 방법으로 출세하고 치부를 쌓은 많은 사람들 중에 기독교 신자가 제일 많았다는 이야기가 있었습니다. 그것도 교회의 장로, 집사직분을 갖고 있는 사람들이 대부분이었다는 겁니다. 교회를 위해 물질적으로 많은 봉사를 했겠지요. 그러나 여러분 만약에 소문대로 그 물질이 부정한 방법으로 모은 것이라면 그 얼마나 수치스러운 일입니까? 주님의 교회가 도적질한 돈 남을 등쳐서 번 돈으로 컸다면 그것은 하나님께 용서받을 수 없는 죄악입니다. 교회를 위해 봉사하는 것, 섬기는 것, 열심도 중요하지만 더 중요한 것은 하나님의 방법대로 하는 것입니다.

달란트 비유에서 보는 것처럼 주님은 봉사의 결과나 업적을 보시는 것이 아니라 봉사의 정신, 봉사의 자세, 봉사의 방법을 더 중하게 여기시기 때문입니다. 우리를 리브가처럼 하나님의 일을 돕는 다는 생각을 버려야 합니다. 하나님은 인간의 도움을 필요로 하지 않습니다. 우리는 그저 결과를 하나님께 전적으로 맡기고 하나님의 지시를 따라 순종할 뿐입니다. 최선을 다해 일하면서 하나님의 때를 기다리는 것입니다.

한걸음 더 나아가서 리브가는 야곱의 양심마저 훼손하는 잘못을 저질렀습니다. 27:12절에 야곱은 리브가의 말을 듣고 양심의 찔림을 받아 두려움을 호소했습니다. "내가 아버지께 속이는 자로 뵈올지라 복은 고사하고 저주를 받을까 하나이다." 그러나 리브가는 자기가 더 사랑하는 야곱을 위해서 불의한 방법을 아들에게 강요했습니다. "내 아들아, 너의 저주는 내게로 돌리리니 내 말만 좇고 가서 가져오라!" 그것이 저주를 가져올 수도 있는 불의한 일인 줄 알면서도 단지 야곱에게 복을 받게 하겠다는 생각에서 자식의 정당한 양심을 훼손하면서까지 불의한 일을 강요하는 리브가의 모습에서 오늘도 자식을 위해서라면 수단과 방법을 가리지 않는 우리자신의 모습을 보게 됩니다.

여러분! 자식에 대한 사랑을 내세워서 불의한 방법도 서슴지 않는 리브가의 삐뚜러진 편애의 결과가 어떠했습니까? 야곱이 20년 이상이나 객지에서 온갖 고생을 해야 했습니다. 대대로 한 형제의 후손들이 반목하면서 살아야 하는 불행하고 비극적인 역사를 낳게 했습니다. 아직도 수단과 방법을 가리지 말고 1등하고 출세하라고 강요하는 성도님들은 안계십니까? 우리는 더디더라도 비록 출세는 못해도 정당한 방법으로 정직하게 살아가도록 자녀를 교육하고 그런 모습을 자녀들에게 보여 주어야 합니다. 얼마 전 신문을 보니 정당하지 못한 방법으로 대학교에 합격한 학생들이 합격 취소되었다는 보도를 보았습니다. 왜곡된 자식사랑이 치유될 수 없는 깊은 상처를 자식들에게 준 것입니다.

성도 여러분!

우리는 매사에 결과를 전적으로 하나님께 맡기고 더디더라도 하나님의 때를 기다리며 정당하고 정직하게 살아야 합니다. 성경의 역사를 보면 하나님을 신뢰하고 아무리 험하고 억울한 형편에 처했어도 언제나 정직하고 성실하게 묵묵히 자신의 길을 걸어간 사람은 다 성공했습니다. 반면에 하나님의 방법과 어긋난 사람의 방법 불의한 방법으로 현실의 만족과 성공을 추구했던 사람들은 다 실패하고 망했습니다. 우리는 자식을 위한 일은 말할 것도 없고 매사에 그것을 주님을 위하고 교회를 위한 것이라고 할지라도 언제나 정당한 방법과 수단으로 목적을 이루고자 해야 합니다. 그것이 성도로서 바른 처세의 길입니다. 당장은 불이익이 되고 손해 보는 경우가 있더라도 하나님의 정신으로 정직하게 사는 것이 성공의 길이요 축복의 길입니다.

셋째 야곱에 관해서입니다. 이미 언급한대로 야곱의 첫 반응은 두려움과 주저함이었습니다. 그는 리브가가 말한대로 할 경우에 속이는 자라 낙인이 찍히게 될 것을 두려워했습니다. 그때까지는 양심이 살아 있었다는 증거입니다. 그러나 아버지 이삭을 한번 속인 후에는 거리낌 없이 아버지를 속였습니다. 자신을 에서라고 했습니다. 20절에서는 하나님의 이름을 들먹이면서까지 아버지를 속였습니다. 어떻게 그렇게 빨리 사냥해서 요리를 했느냐는 이삭의 물음에 드디어는 "하나님 여호와께서 나로 순조롭게 만나게 하셨음이니이다."

여러분! 예수 믿는 사람들의 속임수에는 거의 다 하나님이나 예수님의 이름을 빙자합니다. 십계명에는 분명히 '하나님의 이름을 망령되이 부르지 말라'고 했는데 오늘날 예수 믿는 사람들이 이 계명을 더 많이 범하고 있습니다. 자신의 잘못으로 일어난 문제도 곧잘 하나님의 뜻으로 돌립니다. 하나님의 이름을 빙자해서 다른 사람을 제멋대로 정죄하기도 합니다. 다른 사람이 내가 그리스도인 인 것을 믿고 마음도 주고 돈도 꿔주고 했는데 마음도 돈도 떼어 먹었다면 그것도 역시 하나님의 이름을 망령되이 하는 질이 나쁜 죄입니다.

주목할 것은 야곱에게 양심으로 돌아설 기회는 있었습니다. 19절"내 아들아 네가 누구냐?" 이삭이 물었을 때 야곱은 양심으로 돌아서야 했습니다. "네가 참 내 아들 에서냐?" 재차 물었을 때 돌아서야 했습니다. 그러나 야곱은 회복의 기회를 외면했습니다. 너나 할 것 없이 일단 죄의 길에 들어서면 돌아서기 어렵습니다.

시편기자의 말처럼 "악인의 꾀를 좇다 보면 죄인의 길에 서게 되고 죄인의 길에 서다보면 자기도 모르게 오만한 자리 다시 말해서 죄의 자리에 깊숙이 빠지게 됩니다. 무디어진 양심에 따라 행동한 야곱은 톡톡히 그 대가를 치루어야 했습니다. 야곱이 믿음을 좇아 행하지 아니하고 불의한 인간의 속임수로 하나님의 축복을 받고자 한 대가로 그는 정든 고향 부모의 품을 떠나야 했습니다. 객지에서 수많은 어려움을 당해야 했습니다. 그는 후에 애굽의 바로 앞에서 고백하기를 "내 나그네 길의 세월이 일백삼십년이니 험악한 세월을 보냈었다."라고 회고했습니다. 특히 그는 그의 생애 속에서 속는 일을 많이 당했습니다. 외삼촌 라반에게 속고 요셉의 일로 자식들에게 가슴에 한이 맺히는 속임을 여러 번 당하기도 했습니다.

여러분! 하나님을 속이고 사람을 속이면 반드시 그 벌을 받습니다. 성도는 하나님 앞에서나 사람들 앞에서나 늘 바르게 정직해야 합니다. 힘들고 잘 안되어도 그렇게 살도록 힘써 노력해야 합니다. 그리고 실패 했을지라도 주님께서 주시는 회복의 기회, 회개의 기회를 놓치지 말아야 합니다.

끝으로 에서입니다. 에서는 우리가 이미 창25장에서 살펴 본대로 경건함과는 거리가 먼 인물이었습니다. 배고픔 때문에 장자의 권한을 팥죽 한 그릇에 팔아 버리는 에서를 성경은 이렇게 말합니다. "에서가 장자의 명분을 경홀히 여김이었더라" 그에게는 육적인 가치관만 있지 영적인 가치관은 없었습니다. 지금 당장 배고픈 것이 문제였지 영적인 축복이나 미래의 축복에는 관심이 없었습니다. 그에게는 하나님의 축복보다 현실에서의 인간적인 욕구 충족이 더 시급하고 중요했습니다. 여러분! 오늘날에도 에서처럼 믿음의 후손이면서도 하나님이 주신 구원의 축복 영적인 축복에는 관심이 없고 현실적인 만족, 물질적인 욕구를 채우기 위하여 에서처럼 들판을 누비는 사람들이 많이 있습니다. 그것이 결국은 모두 허무하다는 것을 깨닫는 때는 이미 늦습니다. 뒤늦게 야곱에게 장자의 축복을 다 빼앗긴 것을 알고 방성대곡하던 에서처럼 땅을 치고 후회해도 소용이 없습니다.

주석가 에튜헨리는 "우리의 마음과 기억은 구멍이 많이 뚫린 배와 같아서 영적인 것들을 상당히 주의 하지 않으면 쉽게 빠져 나간다."라고 했습니다. 영적인 것을 잃어버리면 아무리 육적인 것이 충족되어도 절대로 행복이나 평안이 없습니다.

성도 여러분! 그리스도를 통해서 믿음으로 얻은 장자권을 현실의 배고픔 때문에 팔아먹는 일이 없기를 기원합니다. 이 아침 우리는 믿음의 후손들이 범했던 실수와 그 결과로 나타난 엄청난 불행들에 대해서 우리는 교훈을 받아야 합니다.

성도들은 하나님의 언약을 굳게 믿고 그 안에서 살아 갈 때만이 평안이 있고 행복이 있습니다.

또한 성도들은 언제나 하나님의 뜻과 하나님의 방법으로 자신의 삶을 결정해야 합니다. 그리고 성도들은 비록 그것이 영적인 목적이라 할지라도 사람의 꾀, 속임수로 그 목적을 간구해서는 안 됩니다. 날마다 못되고 탐욕스러운 자기를 십자가에 못 박으며 내 안에서 나는 죽고 예수 그리스도만 살아서 역사하시도록 힘써야 합니다. 현실이 어렵더라도 답답하더라도 예비된 미래를 소망하며 하나님의 때를 기도로 기다리며 살아가야 합니다. 모쪼록 이제는 부끄러운 삶을 청산하고 하나님을 굳게 믿고 그 말씀대로 순종하는 가운데 그리스도 안에서 약속된 장자권의 축복이 여러분의 삶속에서 하나하나 체험되는 복된 생애가 되시기를 축원합니다.

16

너는 어서 속히 내게 오라!

딤후 4:9~22

사도바울은 다른 사도들과는 달리 뒤늦게 다메섹 도상에서 예수를 만나 예수를 믿게 된 인물이지만 그가 기독교에 끼친 공헌이나 영향력은 다른 사도들과는 비교할 수 없을 정도로 지대했습니다. 그는 특히 여러 서신들을 통해서 기독교의 진리를 정립하고 체계화시킨 위대한 신학자요 기독교를 세계에 전파한 위대한 선교사입니다. 또 그는 다메섹 도상에서 예수를 만나고 난 후에 단 한 번도 예수그리스도 외에 딴 것을 생각하거나 한눈 판 적이 없는 완전무결한 그리스도인이었습니다.

오늘 본문의 말씀은 자신의 마지막이 가까워 온 줄을 느끼면서 믿음의 아들 디모데에게 쓴 서신의 마지막 부분입니다. 그는 딤후 4:7이하에서 예수님을 만나고 난 후의 그의 지나온 신앙의 발자취를 돌아보면서 이렇게 고백합니다. "내가 선한 싸움을 싸우고 나의 달려갈 길을 마치고 믿음을 지켰으니 이제 후로는 나를 위하여 의의 면류관이 예비 되었으므로 주 곧 의로우신 재판장이 그날에 내게 주실 것이니 내게만 아니라 주의 나타나심을 사모하는 모든 자 에게니라"

그리고 나서 "너는 어서 속히 내게로 오라!" 믿음의 아들 디모데를 보고 싶어 하는 그의 심정을 본문에서 솔직히 털어 놓고 있습니다.

우리는 본문의 기사를 대하면서 죽음을 앞에 둔 老사도의 의연하고 확신의 찬 위대한 신앙의 모습과 함께 한 인간으로서 어쩔 수 없는 외로움과 고독한 심정을 대하게 됩니다. 우리는 이러한 사도바울의 모습을 대하면서 가슴 아릿한 연민의 정과 함께 진한 감동을 떨쳐버릴 수 없습니다. 그는 수많은 사람들에게 복음을 전했고 수많은 사람들과 관계를 가졌지만 막상 그에게 죽음이 임박 했을 때 그의 곁에는 '누가' 한 사람 밖에 없었습니다. 복음을 전하고 그리스도를 따르는 길, 어쩌면 그 길은 외롭고 고독한 길인지도 모르겠습니다. 물론 장차 하늘나라의 상급이 기다리고 있다는 사실을 의심하는 것은 아니지만 사명자의 길도 결국 한 인간의 삶의 테두리 안에서 이루어지는 것이라고 볼 때 예수님의 공생애가 그러했듯 그 길은 어렵고 힘들고 고독한 길임에 틀림이 없는 것 같습니다.

"내가 「드로아 가보」의 집에 놓고 온 겉옷을 가지고 오라!" 는 사도바울의 당부에서 위대한 사명 수행의 보람 속에서도 현실적으로 외면할 수 없는 어렵고 힘든 삶의 과정을 걸어야 하는 한인간의 고뇌와 아픔이 우리의 눈시울을 뜨겁게 합니다. 또 겨울이 오기 전에 어서 속히 오라! 는 바울의 재촉에서 얼마 남지 않은 자신의 삶을 마감하면서 눈물로 낳은 믿음의 아들 「디모데」를 그리워하는 그의 간절함이 가슴 뭉클하게 합니다.

로마에서의 1차 투옥생활에서 잠시 풀려나 생활하던 바울은 에베소, 마게도냐, 그레데, 드로아 등지를 방문하변서 디모데 전서와 디도서를 기록했습니다. 그 후 네로 황제의 박해로 로마에서 두 번째로 투옥된 바울은 추운 감방에서 디모데후서를 기록했습니다.

특별히 이 편지를 쓸 때는 자신의 죽음이 임박했음을 예견하고 있었습니다. 그래서 그는 4:6에서 "관제와 같이 벌써 내가 부음이 되고 나의 떠날 기약이 가까웠도다." 라고 하면서 「디모데」에게 "어서 속히 내게로 오라!"고 당부하고 있습니다.

여러분! 사람은 누구나 죽음을 앞두고 평소에 보고싶어 마음에 두었던 사람을 찾습니다. 그래서 꼭 보아야 할 사람을 보지 못하면 눈을 감지 못한다고 하지 않습니까? 사도바울이 자신의 죽음을 앞두고 많은 동역자 중에서도 특별히 디모데를 보고싶어 한 이유가 무엇이었을까? 이 물음은 어떤 성도를 주님께서 원하시고 보고 싶어 하시는가? 하는 문제와 그 맥을 같이 하고 있다는 점에서 주의 일을 감당하는 모든 일꾼에게 주는 깊은 교훈이 담겨있습니다.

첫째로 사도바울이 「디모데」를 보기 원했던 가장 큰 이유는 「디모데」가 '거짓이 없는 믿음을 소유하고 있었던 신실한 믿음의 소유자였기 때문' 입니다. 딤전1:2에 보면 「디모데」에게 편지하면서 서두에 "믿음 안에서 참 아들 된 디모데"라고 밝히고 있습니다. 또 1:4이하를 보면 "네 눈물을 생각하여 너 보기를 원함은 내 기쁨이 가득하게 하려 함이라"고 전제하면서 "이는 네 속에 거짓이 없는 믿음을 생각 함이라"고 했습니다. 디모데는 사도바울과 함께 복음 사역에 동역함에 있어서 어떤 시련이나 역경 중에서도 주님을 향한 믿음에 조금도 변함이 없었습니다. 그는 바울과 고난을 함께 했습니다. 배고픔, 궁핍, 끊임없는 박해에도 굴하지 않고 복음사역에 늘 최선을 다했습니다. 그래서 사도바울은 디모데를 생각 할 때마다 위로와 힘이 되었습니다.

여러분! 목회자의 심정은 다 마찬가지입니다. 예수님의 심정도 마찬가지입니다. 어떤 신자가 가장 믿음직스럽고 힘이 되는가? 두말 할 것 없이 믿음의 뿌리가 깊은 성도입니다. 예수님의 생애를 기록한 사복음서를 보십시오. 예수님에게 인정받고 칭찬받은 사람이 누구 입니까? 율법을 잘 지킨 자들입니까? 예수를 열심히 따르던 자들입니까? 아닙니다. 믿음의 사람들이었습니다. 죄 많고 천하고 볼품이 없어도 그 속에 믿음이 살아있는 사람들은 다 주님께서 인정하시고 칭찬하셨습니다.

개인 신앙생활이나 교회생활에 있어서도 자기 기분이나 감정이나 열심에 좌우되지 아니하고 어떤 상황이나 환경에도 흔들리지 아니하는 성도를 대하게 되면 든든합니다. 늘 푸른 소나무처럼 늘 꼿꼿한 대나무처럼 한결같이 믿음의 터 위에 의연하게 서 있는 성도를 보면 그렇게 흐뭇하고 좋을 수가 없습니다. 사도바울에게 있어서 「디모데」는 그런 인물이었습니다.

주님은 어떤 성도를 좋아하시고 원하십니까? 지식인도 아니고 권력자도 아니고 재력가도 아니고 신앙경력이 화려한 신자도 아닙니다. 신실한 신앙인 주님을 위한 일이라면 자기 생명을 조금도 귀한 것으로 여기지 않는 「오직예수」 「우선예수」의 신자를 원하십니다. 딤전1:3은 「디모데」는 '청결한 양심'으로 주를 섬겼다고 했고 딤전1:5에는 위선이나 가식이 전혀 없는 거짓이 없는 믿음을 가졌다고 했습니다. 사도바울은 그의 인생의 겨울을 앞두고 많은 사람이 주님의 곁을 떠났음에도 불구하고 변화무상한 세상풍조에도 조금도 흔들림없이 주님께 대한 첫사랑을 간직하고 있었던 「디모데」를 보고싶어 했습니다.

사랑하는 성도 여러분! 과연 나는 주님 앞에 어떤 모습으로 비춰지고 있을까? 과연 나의 믿음이 주님께서 인정할 만큼 거짓 없는 신실한 믿음인가? 깊이 반성해 보는 시간이 되시기를 바랍니다. 너는 속히 내게 오라! 우리는 정말 주님께 이렇게 꼭 필요한 동역자인가? 우리 자신에게 물어보아야 합니다.

둘째로 사도바울은 신앙적인 면에서 뿐만 아니라 인간적으로도 「디모데」를 신뢰하고 사랑했기에 그를 그토록 보고 싶어 했습니다. "네가 올 때에 내가 「드로아 .가보」의 집에 두고 온 겉옷을 가지고 오라" 바울의 서신중에서 이렇게 개인적인 사소한 부탁을 한 기록은 이 곳 뿐이라고 생각합니다. 이것은 「디모데」에게만은 자신의 신변의 문제에 관한 사소한 것까지도 스스럼없이 이야기 하고 부탁할 정도로 인간적인 신뢰와 애정이 깊었음을 보여주는 것 이라고 생각합니다.

그래서 그는 디모데 후서 서신에서도 "사랑하는 아들 디모데"라는 말로 「디모데」에 대한 각별한 사랑의 마음을 표현하고 있고 "네 눈물을 생각하여 너 보기를 원하다"고 할 정도로 매우 뜨거운 정과 인격적인 신뢰심을 갖고 있었음을 보여줍니다. 다시 말해서 사도바울과 「디모데」는 영적인 관계도 물론이지만 인간적인 면에서도 서로 깊은 신뢰심과 애정을 갖고 있었음을 알 수 있습니다. 두 사람의 관계는 우리가 성도의 교제를 나눔에 있어서 가장 이상적인 본을 보여주고 있습니다.

신학교 다닐 때 어떤 老교수가 한 말이 잊혀 지지 않습니다. "교인들은 사랑의 대상이지 신뢰의 대상이 아니다."라는 것입니다. 사랑을 주는 것으로 끝나야지 사랑을 준만큼 받을 것을 기대하면 실망한다는 것이었습니다. 실제 목회를 하면서 老교수의 말씀이 옳다는 것을 많이 경험했습니다. 그러나 여러분들의 관계는 그렇지 않았으면 좋겠습니다. 성경의 말씀대로 서로 사랑하고 서로 신뢰하는 교제를 나눌 수 있어야 합니다. 그래야 상처를 받지 않습니다.

사랑하는 성도 여러분! 오늘날 현대교회의 심각한 문제는 신앙적인 것이 아니라 성도 상호간의 인간관계에 있습니다.

신앙적인 면에서는 별로 흠이 없는 것 같아 보이는데 실제 일상생활에서 이루어지는 인간관계에 있어서는 부정적인 면이 많이 노출되고 있습니다. "신앙은 좋은 것 같은데 인간성이 안 좋아" 라든지 "인간적으로 사귀고 싶지는 않아" 만약에 우리가 이런 소리를 듣게 된다면 이것을 매우 심각한 문제입니다.

여러분! 예수님의 이 땅에서의 인간관계는 어떠했습니까? 주님은 여러 계층의 사람들과 관계를 가짐에 있어서 어떤 선입견을 가지고 그 사람을 대하지 않았습니다. 누구에게나 친절했고 관용했고 따뜻했습니다. 언제나 상대방의 주장을 배려해 주었습니다. 일부 종교 기득권자들에게 미움을 사기도 했지만 주님은 남녀노소, 빈부귀천 죄인의 신분에 상관없이 사랑을 받았고 사랑하셨습니다.

그렇습니다. 성도들은 하나님과의 종적인 관계도 중요하지만 상호 간의 횡적인 관계도 매우 중요합니다. 그러므로 "주 너의 하나님을 사랑하라"고 하신 주님께서는 "네 이웃을 네 몸과 같이 사랑하라"고 하셨습니다. 예수님은 이 원칙을 그의 생애 속에서 실천하셨습니다. 우리가 진정 예수를 따르는 자들이라면 예수님처럼 살아야 하고 그를 닮아가야 합니다. 신뢰와 존경과 사랑받는 인간관계의 본을 보이며 살아가야 합니다.

여러분! 우리가 진정 세상 사람들로부터 그리스도인이라는 인정을 받으려면 바울과 디모데처럼 신앙적인 면에서는 물론이지만 인간관계에서도 신뢰와 존경을 받는 삶을 살아가야 합니다.

다음으로 생각해 볼 것은 본문에서 바울이 언급한 인물들에 대해서 살펴보고자 합니다. 본문에 나오는 인물들은 크게 세 종류로 분류해 볼 수 있습니다. 오늘날 교회를 구성하고 있는 교인들도 이렇게 분류할 수 있을 것입니다.

첫째 데마와 같은 부류의 사람이 있습니다.

10절에 "데마는 이 세상을 사랑하여 나를 버리고 데살로니가로 갔고 …" 세상에 미혹되어 신앙의 지조를 저버린 신앙의 배신자와 같은 자들입니다. 빌레몬서24절에 보면 데마는 바울 사도의 동역자로 나타나 있습니다. "또한 나의 동역자 마가, 아리스다고, 데마, 누가가 문안 하느니라"

그는 처음에는 사도바울의 동역자로서 복음전파에 힘썼던 인물이었습니다. 그런데 그가 사도바울이 어렵고 힘들 때 바울을 버리고 떠났습니다. 자세한 것을 알 수 없지만 분명한 것은 세상을 사랑해서 바울을 떠난 것입니다. 데마는 처음에는 기쁜 마음으로 지원해서 바울을 따랐을 것입니다. 바울의 탁월한 능력, 학문, 기적적인 은사, 그래서 열심히 바울을 섬기고 따르고 헌신했습니다. 그런데 바울이 감옥에 갇혔습니다. 언제 사형에 처할 지 모르는 위기에 처하게 되었습니다. 이제는 그에게는 더 기대할 것이 없었습니다. 그래서 그는 감옥에서 외롭고 고통스럽게 지내는 바울을 버리고 떠나 버린 것입니다. 예수 그리스도에 대한 믿음과 소망을 버린 것입니다. 한마디로 그는 신앙의 목표가 잘못 되었던 것입니다.

히12:1 이하는 그리스도인의 신앙이 목표를 다음과 같이 밝히고 있습니다. "모든 무거운 것과 얽매이기 쉬운 죄를 벗어 버리고 인내로써 우리 앞에 당한 경주를 경주하며 믿음의 주요 또 온전케 하시는 이인 예수를 바라보자!" 그렇습니다. 어떤 어려움 난관 시련이 있더라도 우리는 신앙의 경주를 힘있게 달려야 합니다.

그 이유가 무엇입니까? 그것은 우리 신앙의 목표는 그리스도이기 때문입니다. 그래서 바울은 "위에서 부르신 부름의 상을 위하여 좇아간다."고 했습니다. 빌3:12~14 "이미 내가 얻었다 함도 아니요 온전히 이루었다 함도 아니라 오직 내가 그리스도 예수께 잡힌바 된 그것을 잡으려고 좇아가노라. 형제들아 나는 아직 내가 잡은 줄로 여기지 아니하고 오직 한 일 즉 뒤에 있는 것은 잊어버리고 앞에 있는 것을 잡으려고 푯대를 향하여 그리스도 예수 안에서 하나님이 위에서 부르신 부름의 상을 위하여 좇아가노라"

그런데 데마는 그리스도를 바라본 것이 아니라 인간 바울을 바라보았습니다. 그리스도를 믿고 따른 것이 아니라 인간 바울을 믿고 따랐습니다. 그것도 자기 이익을 염두에 둔 거짓 믿음과 신뢰였습니다. 바울이 감옥에 갇히고 그의 기대가 무산되고 그의 목표가 무너졌다고 생각되자 그는 미련없이 사도바울을 떠난 것입니다.

성도 여러분! 여러분 앞에 무엇이 보입니까? 그리스도인들에게 있어서는 예수님만이 우리의 목표이어야 합니다. 경주자들에게는 종착점만이 보여야 하듯 그리스도인들에게는 그리스도만이 보여야 합니다. 우리가 예수님을 목표로 하늘나라를 목표로 정하고 신앙의 경주를 시작 하였다면 좌우를 돌아보지 말고 목표를 향하여 한마음으로 있는 힘을 다해 달려야 합니다.

둘째로 14절에 나오는 구리 장색 「알렉산더」와 같은 부류의 인간들이 있습니다. 교회를 해하려는 자들입니다. 구리 장색이란 구리 세공자 또는 구리 대장장이를 말합니다. 구리 장색의 직업을 가진「알렉산더」는 그리스도를 믿다가 배교한 이단자로 바울을 많이 괴롭혔습니다. 그리고 바울이 재판을 받을 때 그에게 불리한 증언을 한 인물입니다.

여러분! 교회의 적은 두부류가 있습니다. 하나는 불신자가 교회를 대적하는 경우입니다. 이는 얼마든지 참을 수 있습니다. 하나님을 몰라서 대적하는 것이기 때문입니다. 또 다른 부류는 미혹의 영에 홀린 교회내의 적입니다. 알렉산더와 같은 자들입니다. 알렉산더는 에베소 교회에서 일어났던 폭동의 주모자였다고 합니다. 교회 내의 적이었습니다. 오늘날에도「알렉산더」와 같은 교회내의 적들이 많이 있습니다. 말씀의 능력과 권세를 부인하는 신비주의자 무리입니다. 교회의 권위를 부정하는 소위 환상파, 인신파들이 이에 속합니다.

교회는 그리스도의 몸입니다. 교회를 섬기는 자들은 그리스도의 일꾼들입니다. 그런데 교회를 대적하고 정당한 이유 없이 교회를 섬기는 자들을 대적하면 주님께서 갚으십니다. 출애굽 당시에 모세를 대항하고 대적했던 고라의 자손들은 땅이 갈라져 땅이 그들을 삼켜 버린 엄청난 재앙의 심판을 당했습니다. 교회를 대적하면 정말 큰 심판을 받습니다. 교회 직분자나 사역자들을 비방하면 안 됩니다. 주의 종들이 잘못하면 하나님께서 치십니다. 일반 성도들과는 비교도 안 될 정도로 큰 벌을 내리십니다.

다윗은 애매히 자기를 죽이려 하는 사울 왕을 죽일 기회가 여러번 있었지마는 사울 왕이 하나님께로부터 기름 부음을 받았다는 사실 한 가지 때문에 사울을 해하지 않았습니다. 그러나 하나님께서 사울 왕을 치셨습니다.

여러분! 안수 받은 목사, 장로나 집사도 잘못 할 수가 있습니다. 잘못을 지적하는 것은 있을 수 있으나 비방하고 정죄하고 심판하려고 해서는 안 됩니다. 교회법에 정한 절차를 따라야 합니다. 그에 앞서 먼저 그를 위해 기도해야 합니다. 그것이 성경적인 방법입니다. 어떤 경우든 나쁜 마음을 가지고 교회를 비방하거나 주의 일꾼을 음해하는 것은 큰 죄입니다.

셋째로 누가와 같이 변함없이 충성을 다하는 인물들이 있습니다. 본문 11절을 보면 "누가만 나와 함께 있느니라."고 했습니다. 행27장에 보면 사도바울이 체포되어 로마로 압송되는 상황이 기록되어 있는데 그때도 누가는 사도 바울과 동행했습니다. 당시의 관습에는 로마인 죄수가 로마로 재판받으러 가게 될 때는 2명의 노예를 동행하는 것이 허용되었습니다. 그래서 누가는 바울과 동행하기 위해서 자신을 바울의 종으로 등록했다고 보여 집니다. 누가는 의사였기 때문에 불치의 질병을 앓고 있었던 바울에게는 꼭 필요한 인물이었습니다. 그는 다재다능한 인물로서 역사가요, 문학자요, 훌륭한 전도자였습니다. 그러면서도 그는 자신을 나타내지 않았습니다. 그는 누가복음과 사도행전과 같은 기독교 역사상 위대한 기록을 남겼으면서도 오직 그리스도와 사도들의 발자취를 성실하게 전하는 일에 진력을 다했습니다. 그 자신의 기록은 한마디도 포함시키지 않았습니다. 심지어 자기 이름조차 밝히지 아니했습니다. 오직 사도바울의 충성된 동역자로 만족했습니다. 어떠한 불리한 상황 속에서도 신앙의 지조를 지키면서 사역자를 돕고 말없이 주님의 일과 교회를 위해서 헌신했던 누가와 같은 신자야말로 교회에 꼭 필요한 일꾼입니다.

직분을 받으신 여러분! 그리고 주의 일에 헌신하시는 성도 여러분! 누가와 같은 헌신 자들이 되시기 바랍니다. 나를 감추고 오직 주님과 교회를 위해서 마치 반석처럼 흔들림 없이 교회를 떠 받드는 신실하고 듬직한 일꾼들이 되시기를 바랍니다.

마지막으로 바울과 「마가」라는 인물에 대해서입니다. 초대교회 예루살렘에 120문도가 기도한 장소가 바로 「마가」의 다락방입니다. 그렇다고 하면 「마가」는 상당히 부유한 집안출신인 것 같습니다. 그런데 사도행전

13장에 보면 마가는 사도바울과 바나바의 첫 전도여행에 동행했다가 중도에 집으로 돌아 가버린 사건이 있었습니다. 곳곳에 어려움과 고통과 방해자가 도사리고 있는 매우 힘들 때에 전도의 일이 어렵다고 해서 중도에 포기하고 혼자 집으로 돌아가 버렸으니 얼마나 괘씸한 일입니까? 그 후 바울과 바나바가 2차 전도여행을 떠나려 함께 「마가」가 다시 동행시켜 줄 것을 간곡히 요청했습니다. 그러나 바울은 「마가」의 전력을 문제삼아 그의 동행을 강력하게 반대했습니다. 이 일로 해서 바나바와 심하게 다툰 후에 바울은 실라를 데리고 전도여행을 떠나게 되었고 바나바는 마가를 데리고 떠났습니다. 마가는 한번 실수를 교훈삼아서 더 열심히 전도했고 베드로의 통역관으로 로마에 까지 다녀오기도 했습니다. 사도바울은 마가의 이러한 소식을 다 들었습니다. 그래서 이제 겨울이 다가오고 자신의 마지막 때가 가까워 오자 바울은 마가를 용서하지 못했던 일이 못내 마음에 걸려서 마가를 데리고 오라고 당부한 것 같습니다.

여러분! 우리도 인생의 겨울이 오기 전에 용서하고 마음을 열고 사랑을 회복해야 할 사람은 없습니까? 예수 사랑한다고 하면서 주님께 용서받기를 원하면서 아직도 미워하고 정죄하고 무너지기를 은근히 바라는 사람이 마음속에 남아 있지는 않습니까? 가증스러운 위선의 탈을 벗어버려야 합니다. 그래야 주님의 사랑과 평안을 소유할 수 있습니다. 진정한 평화를 맛볼 수 있습니다.

사랑하는 성도 여러분! 우리는 디모데나 누가처럼 어떠한 환경 속에서도 주님을 위하고 교회를 위하는 충성과 흔들림 없는 믿음으로 헌신해야 합니다. “너는 속히 내게 오라!” 주님에게나 교회에나 사역자에게나 이렇게 꼭 필요하고 보고 싶은 주님의 동역자들이 다 될 수 있기를 축원합니다.

17
네 상을 가지고 집으로 가라!

막2:1~12

예수님은 가버나움을 중심으로 사역을 많이 하셨습니다. 다른 지역에서 활동하시다가도 가버나움으로 돌아오시곤 하셨습니다. 예수님께서 다시 가버나움으로 돌아오셨다는 소문이 들리자 예수님이 거하시는 집으로 수많은 무리들이 몰려들었습니다. 얼마나 많이 몰려들었는지 문밖에까지 발 디딜 틈이 없었습니다.

예수님은 모여든 무리들에게 하늘나라에 관해서 말씀하시고 계셨습니다. 능력 있고 오묘한 하늘나라에 관한 말씀에 무리들은 쥐 죽은 듯이 숨을 죽인 채 주님의 말씀에 귀를 기울이고 있었습니다. 그런데 갑자기 지붕에서 요란한 소리가 들렸습니다. 누군가가 지붕을 뜯고 있었습니다. 그리고는 뚫린 지붕에서 네 귀퉁이가 줄에 매달린 채 커다란 침상이 예수님 앞에 내려왔습니다. 조용하던 집안이 갑자기 술렁이기 시작했습니다. 그 침상에는 온몸이 시체처럼 굳어 있는 한 중풍병자가 누워있었습니다. 그 사연은 이렇습니다. 중풍병자의 침상을 메고 왔던 네 사람은 예수님이 거하시는 집을 묻고 물어 찾아왔지만 너무나 많은 무리가 모여 있어서 도저히 예수님께 가까이 갈 수가 없었습니다. 그래서 지붕위로 올라가서 지붕을 뜯고 침상을 예수님 앞으로 내려 보내게 된 것입니다. 지붕을 뜯는 요란한 소음과 뽀얀 먼지를 뒤집어 쓴 집안은 한 순간 어수선해 졌습니다. 무리들은 무례하고 염치없는 저들의 행동에 기분이 몹시 상해 있었지만 예수님은 저들을 꾸짖고 화를 내시기는커녕 오히려 깊은 관심과 연민의 정으로 그 상황을 유심히 지켜보고 계셨습니다. 드디어 침상이 예수님 앞에 내려지고 어수선하던 장내가 정돈되었지만 무리들은 여전히 몹시 언짢은 표정으로 침상에 누운 환자와 그를 메고 온 네 사람을 노려보고 있었지만 예수님은 인자한 눈빛으로 저들을 둘러보신 후 중풍병자에게 다가가서 "네 죄 사함을 받았느니라."고 선언하신 후 중풍병자의 병을 고쳐주셨습니다. 고쳐 주시되 완전무결하게 고쳐 주셨습니다. 11~12절을 주목해 보시기 바랍니다. "내가 네게 이르노니 일어나 네 상을 가지고 집으로 가라 하시니 그가 일어나 곧 상을 가지고 모든 사람 앞에서 나가거늘.." 걷지도 못하고 움직이지도 못한 채 침상에 묶여 주님께 왔던 그가 예수님과 만나고 난 후에 자기가 누웠던 침상을 메고 건강한 모습으로 힘 있게 걸어서 돌아가게 된 것입니다.

여러분! 절망적인 상황 하에 있었던 중풍병자가 예전의 건강을 되찾고 새 생명과 새로운 희망의 존재로 바뀌게 된 동기가 무엇입니까? 어떤 극적인 사건이 있었기에 이러한 놀라운 전환이 이루어 졌습니까? 본문은 그 이유를 이렇게 말하고 있습니다. 5절에 보시면 "예수님께서 저희의 믿음을 보시고"라고 했습니다.

마태, 마가, 누가복음에서 본문의 사건을 다루고 있는 내용이 모두 동일합니다. "저희가 중풍병자와 어떤 관계인지는 명확하지 않습니다. 많은 성경학자들은 그들이 중풍병자의 친구일 것이라고 말합니다. 저희가 환자와 어떤 관계이던 그것이 중요한 것이 아니고 중풍병자가 깨끗하게 치유함을 받고 건강을 회복하게 된 것은 먼저 저들이 예수님을 찾았다는 데에 있습니다. 저들이 병자의 친구라고 할 때 다섯 사람의 우정은 정말 돈독했던 것 같습니다. 저들은 친구의 병을 치료하기 위해서 있는 힘을 다했습니다. 좋다는 약은 다 써 보았습니다. 용하다는 의사들은 다 찾아가 보았습니다. 그러나 헛수고였습니다.

그러다가 예수님의 소문을 듣게 되었고 예수님을 찾아오게 된 것입니다. 예수님을 찾고 예수님을 만나게 된 것 그것이 문제 해결의 첩경이었습니다. "예수 앞에 나오면 모든 죄 사하고 주의 품에 안기어 편히 쉬리라" "예수는 나의 힘이요 내 생명 되시니 구주 예수 떠나가면 죄 중에 빠지리" 그렇습니다. 예수 앞에 나와야 합니다. 그래야 문제 해결함을 받고 진정한 평안을 얻게 됩니다. 인생의 근본적인 해결책 그것은 예수 그리스도 밖에 없습니다.

그러나 한 가지 중요한 것은 만나되 믿음을 가지고 만나야 합니다. 믿음이 없는 만남은 구경꾼에 불과합니다. 예수님 당시 수많은 무리들이 예수를 찾아 나왔습니다. 그러나 그들이 다 고침을 받고 구원을 받은 것은 아닙니다. 무리의 수에 비하면 극히 미미한 소수만이 고침을 받고 구원을 받았습니다. 그 이유는 그들의 믿음 열심을 단지 호기심에 끌린 믿음, 열심에 불과했기 때문입니다. 기적을 행하시는 예수님의 초능력을 직접 눈으로 보기 원했던 구경꾼의 심리에 불과했던 것입니다.

오늘날에도 마찬가지입니다. 수많은 사람들이 예수를 만나기 위해 교회를 찾습니다. 그러나 예수님을 나의 힘, 나의 소망, 나의 구세주로 믿고 교회를 찾고 있는지 영적인 복보다는 단지 자기가 원하는 육적인 복, 세상의 복만을 기대하며 예수의 초능력을 이용해서 자신의 희망을 이루어 보려는 심리로 교회를 찾고 있는 것은 아닌지 냉정하게 반성해 보아야 합니다.

사랑하는 성도 여러분!

믿음 없이 만나는 예수님은 우리에게 아무 것도 하실 수 없습니다. 단지 구경꾼의 호기심으로 만나는 예수님은 나에게 그 어떤 변화도 주시지 않습니다. 더군다나 자신의 세속적인 욕심을 이뤄 보려는 속셈으로 예수님을 이용하려고 할 때에는 복이 아니라 저주가 임하게 됩니다.

본문에 나오는 중풍병자와 네 사람의 모습은 전혀 달랐습니다. 그들은 예수님께 대한 절대적인 믿음을 가지고 예수님께 나왔습니다. 전부터 예수님을 알고 있었는지 아닌지는 자세히 알 수는 없지만 예수님을 찾는 그들의 마음속에는 하나 같이 예수님을 만나기만 하면 문제가 해결될 것이라는 강렬한 확신이 있었습니다. '밑져야 본전'이라는 심리가 아니라 반드시 나을 수 있다는 확고한 믿음으로 나온 것입니다.

한 번은 예수님께서 변화산에서 내려오시니 제자들이 벙어리 귀신들린 아들을 데리고 온 아버지와 옥신각신 하고 있었습니다. 사연인즉 제자들이 귀신 들린 아이를 고쳐 보려 했지만 실패했습니다. 그 일로 옥신각신 하고 있었던 것입니다. 아버지는 예수님을 보자 달려 와서 간청합니다. "무엇을 하실 수 있거든 우리를 불쌍히 여기사 도와주옵소서.(막9:22) 이때 주님께서 무엇이라고 하셨습니까? "할 수 있거든 이 무슨 말이냐 믿는 자에게는 능치 못한 일이 없다"(막9:23)고 하시면서 그 아들의 아버지의 믿음을 회복케 하신 후에 아들에게서 귀신을 쫓아내고 정상으로 회복시켜 주셨습니다.

"믿는 자에게는 능치 못한 일이 없다" 중풍병자와 네 사람의 믿음은 그런 믿음이었습니다. 이런 믿음을 가지고 있었기에 불가능의 장애를 극복할 수 있었던 것입니다. 잠시 언급했듯이 저들이 예수님이 계신 곳에 도착해보니 그야말로 인산인해를 이루고 있었습니다. 침상을 가지고 예수님 앞으로 간다는 것을 불가능했습니다. 현실적인 상황이 그들의 믿음을 무력화시킬 수밖에 없는 절망적인 형편이었던 것입니다.

여러분! 우리의 신앙생활에도 이러한 불가능한 상황이 부딪칠 때가 있습니다. 우리 힘으로는 어떻게 해 볼 수 없는 절망적인 환경에 처할 때가 있습니다. 그래서 주님을 향한 믿음도 "이제는 어쩔 수 없구나." 낙심 될 때가 있습니다.

이스라엘의 출애굽의 역사에도 이런 때가 여러 번 있었습니다. 출애굽한 이스라엘의 백성들은 구름 기둥과 불기둥의 인도로 광야 길로 들어셨습니다. 하나님께서 그들의 길을 인도하신 것입니다. 그런데 홍해 앞에 다 달았을 때였습니다. 바로의 군대가 추격해 오기 시작했습니다. 앞으로 나갈 수도 없고 뒤로 물러 설 수도 없는 진퇴양난의 절망적인 상황에 빠진 것입니다. 백성들의 입에서는 원망이 터져 나왔습니다. 모세에게 거칠게 대듭니다. 그때 모세가 백성들을 향해서 무엇이라고 했습니까? "너희는 두려워 말고 가만히 서서 여호와께서 오늘날 너희를 위하여 행하시는 구원을 보라!" "가만히 서서"는 무슨 뜻입니까? 하나님께 대한 절대적 믿음을 가지라는 것입니다. 그때 하나님께서는 홍해바다를 가르시고 육지 같이 건너게 하셨습니다.

여러분! 믿음으로 주님을 따르려고 할 때 불가능의 장애가 앞을 가로막으면 그것은 낙심과 절망의 함정이 아리라 믿음의 진가를 보여 줄 승리의 기회라고 믿어야 합니다. 우리의 믿음이 진짜인가? 아닌가? 우리의 믿음이 살아 있는 믿음인가? 아닌가를 시험하는 기회라고 보면 틀림이 없습니다. 주님의 말씀처럼 신앙인에게는 불가능이 없습니다. 장애가 없으면 기적도 없습니다. 시험이 없으면 승리도 없습니다. 비집고 들어 갈 수도 없는 인산인해를 이룬 상황은 물론 불가능이었지마는 믿음의 사람들은 포기하지 아니 했습니다. 지붕으로 올라갔습니다. 그리고 예수님이 계신 곳으로 가까이 갔습니다. 비록 천정 벽이 그들과 예수님 사이를 가로막고 있었지만 그것이 그들에게 포기의 빌미가 될 수 없었습니다. 그들은 예수님이 계시다 싶은 곳까지 와서는 지붕을 뜯기 시작했습니다. 그리고 구멍이 뚫리자 침상을 달아 예수님 앞으로 내려 보냈습니다.

그렇습니다. 신앙의 안목을 가진 사람에게는 "이젠 틀렸다" "끝장났다" "희망이 없다"는 생각은 존재하지 않습니다. 믿음이 없는 사람은 항상 인간의 한계를 마지막으로 보지만 믿음의 사람은 인간의 한계나 상황의 한계는 더 크고 무한한 세계를 향한 또 하나의 출발점이 됩니다. 모든 사람들이 절망이라고 여기는 죽음까지도 영생을 향한 출발점으로 확신하고 새로운 소망과 기대를 가지는 사람들이 신앙의 사람입니다.

가나안을 정탐하고 돌아온 12명의 정탐꾼 중에 10명은 가나안 땅의 정복이 불가능하다고 보고 했습니다. 민13:32~33 "이스라엘 자손 앞에서 그 탐지한 땅을 악평하여 가로되 우리가 두루 다니며 탐지한 땅은 그 거민을 삼키는 땅이요 거기서 본 모든 백성은 신장이 장대한 자들이며 거기서 또 네피림 후손 아낙 자손 대장부들을 보았나니 우리는 스스로 보기에도 메뚜기 같으니 그들의 보기에도 그와 같았을 것이니라." 12명 중에 10명이 그렇게 보았다면 정말 그런 것입니다. 인간의 안목으로는 정복불가 이었습니다. 평가는 이미 끝난 것입니다. 그러나 여호수아와 갈렙의 보고는 정반대였습니다. 민14:7~9"이스라엘 자손의 온 회중에게 일러 가로되 우리가 두루 다니며 탐지한 땅은 심히 아름다운 땅이라 여호와께서 우리를 기뻐하시면 우리를 그 땅으로 인도하여 들이시고 그 땅을 우리에게 주시리라 이는 과연 젖과 꿀이 흐르는 땅이니라 오직 여호와를 거역하지 말라 또 그 땅 백성을 두려워하지 말라 그들은 우리의 밥이라" 같은 상황을 보고도 어떻게 이런 상반된 평가를 내릴 수 있습니까? 그것은 두 사람은 신앙의 안목으로 가나안 땅을 보았기 때문이었습니다.

여러분! 출애굽의 역사를 보면 약속의 땅 가나안은 결국 믿음으로 들어갔습니다. 개인의 경우도 마찬가지입니다. 삭개오가 사람이 많고 키가 작아 예수를 볼 수 없는 환경이나 조건에만 얽매였다면 그는 평생 예수를 볼 수도 만날 수도 없었고 따라서 그의 생애도 한평생 어두웠을 것입니다. 그러나 주님께 대한 믿음과 열망이 자신의 한계와 환경의 한계를 극복하고 극적으로 주님과 만나는 감격을 경험했고 그것이 새 삶의 결정적인 기회가 되었던 것입니다.

여러분! 잊어서는 안 됩니다. 믿음은 불가능을 가능케 합니다. 믿음은 막 다른 골목에서 담을 뛰어 넘거나 하늘을 나는 기적을 경험하게 합니다. 믿음은 어떤 악조건이나 최악의 상황 하에서도 새로운 힘과 활로를 보게 하는 능력이 있습니다.

또 다른 측면에서 보면 중풍병자와 네 사람의 믿음은 실천적인 믿음이었습니다. 예수님만이 그들이 안고 있는 문제의 유일한 해결자임을 확신했던 그들은 즉시 그들의 믿음을 행동으로 실천했습니다. 중풍병자를 예수님께로 데려가기 위해서 시간을 내고 들것을 준비하고 결코 만만치 않은 거리를 땀을 뻘뻘 흘리며 병자를 운반해 왔습니다. 이제는 됐다고 한 숨을 돌리는 순간 그들 앞에는 더 큰 난관이 가로막고 있었습니다. 수많은 사람 때문에 예수께로 나갈 수 없게 된 것입니다. 그러나 그들은 포기하지 않았습니다. 그들은 길을 찾았고 드디어 지붕으로 올라가 천정을 뚫고 병자를 달아 내리게 까지 된 것입니다. 그들의 믿음은 살아 있는 믿음이었습니다. 행동하는 믿음이었습니다. 지식적인 믿음, 주술적인 믿음, 관념적인 믿음, 사색하는 믿음이 아니라 실천적인 믿음이었습니다.

믿음이 안고 있는 엄청난 폭발적인 힘과 그 에너지가 일으킬 놀라운 기적을 확신하고 끝까지 포기하지 아니하고 그 기적이 현실로 나타날 때까지 최선을 다한 몸짓을 멈추지 아니했습니다. 주님은 그들의 모든 행동을 지켜보시면서 깊은 감명을 받으셨습니다. 그리고 나서 주님은 저희의 믿음을 보시고 다시 말해서 절대적인 믿음, 실천적인 믿음, 행동하는 믿음을 보시고 중풍병자를 고쳐주신 것입니다.

또 한 가지 '저희의 믿음'이라는 구절에 주목하고자 합니다. 강조점은 물론 믿음이지만 특히 본문의 믿음을 저희의 믿음 다시 말해서 '공동체의 믿음'이라는데 의미가 있습니다. 개개인의 믿음도 중요 하지만 본문에 나타난 믿음은 공동체의 믿음입니다. 처음부터 끝까지 동일한 목적을 위해 동일한 열심을 가지고 동일한 행동을 보여준 저들의 믿음이 예수님의 마음의 감동을 준 것입니다.

여러분! 훌륭한 독창도 감동을 주지만 많은 사람이 함께 부르는 합창은 더 큰 감동을 줍니다. 저는 누가 금곡교회 어느 장로님 권사님 집사님의 이름을 거명하면서 참 믿음이 좋은 분이라는 이야기를 듣는 것도 아주 좋지만 금곡교회는 믿음이 좋은 교회라는 이야기를 들으면 그렇게 좋을 수가 없습니다. 주님은 개인의 믿음도 귀하게 보시지만 공동체의 믿음은 더욱 귀하게 여기십니다.

오순절 성령이 마가의 다락방에 임했을 때 개인에게 임하지 않고 공동체에 임했다는 사실에 우리는 주목해야 합니다. 120명의 성도가 한데 모여 마음을 함께해서 전혀 기도에 힘쓸 때에 성령이 임했던 것입니다. 오늘날 우리 한국교회 성도들의 신앙은 너무나 개인적이고 이기주의적입니다. 그리스도의 사랑의 공동체라는 의식이 희박합니다. 그래서 성도 상호간의 유대감이 점점 희박해져 갑니다. 함께 모여 교제하고 음식을 함께 나누었던 초대교회와는 거리가 멉니다.

여러분! 우리는 공동체의식을 회복해야 합니다. 사도바울의 표현처럼 우리는 그리스도를 머리로 하는, 한 공동체입니다. 이런 찬양이 있습니다. "우리는 사랑의 띠로 하나가 되었습니다. 하나님을 사랑하고 예수님의 사랑을 널리 전하세" 그렇습니다. 우리는 그리스도의 사랑의 띠로 하나가 된 사랑의 공동체 믿음의 공동체 소망의 공동체입니다. 우리는 믿음과 사랑의 공동체로서의 아름다운 모습을 서로 나누고 더 많은 사람들에게 전하며 살아야 합니다. 그것이 주님께서 우리에게 원하시는 기대요 소원입니다.

저희의 믿음을 보시고 주님은 어떻게 하셨습니까? 먼저 주님은 중풍병자의 죄를 사해 주셨습니다. "소자야 네 죄 사함을 받았느니라." 예수님은 육신의 병보다 더 무서운 모든 인간의 근본적인 문제인 죄의 문제를 해결해 주셨습니다. 당시에는 나병이나 소경이나 중풍병 등은 죄의 결과라고 생각했습니다. 요한복음9장에 보면 날 때부터 소경된 자를 보고 제자들이 주님께 물었습니다. "이 사람이 소경으로 난 것이 뉘 죄로 임함이오니까 그 부모이오니이까?" 소경으로 난 것을 죄의 유전으로 보았던 것입니다. 그래서 그들은 자신의 병보다 죄의식을 더 두려워했고 고통스러워했습니다.

오늘 날에도 마찬가지입니다. 우리를 두렵게 하는 것은 불치의 병보다 죄의식입니다. 양심이 살아 있는 성도라면 죄의식을 가장 무서워합니다. 가장 괴로워합니다. 그래서 다윗은 시32:1에서 "허물의 사함을 받고 그 죄의 가리움을 받은 자는 복이 있다"고 했습니다.

여러분! 오늘날 인생들의 가장 큰 문제는 정치나 경제난 교육의 문제가 아닙니다. 죄의 문제입니다. 여기서부터 이 사회를 어지럽히고 인간관계를 파괴하는 여러 가지 문제가 파생되고 있는 것입니다. 또 심각한 문제로 대두되고 있는 인간성의 파괴도 죄의 문제로부터 파생된 것입니다. 감옥에 들어가 있는 것이 지옥이 아니라 죄의식에 사로잡혀 있는 것이 지옥입니다. 인간을 무력화시키고 참을 수 없는 번민의 소용돌이 속에 빠지게 하고 정상적인 사고의 기능을 마비시키고 결국은 절망의 나락으로 떨어지게 하는 것이 바로 죄의식입니다. 그래서 사도바울은 로마서7장23에서 "내 지체 속에 있는 죄의 법 아래로 나를 사로잡아 오는 것을 보는 도다"라고 탄식했습니다.

세상의 그 무엇으로도 해결할 수 없는 문제 그것이 죄의 문제입니다. 오직 예수그리스도만이 죄 문제의 해답입니다. 그래서 죄 사함을 선언하시는 예수님의 행동에 대해서 마음속으로 참담하다고 비난하는 서기관들을 향해서 "인자가 땅에서 죄사하는 권세가 있는 줄을 너희로 알게 하려 하노라"(10절)

그렇습니다. 예수님께서 이 땅에 오신 최대의 목적은 우리의 죄를 사해 주시기 위해서입니다. 죄 씻음을 받아야 구원을 받을 수 있기 때문입니다. "소자야 네 죄 사함을 받았느니라" 이 말은 그리스도만이 하실 수 있고 그리고 죄 사함은 그리스도를 구세주로 확신하는 믿음이 전제되어야 비로소 가능한 것입니다. 주님은 저희의 믿음을 보시고 중풍병자의 마음을 짓누르고 있었던 죄 문제를 해결해 주신 것입니다. 그리고 주님은 육신의 병도 깨끗하게 고쳐 주셨습니다. "일어나 네 상을 가지고 집으로 가라"(11절) 예수님께 나올 때까지는 병자가 누웠던 침상은 눈물과 고통과 절망의 상징이었습니다. 중풍병자는 24시간 그 침상에 누워 지내야만 했습니다. 작은 몸짓도 허용치 않는 죽음과 같은 자리였습니다. 그런데 중풍병자가 예수를 만나고 난 후에는 더 이상 침상이 병자를 묶어 두지 못했습니다. 오히려 중풍병자가 침상을 메고 집으로 돌아가게 되었습니다. 그를 괴롭혔던 중풍 병이 깨끗이 치유 된 것입니다. 여러분 예수를 만나기 전까지는 전혀 소망이 없었던 중풍병자였습니다. 그러나 믿음으로 예수를 만나고 난 후에는 모든 것이 소망으로 바뀌었습니다. 오랫동안 자신을 얽어 매였던 침상에서 일어나 이제는 그 침상을 둘러메고 집으로 돌아가게 되었습니다. 믿음의 놀라운 결과였던 것입니다.

여러분! 우리가 일어나 짊어지고 가야할 절망과 슬픔과 고통의 침상은 없습니까? 벌떡 일어나 나가야 합니다. 다시는 내 마음속에 자리하지 못하도록 멀리 버려야 합니다. 그런 용기와 힘의 원천은 그리스도에 대한 확고한 믿음입니다.

사랑하는 성도 여러분! 오늘날에도 많은 사람들이 중풍 병에 고통당하고 있습니다. 중풍 병에 걸리면 뇌신경의 일부가 마비되어 수족은 제대로 쓰지 못하고 언어 기능이 상실되기도 합니다. 정상적인 사고능력이나 활동이 불가능하게 됩니다.

그러나 이러한 육체적인 중풍 병보다 더 심각한 것은 영적인 중풍 병입니다. 영적인 감각이 마비되면 정상적인 신앙생활이 불가능해 집니다. 죄에 무감각해지고 의의 감각도 상실해 버리고 맙니다. 영적 언어와 기도의 통로도 막히고 감사와 찬양의 기능도 마비되고 맙니다. 결국 헤어 나올 수 없는 죄의 깊숙한 수렁에 빠지고 맙니다.

이러한 위기로부터 벗어나는 길은 예수를 찾는 것 밖에 없습니다. 주님만이 내 문제의 해결자라는 확실한 믿음을 가지고 주님을 찾아 만나야 합니다. 그리고 나의 절망적인 모습을 그대로 다 고백하고 주님의 자비의 손길을 간절히 소망해야 합니다. 일어나 네 상을 가지고 가라! 우리를 묶어 두었던 죄의 침상, 슬픔과 절망의 침상, 죽은 신앙의 침상에서 일어나 침상을 멀리 던져 버리고 주님의 품에 안겨야 합니다.

그리고 이렇게 고백하고 다짐해야 할 것입니다.

'십자가를 내가 지고 주를 따라 가도다 이제부터 예수로만 나의 보배 삼겠네 세상에서 부귀영화 모두 잃어버리고 주의 평안 내가 받고 영생 복을 얻겠네.'

이 찬송시의 고백이 이아침, 우리 모두의 다짐이 될 수 있기를 축원합니다.

18
나사렛 예수의 이름으로 일어나 걸으라!

행3:1~10

어느 날 제9시(오후3시)에 베드로와 요한은 기도하러 예루살렘 성전으로 올라갔습니다. 그때 미문이라고 불리 우는 성전 문에서 구걸하는, 나면서부터 앉은뱅이 된 한 사람을 만나게 됩니다. 그 사람은 언제나 누구에게나 그러하듯 베드로와 요한에게 구걸했습니다. 그러자 두 사람은 앉은뱅이를 주목하여 보다가 그에게 말합니다. "우리에게는 당신에게 줄 은과 금은 없다 그러나 우리에게 있는 것을 당신에게 주겠다"고 하면서 "나사렛 예수의 이름으로 걸으라" 외치면서 앉은뱅이의 손을 잡아 일으키자 곧 힘을 얻어 뛰어 서서 걷게 되었다하는 것이 본문의 내용입니다.

몇 푼의 돈에 비교할 수 없는 평생소원이 이뤄진 것입니다, 행4:22에 의하면 이 사람의 나이는 40세쯤 되었습니다. 세상에 태어나서 40년 동안 한 번도 걸어 보지 못한 사람입니다. 무슨 낙이 있었겠습니까? 당시에는 나면서부터 앉은뱅이는 버림받은 자로 여겨지던 시대였으니 그가 당한 고통은 이루 다 말할 수 없었을 것입니다. 그저 사람들이 던져주는 동전 몇 푼으로 하루하루 겨우 목숨만 연명해 갈 뿐이었습니다. 그 무엇을 기대 할 수 없고 그 누구의 도움도 기대 할 수 없는 좌절과 자포자기와 체념이 몸에 배어버린 절망적인 상황이었습니다.

여러분! 정도의 차이는 있지만 인생을 살다보면 누구나 이렇게 절망적인 상황에 처할 때가 있습니다. 이런 상황에 처하게 되면 우리는 가슴도 머리도 하얗게 됩니다. 텅 비게 되지요. 철저하게 무력해지고 매사에 무관심하게 됩니다.

지난주 어느 칼럼에서 본 기사입니다.

페루에 있는 어부들이 아마존강을 항해하다가 강 한 가운데 스페인 국적의 거대한 배 한척이 떠있는 것을 보았습니다. 기관 고장으로 표류하거나 해적에게 약탈당한 것으로 보였습니다. 어부들이 급히 배위에 올라가 보니 갑판에 수십 명의 선원들이 쓰러져 신음하고 있었습니다. 입술은 나뭇잎처럼 말라붙어 있었습니다. 한 선원의 몸을 흔들면서 물었습니다. “도대체 어찌 된 일입니까? 해적을 만났습니까? 아니면 식량이 떨어졌습니까?”

겨우 정신을 수습한 선원이 기어들어가는 소리로 말합니다. “아닙니다 우리는 오랫동안 표류했습니다. 마실 물이 모두 떨어졌습니다. 물을 좀 주세요.” 페루어부들이 아마존 강에서 맑은 물을 먹였습니다. 그러자 선원들이 기력을 회복했습니다. 선원들은 오랫동안 표류하다가 아마존 강으로 들어선 것도 몰랐습니다. 그들은 기진맥진하기도 했지만 여러 날 바다를 표류하면서 낙심이 되어 그저 누워 죽음을 기다리고 있었던 것입니다. 식수가 넘쳐나는 아마존강 한 복판에서 그들은 목이 말라 죽어가고 있었던 것입니다.

어쩌면 본문에 등장하는 앉은뱅이가 그러했습니다.

성전 안에 들어가면 그에게 산 소망을 안겨줄 새 생명이 기다리고 있었지만 그는 성전 문 앞에서 사람들이 던져주는 한 푼의 동전에만 관심이 쏠려있었습니다. 어쩌면 그는 살고 있는 것이 아니라 죽어가고 있는 존재였습니다. 희망과 소망 줄이 끊어진 인생은 죽은 인생입니다.

다른 말로 표현하면 영적인 소망이 단절된 사람은 몸은 살아 있어도 죽은 것과 다름없습니다. 그는 매일 성전 문 앞까지 왔습니다. 그가 자리 잡고 앉아 있던 성전 문이 얼마나 아름다웠던지 문 이름이 미문이었습니다. 하지만 아무리 문이 아름다우면 무엇 합니까? 미문에 앉아 있다고 그 인생이 아름다워 지는 것이 아닙니다. 성전 안에 들어가야 아름다운 세계를 만날 수 있고 아름다운 생애를 만날 수 있습니다.

오늘 우리에게 적용시켜 봅시다.

여러분! 오랜 세월 교회 다녔으면 무엇 합니까? 예수만나지 못하고 느끼지도 못하고 체험도 못하면서 교회 문턱만 닳도록 들락날락 하면 무엇 합니까? 이런 사람에게 무슨 구원의 감격이 있으며 새 생명의 기쁨과 소망이 있겠습니까? 교회를 다니면서도 영적인 것에는 관심이 없고 육적인 것에만 매달려 살아가는 사람 – 본문의 앉은뱅이의 모습과 다를 것 없습니다.

또 이 앉은뱅이는 교회에 짐만 되는 교인의 한 모형이라고도 말할 수 있습니다. 본문에 있는 대로 그는 매일 사람들이 메고 와야만 했습니다. 봉사나 헌신의 짐은 외면한 채 도움만 받기 원하고 복 받기 만을 원하는 사람, 은혜만 바라고 주님의 일에 대해서는 무관심한 사람 – 본문에 앉은뱅이와 같은 교인입니다. 한마디로 이 앉은뱅이는 자신에게도 쓸모없고 다른 사람에게도 전혀 쓸모없는 존재였습니다. 그런데 이 사람의 운명을 바꾸어준 놀라운 일이 벌어졌습니다.

여러분! 무엇이 40년 동안 한번도 걸어보지 못한 앉은뱅이를 8절의 말씀처럼 걷기도 하고 뛰기도 할뿐만 아니라, 자포자기와 탄식과 원망만 하던 입술로 하나님을 찬송하게 했습니까?

그것은 베드로와 요한을 만남으로부터 시작되었습니다. 앉은뱅이는 여느 사람에게서처럼 한 푼의 동전을 구걸하기 위해 두 사람을 불러 세운 것뿐이었는데 두 사람은 그를 주목해 보았습니다. 4절에 베드로와 요한이 그를 주목했다는 것은 칼빈에 의하면 성령의 특별하신 감동을 받아

구걸하는 앉은뱅이에게 시선을 고정했다는 의미입니다. 일반적 관심이 아니라 영적인 특별한 관심을 나타낸 것으로 이해 할 수 있습니다. 그를 주목하여 보던 두 사람은 그 사람을 향해 "우리를 보라"고 말합니다. "우리를 보라"는 말은 "너를 고쳐 주겠다."는 강한 의지를 나타낸 것입니다.

여러분 잠시 말씀 드렸듯이 상대방은 나면서부터 앉은뱅이가 된 자입니다. 그 어떤 치유의 가능성이 전혀 없는 상황 이었습니다. 그러나 두 제자는 그 사람을 주목해 보는 순간 그들 속에 주체할 수 없는 어떤 강력한 힘과 감동이 솟구치는 것을 느꼈습니다. 성령이 그들 속에서 역사 하신 것입니다.

여러분, 성도들은 누구나 성령에 힘입어 그리스도를 주로 고백한 사람들입니다. 또 초대교회 사도들과 성도들은 매사에 성령의 지시를 받았고 극한 박해 속에서도 조금도 위축되거나 낙심하지 않았습니다.

사도바울은 고린도 교회에 편지 하면서 이렇게 했습니다.

고후1:8~9 "형제들아 우리가 아시아에서 당한 환난을 너희가 모르기를 원하지 아니하노니 힘에 겹도록 심한 고난을 당하여 살 소망까지 끊어지고 우리는 우리 자신이 사형 선고를 받은 줄 알았으니 이는 우리로 자기를 의지하지 말고 오직 죽은 자를 다시 살리시는 하나님만 의지하게 하심이라" 어떻게 그런 극한 상황 하에서도 그처럼 담담할 수 있습니까? 그것은 바울 속에 내재하시는 주님께서 성령님을 통해 그에게 담대함을 주셨기 때문입니다. "우리를 보라"고 외친 두 제자의 담대함과 자신감도 같은 것입니다.

성령의 안목으로 보니까 앉은뱅이를 일으키는 일 – 아무것도 아니었습니다. 그래서 그들은 예수그리스도의 이름으로 일어나 걸으라고 하면서 주저함 없이 앉은뱅이의 손을 잡아 일으킨 것입니다. 여러분! 우리가 진정으로 예수그리스도를 힘입어 사는 존재라면 세상을 향해서 두 제자들처럼 "우리를 보라" 담대하게 외칠 수 있어야 합니다. 사람들 앞에서 식사기도 하는 것조차 부끄럽고, 성경책을 들고 걷는 것이 부담스럽고, 사람들 앞에서 나는 예수 믿는 사람이라고 당당하게 말할 용기가 없는 사람에게는 상상할 수도 없는 일입니다. 적어도 성도라면 의와 선행과 관용과 구제에 있어서 자신 있게 "우리를 보라"고 말할 수 있어야 합니다.

"너희는 세상의 빛과 소금이라!"고 하신 주님의 말씀은 우리의 성품, 언어, 가치관, 삶의 모습을 누구에게나 당당하고 자랑스럽게 본보여 줄 수 있어야 한다는 요구입니다.

'신앙이 없는 한 소녀가 농장에서 일을 하게 되었다.그런데 그 농장주인 부부는 신실한 그리스도인으로서 그 소녀에게 기독교가 무엇인지 알게 해주었고 그 소녀도 마침내 그리스도인이 되었다. 소녀는 이렇게 말하였다. 성경을 읽어도 무슨 말인지 알 수 없어요. 그리고 내가 어떻게 기도해야 하는지도 모르겠어요. 기독교엔 내가 이해할 수 없는 것들이 많이 있어요. 하지만 하나도 걱정하지 않아요. 왜냐하면 나는 농장 아주머니를 따라서 믿기만 하면 된다고 생각하니까요' 사람들은 그들이 기독교 신학을 이해할수 있기 때문에 교인이 되기보다는 그리스도인의 생활을 보기 때문에 그리스도인이 된다. 이러한 사실은 그리스도인들에게 커다란 책임을 지워 준다. 「세퍼트」는 "성직을 맡고 있는 그리스도인들의 생활이 만족스럽지 못한 것이 오늘날 교회의 커다란 결함이다."라고 하였다.

여러분, 그리스도인이라면 우리의 일상생활을 통하여 다른 사람들이 기독교를 친밀하게 느끼게 할 수도 있고 적대시 하게 할 수도 있다는 사실을 잊어서는 안 됩니다.

또한 "우리를 보라"는 두 제자의 말 속에는 어려운 처지에 있는 이웃에 대한 따뜻한 관심이 잘 나타나 있습니다. 그때는 정해진 기도시간이었기 때문에 많은 사람들이 바쁜 걸음으로 성전을 향하고 있을 시간이었습니다. 다른 일에 신경 쓸 여유가 없었습니다. 그래서 성전 문에서 구걸하는 앉은뱅이를 지나쳤거나 아니면 간혹 동전 한 닢 던지고는 성전 안으로 들어갔을 것입니다.

그러나 두 제자는 그 앞을 그냥 지나칠 수 없었습니다. 그들에게 있어서 정한 시간에 기도하는 일도 중요했지만 애타게 한 푼의 동전을 구걸하는 앉은뱅이의 아픔을 외면할 수가 없었습니다. 그 때 두 제자들에게 시급한 문제는 기도보다 앉은뱅이의 문제를 해결해 주는 것이었습니다. 일찍이 하나님은 이사야 선지자를 통해 이렇게 말씀하셨습니다.

사1:15~17 "너희가 손을 펼 때에 내가 내 눈을 너희에게서 가리고 너희가 많이 기도할지라도 내가 듣지 아니하리니 이는 너희의 손에 피가 가득함이라 너희는 스스로 씻으며 스스로 깨끗하게 하여 내 목전에서 너희 악한 행실을 버리며 행악을 그치고 선행을 배우며 정의를 구하며 학대 받는 자를 도와주며 고아를 위하여 신원하며 과부를 위하여 변호하라 하셨느니라."

주님께서도 안식일 손 마른 자를 고쳐 주시면서 안식일을 범했다고 시비 거는 사람들에게 "안식일에 선을 행하는 것과 악을 행하는 것 생명을 구하는 것과 죽이는 것 어느 것이 옳으냐? 고 물으셨습니다.

호6:6 "나는 인애를 원하고 제사를 원하지 아니하며 번제보다 하나님을 아는 것을 원하노라" 무엇을 말씀 하시려고 하는지 잘 아실 줄 믿습니다. 여러분, 제사를 드리는 것, 예배를 드리는 것 – 신앙생활에 중요한 일입니다. 그러나 우리가 드리는 예배가 하나님께 상달되는 예배가 되기 위해서는 평소 하나님의 사랑과 자비와 의를 실천 하는 삶이 전제되거나 수반 되어야 합니다. 6일 동안 엉망으로 살다가 주일 하루만 거룩하게 지내면 한 주간 모두가 선하게 되는 것이 아니라는 것입니다. 우리 성도들은 교회 안에서 신앙을 고백하고 하나님을 찬양하고 하나님의 뜻대로 살겠노라 다짐하는 것처럼 교회 밖에서도 그 고백과 서원대로 살도록 힘써야 합니다. 히브리서 기자는 말합니다. 히13:16 "오직 선을 행하며 서로 나눠 주기를 잊지 말라! 이같은 제사는 하나님이 기뻐하시느니라."

다음으로 생각해 보고자 하는 것은 앉은뱅이가 일어나 걷게 된 결정적 요인이 무엇인가 하는 것입니다. "우리를 보라!"는 두 제자의 소리에 앉은뱅이는 귀가 번쩍 뜨였습니다. 보통은 구걸하는 소리를 외면하거나 아니면 한 푼 던지고 그냥 지나치는 것이 일반적인데 가던 길을 멈추어 서서 "우리를 보라'고 하니 '큰돈을 주려는 것인가?' 기대감을 가지고 두 제자를 바라보았습니다. 그러나 베드로의 입에서는 실망의 소리가 튀어 나왔습니다. "은과 금은 내게 없다"는 것입니다. 순간 앉은뱅이는 실망했습니다, 그가 기대한 것은 오로지 금과 은이었습니다. 돈이었습니다. 이 앉은뱅이의 모습에서 우리의 자화상을 보게 됩니다.

여러분! 우리도 매일 매일 삶에서 추구하는 대부분의 것이 무엇입니까? 어떤 기대감을 가지고 살고, 어떤 꿈과 목표를 가지고 살고 있습니까? 또 어떤 소원을 가지고 주님께 나옵니까? 기도 내용의 주종을 이루는 것이 무엇입니까? 정직하게 말하면 대부분 현실적이요 육적인 복입니다. 재물, 성공, 출세, 행복입니다. 물론 영적인 복도 구하지만 육적인 복을 구하는 것처럼 절실하고 끈질기지 않은 것 같습니다.

그러나 베드로와 요한에게는 세상 보화는 없었습니다. 그렇지만 제자들에게는 앉은뱅이가 상상할 수도 없었던 세상 그 무엇과도 비교할 수 없는 엄청난 보물을, 엄청난 능력을 소유하고 있었습니다. 그것은 바로 나사렛 「예수그리스도」이었습니다. 은과 금은 앉은뱅이의 한 끼의 삶을 해결 해 줄 수는 있어도 그의 미래를 보장해 주지는 못합니다. 일시적인 육신의 굶주림을 면하게 해 줄지는 몰라도 근본적인 육신의 문제는 물론 영적인 문제 해결에는 전혀 도움이 되지 못합니다.

세상 보화가 주는 기쁨은 일시적이요 감각적이요 극히 부분적입니다.

그러나 예수그리스도는 우리의 영육을 죄와 사망에서 구원하는 완전한 능력입니다. 인생의 근본적인 문제해결의 길입니다. 성경은 말합니다. 행4:12 "다른 이로써는 구원을 얻을 수 없나니 천하 사람 중에 구원

받을 만한 다른 이름을 우리에게 주신 일이 없음이라" 베드로는 그들을 바라보는 앉은뱅이를 향해 담대하게 선언합니다. "은과 금은 내게 없거니와 내게 있는 이것을 네게 주노니 나사렛 예수의 이름으로 걸으라" 그리고 두 제자가 그의 오른 손을 잡아 일으키자 40년 동안 한 번도 일어서 보지 못한 그가 벌떡 일어났습니다. 7-8절"오른손을 잡아 일으키니 발과 발목이 곧 힘을 얻고 뛰어 서서 걸으며 그들과 함께 성전으로 들어가면서 걷기도 하고 뛰기도 하며 하나님을 찬송하니.." 누구의 힘, 누구의 능력, 누구의 이름으로 이런 일이 일어났습니까? 예수그리스도의 힘, 예수그리스도의 능력, 예수그리스도의 이름으로였습니다.

사랑하는 성도 여러분! 죄로 죽었던 우리가 어떻게 다시 살아났습니까? 세상의 그 어떤 것도 그 누구도 죽었던 것 다시 살리지 못합니다. 오직 그리스도의 보혈의 능력에 힘입어서 이었습니다. 어떤 목사님은 예수그리스도의 죄 사함의 능력을 「곱하기 영」이라는 영적인 법칙으로 설명했습니다. 0에 어떤 숫자를 곱해도 0이 되는 법칙 – 이것이 복음이라고 했습니다. 예수그리스도를 만나면 과거의 죄악과 불행에 곱하기 0을 해주신다는 것입니다. 예수그리스도가 곱하기 0이라는 것입니다. 곱하기 0을 하면 수많은 죄악의 숫자를 곱해도 0이 됩니다. 그렇습니다, 주님을 만나면 우리의 영육을 누르는 그 어떤 죄의 짐이나 올무로부터 누구나 해방됩니다.

그러므로 예수그리스도를 주로 믿고 고백하는 사람은 과거나 현재나 미래에 대하여 걱정할 필요가 없습니다. 왜냐하면 예수그리스도는 우리 인생의 모든 문제에 해결이 되시기 때문입니다. 이 진리를 사도바울은 이렇게 말합니다. 롬8:1~2 "그러므로 이제 그리스도 예수 안에 있는 자에게는 결코 정죄함이 없나니 이는 그리스도 예수 안에 있는 생명의 성령의 법이 죄와 사망의 법에서 너를 해방하였음이라"

어느 찬송시인은 그 감격을 이렇게 노래했습니다.

1. 예수를 나의 구주 삼고 성령과 피로써 거듭나니
이 세상에서 내 영혼이 하늘의 영광 보이도다
2. 온전히 주께 맡긴 내영 사랑의 음성을 듣는 중에
천사들 왕래 하는 것과 하늘의 영광 보리로다
3. 주안에 기쁨 누리므로 마음의 풍랑이 잔잔하니
세상과 나는 간곳없고 구속한 주만 보이도다
후렴) 이것이 나의 간증이요 이것이 나의 찬송일세
나사는 동안 끊임없이 구주를 찬송하리로다.

그렇습니다. 예수그리스도만이 우리의 기쁨이요 소망입니다. 그래서 히브리서 기자는 "믿음의 주요 또 온전케 하시는 이인 예수를 바라보자"(히12:2)고 했습니다. 사도바울은 우리가 이 보배를 질그릇에 가졌다고 말합니다. 그래서 "겉 사람은 낡아져도 우리의 속은 날로 새롭다."라고 했습니다.

사랑하는 성도 여러분!

우리는 모두 질그릇처럼 문제 많고, 약하고 깨지기 쉽고, 볼품없는 값싼 존재들이지만 우리 속에 예수그리스도라는 세상에서 가장 귀한 보배를 담고 있기에 우리는 더 이상 질그릇이 아닙니다. 보물단지입니다. 베드로의 표현처럼 왕 같은 제사장입니다.

사도바울은 말합니다. "누구든지 그리스도 안에 있으면 새로운 피조물이라 이전 것은 지나갔으니 보라 새것이 되었도다"고후5:17 그렇습니다. 그리스도 안에 있으면 이제는 사람이 던져주는 몇 푼의 동정에 목을 매고 있는 초라한 하루살이 앉은뱅이가 아닙니다.

그런데 아직도 우리 주변에는 주님 주시는 참된 평안과 기쁨을 외면한 채 정함도 없고 만족도 없는 몇 푼의 부스러기 재물에만 목매어 살아가는 성도들이 있습니다. 아니 그것이 우리의 자화상일 때가 많습니다. 예수의 이름을 노래하고 목청 높여 주님의 이름을 부르지만 한 번도 예수를 경험해 보지 못한 영적인 앉은뱅이! 부스러기 기도로 만족하는 앉은뱅이! 한 번도 제 발로 일어나 뛰어 걸으며 구원의 기쁨과 감격을 맛보지 못한 앉은뱅이! 수십년 그렇게 살아서 불행을 운명처럼 여기며 사는 영적인 앉은뱅이! 이런 우리를 향해 주님은 이 시간 이렇게 명하십니다. "나사렛 예수의 이름으로 일어나 걸으라!"

말씀을 마칩니다. 스페인 바르셀로나에는 피카소 생가가 박물관으로 남아 있습니다. 위대한 인물이 살았던 집이라 특별하게 보존되고 있습니다. 건물이 훌륭해서가 아니라 그 집에 누가 주인으로 살았느냐가 중요합니다. 똑 같은 집이라도 왕이 살면 왕궁이고 죄인이 갇혀 있으면 감옥 입니다.

중세 시대 때 어떤 교황이 말하기를 "과거 초대교회에는 은과 금이 없다고 했지만 지금은 교회에 재정이 이렇게 풍족하니 조금도 걱정할 것이 없다"고 자랑했습니다. 그러자 옆에 있던 수도사가 한마디 했습니다. "그렇습니다. 그런데 이제 교회에 나사렛 예수의 이름이 없어진 것 같아서 걱정입니다." 라고 했습니다.

여러분! 우리는 어떻습니까? 예전에 비하면 은과 금이 많아졌습니다. 그러나 그것으로 만족하십니까? 혹시 더 심한 빈곤감에 시달리고 있지는 않습니까? 소금물을 마시는 것처럼 아무리 채우고 채워도 만족함이 없는 것이 은과 금이라는 사실을 우리는 아직도 깨닫지 못하고 있는 것은 아닙니까.

최근 행복전도사로 불리는 한 여인이 남편과 동반 자살로 그 삶을 마감했습니다. 그녀는 돈도 있고 명성도 얻었습니다. 그런데 스스로 목숨을 끊었습니다. 그녀는 유서에서 말했습니다. "700가지 통증에 시달려 본 분이라면 제 마음을 이해해 주시리라 생각합니다." 충분히 이해가 됩니다. 처절한 아픔과 고통 다 헤아릴 수는 없지만 왜 그 마음을 모르겠습니까. 만약 그녀가 현재 당하는 고난과는 비교도 할 수 없는 영원한 영광을 약속하신 예수그리스도를 그 마음속에 영접했다면 얼마나 좋았겠습니까? 그래서 안타까운 것입니다.

사랑하는 성도 여러분!

이 시간 앉은뱅이가 예수그리스도로 말미암아 체험했던 새 생명 새 삶의 감격과 기쁨이 저와 여러분 우리 속에 회복되기를 소망합니다. 죄악에 짓눌리고, 재물, 성공, 출세를 좇느라 지치고 사나워지고, 추해진 심령 속에 "나사렛 예수의 이름으로 일어나 걸으라!" 명하시는 주님의 음성을 듣고 일어서는 역사가 일어나길 축원합니다.

19

묵은땅을 기경하라!

호10:12

「레오나르도 다빈치」와 함께 17세기 유럽 최고의 화가로 꼽히는 「렘브란트」가 그린 '돌아온 탕자'라는 그림이 있습니다. 눅15장에 나오는 탕자의 이야기를 소재로 그린 유명한 작품입니다. 돌아온 탕자가 아버지 앞에 무릎을 꿇고 있고 아버지는 아들의 등에 두 손을 얹고 탕자를 맞이하고 있는 그림입니다. 탕자의 모습은 남루하기 그지없습니다. 머리는 삭발했고 황갈색 옷은 찢겨져 있고 벗겨진 왼발은 상처투성이고 오른발은 다 떨어진 신발에 겨우 한 부분만 걸쳐 있는 비참한 모습니다. 그런데 이 그림의 특징적인 묘사는 등에 있는 아버지의 두 손입니다. 두 손이 다릅니다. 왼손은 굵은 남자의 손이고 오른손은 매끈한 여자의 손입니다. 서로 다른 모습은 탕자를 부모의 변함없는 따뜻한 사랑으로 맞아 주는 아들에 대한 아버지의 사랑, 화해와 용서, 그리고 참된 안식을 상징하고 있습니다. 탕자의 비유를 통해서 우리 인생들에게 주시고자 하는 메시지는 분명합니다. 하나님을 떠난 인생은 불행하다는 것, 하나님 안에 있어야 참된 안식과 평안이 있다는 것입니다.

그리고 하나님은 우리 인생들이 돌아오기를 안타까이 기다리고 계신다는 것입니다.

그렇습니다. 성경역사는 이 사실을 계속해서 우리에게 증언하고 있습니다. 사탄이 우리 인생들을 파멸과 불행의 수렁으로 몰아넣는 수법은 다양하지만 사탄이 노리는 궁극적인 목표는 동일합니다. 그것은 인간을 하나님께로부터 떼어 놓는 것입니다. 경우나 수법은 다양하지만 사탄이 사용하는 전략의 핵심은 인생들로 하여금 하나님의 뜻과 명령을 무시하고 하나님의 영향권에서 벗어나 인간이 자기 뜻대로 자기가 원하는 대로 행동하게 하는 것입니다.

아담과 하와의 타락 이후 사탄은 인간의 본성에 자리 잡게 된 육체의 소욕을 따라 살고자 하는 본능을 자극해서 하나님과의 관계를 단절시키고자 끊임없이 획책하고 있는 것입니다. 창세기 6장에 보면 아담과 하와의 범죄 이후 인간세계에 만연된 타락의 실상, 다시 말해서 하나님을 떠난 인간 세계의 모습을 이렇게 전하고 있습니다. 창6:1~3 "사람이 땅위에 번성하기 시작할 때에 그들에게서 딸들이 나니 하나님의 아들들이 사람의 딸들의 아름다움을 보고 자기들이 좋아하는 모든 여자를 아내로 삼는지라 여호와께서 이르시되 나의 영이 영원히 사람과 함께 하지 아니하리니 이는 그들이 육신이 됨이라 그러나 그들의 날은 백이십 년이 되리라 하시니라".

"자기들이 좋아하는 모든 여자를 아내로 삼은지라" "그들이 육신이 됨이라" 여러분, 이 구절들은 어떤 상태를 설명하는 말씀입니까? 한마디로 하나님에게서 떠났다는 것입니다. 하나님의 영향권에서 벗어나 자기 입맛대로 자기 하고 싶은 대로 살았다는 것입니다. 사탄이 계획한대로 된 것입니다.

이러한 사탄의 궤계는 노아의 홍수 후에도 계속됩니다. 홍수가 끝난 후 노아의 후손들이 땅에 번성하면서 또 다시 사탄의 미혹을 받습니다. 하나님의 징계로 온 땅이 물로 초토화되는 엄청난 재앙을 겪고서도 그들은 하나님의 영향권에서 벗어나려고 시도합니다. 창11:3~4 "서로 말하되 자 벽돌을 만들어 견고히 굽자 하고 이에 벽돌로 돌을 대신하며 역청으로 진흙을 대신하고 또 말하되 자 성읍과 탑을 건설하여 그 탑 꼭대기를 하늘에 닿게 하여 우리 이름을 내고 온 지면에 흩어짐을 면하자 하였더니" 의도적이고 계획적으로 그리고 자신들의 역량을 총동원해서 하나님의 권위에 도전하고 자신들의 뜻을 이루고자 한 것입니다.

아브라함으로부터 시작된 이스라엘의 역사도 예외가 아니었습니다. 하나님은 이스라엘에게 뭐라고 말씀하십니까? 렘1:5 "내가 너를 모태에 짓기 전에 너를 알았고 네가 배에서 나오기 전에 너를 성별하였고 너를 여러 나라의 선지자로 세웠노라" 그렇습니다. 이스라엘은 철저하게 하나님에 의해서 선택되고, 만들어지고, 세워진 민족입니다. 그렇다면 그들은 마땅히 하나님을 경외하고 하나님의 뜻과 율례를 따라 하나님의 영향권 안에서 살아야만 했습니다. 그런데 그들은 하나님을 떠났습니다. 우상을 숭배하고 이방 문화에 젖어 살았습니다.

그러므로 하나님은 그들을 돌이키기 위해서 "복과 저주를 네 앞에 두었노라" 경고하기도 하셨고 (사1:5)"너희가 어찌하여 매를 더 맞으려고 패역을 거듭하느냐." 다그치기도 하셨습니다. 또는 (사55:2) "네게 듣고 들을 지어다 그리하면 너희가 좋은 것을 먹을 것이며 너희 자신들이 기름 진 것으로 즐거움을 얻으리라" 권면하기도 하셨습니다. (렘15:21) "네가 만일 돌아오면...내가 너를 악한자의 손에서 건지며, 무서운 자의 손에서 구원하리라" 달래기도 하셨습니다. 그러나 하나님의 계속되는 호소와 권고와 채찍과 경고에도 이스라엘 백성들은 아랑곳하지 않고 패역과 범죄의 길을 걸어갔습니다.

그래서 오늘 소개하는 호세아 선지자는 하나님의 뜻에 따라 음란한 여인을 아내로 맞이하는 비참한 불행을 감수하면서까지 완악한 이스라엘 백성들을 향해 피를 토하듯 외쳤습니다. (호6:1)"오라 우리가 여호와께로 돌아가자! 여호와께서 우리를 찢으셨으나 도로 낫게 하실 것이요, 우리를 치셨으나 싸 매어 주실 것이라." 여호와께로 돌아가는 길만이 유일한 살길임을 강조한 것입니다.

여러분 탕자의 비유에서 보는 것처럼 예나 지금이나 우리가 사는 길 여호와 하나님께 돌아가는 길 밖에 없습니다. 일찍이 하나님께서는 모세를 통하여 우리에게 잘 사는 길을 밝히 말씀하셨습니다. 신30:10 "마음을 다하며 뜻을 다하여 여호와 네 하나님께 돌아오면 네 하나님 여호와께서 네 손으로 하는 모든 일과 네 몸의 소생과 네 가축의 새끼와 네 토지소산을 많게 하시고 네게 복을 주시되 곧 여호와께서 제 조상들을 기뻐하신 것과 같이 너를 다시 기뻐하사 네게 복을 주시리라"

그렇습니다. 하나님께로 돌아가는 길이 우리의 살 길입니다.

오늘 예배에 참석한 성도님 가운데 혹시 이렇게 반문하실 분이 있을지 모르겠습니다. '무슨 소리냐 나는 매주 열심히 예배에 참석하고, 열심히 봉사하고, 교인으로서의 의무도 충실하게 다하고 있는데 새삼스럽게 하나님께로 돌아가야 한다니 그게 무슨 소리야?'

그 옛날 이스라엘 백성들도 이렇게 볼멘소리를 합니다. 사58:3 "우리가 금식하되 어찌하여 주께서 보지 아니 하시오며 우리가 마음을 괴롭게 하되 어찌하여 주께서 알아주지 아니 하시나이까?" 다시 말하면 금식기도하고 통회자복하며 기도도 했는데 어째서 알아주지 않느냐는 것입니다. 그때 하나님께서 뭐라고 하셨는지 아십니까? 사58:3상 "너희가 금식하는 날에 오락을 구하며 온갖 일을 시키는 도다 보라 너희가 금식하면서 논쟁하며 다투며 악한 주먹으로 치는 도다 너희가 오늘 금식하는 것은 너희의 목소리를 상달하게 하려는 것이 아니니라"

무슨 말입니까? 이사야1장에 표현을 빌리면 성회와 아울러 악을 행한다는 것입니다. 무슨 뜻입니까? 예배를 드리면서도 악을 행한다는 것입니다. 하나님을 사랑한다고 하면서, 하나님 믿고, 경외하고, 섬긴다고 하면서도 하나님 것 도적질 하고, 착취하는 행위, 점치고, 궁합보고, 믿음보다 재력, 학력, 우선하는 행위, 자신의 이익을 위해서는 그 어떤 불의의 방법도 서슴지 않는 행위, 이웃사랑 한다면서 흉보고 흠집 내고, 시기하고, 미워하고, 작은 것 하나라도 손해본다 싶으면 온갖 더러운 방법 다 동원해서 깔아뭉개야 직성이 풀리는 행태를 말하는 것입니다. 교권을 차지하기 위해서라면 세속정치 뺨 치는 악랄한 술수와 뇌물, 흑색선전을 서슴치 않는 교계 지도자들의 행태에 이르러서는 더 할 말이 없습니다.

호세야 선지자는 이스라엘 백성들의 이러한 마음의 상태와 가치관과 행동 양식을 '묵은 땅'이라고 표현하면서 이 '묵은 땅'을 갈아엎지 않으면 절대로 하나님을 만날 수 없다고 강조했습니다. "너희 묵은 땅을 기경하라! 지금이 곧 여호와를 찾을 때니 마침내 여호와께서 오사 공의를 비처럼 너희에게 내리시리라." 여기서 공의는 은혜를 말합니다.

하나님은 예레미야 선지자를 통해서도 같은 말씀을 하셨습니다. 렘 4:3 "너희 묵은 땅을 갈고 가시덤불 속에 파종하지 말라!" 그렇습니다. 우리가 여호와 하나님께 돌아가려면, 하나님을 만나려면, 하나님과의 관계를 회복하려면 먼저 묵은 땅을 갈아엎어야 합니다. 여러분! 곡식을 잘 자라게 하고 열매를 맺기 위해서는 반드시 쟁기질로 땅을 갈아엎어야 하는 것과 마찬가지입니다.

씨 뿌리는 비유가운데 나오는 옥토는 잘 기경된 밭을 말합니다. 옥토에 뿌려져야 잘 자랍니다. 열매를 맺습니다. 기경되지 않은 길가나 돌짝밭이나 가시덤불 땅에는 아무리 좋은 씨앗을 뿌려도 자라지 않습니다. 무엇을 교훈합니까? 우리가 하나님을 만나고, 경험하고, 하나님의 은혜를 받기 위해서는 우리의 굳어진 '묵은 땅' 마음의 밭을 기경해야 한다는 것입니다.

여러분! 마음의 '묵은 땅'은 무엇을 가리키는 것입니까? 그것은 하나님께 대한 부패하고, 완고하고, 정직하지 못한 마음입니다. 예수그리스도를 주님이라고 부르기는 하지만 실제 예수님을 전혀 내 삶의 주인으로 여기지 않는 마음입니다. 주님의 말씀대로 살지도 않고 예수님의 성품이나 가치관과는 거리가 먼 마음입니다. 세속논리와 속물근성에 길들여진 마음입니다. 하나님의 뜻이 자기 뜻에 맞아야 수긍하고 받아드리려는 마음입니다. 또는 하나님의 뜻과 규례를 자기에게 유리한대로 해석적용하려고 하는 마음입니다. 한마디로 부패하고 간사하고 패역한 인간본성을 말하는데 우리에게는 정도의 차이는 있지만 누구에게나 이런 나쁜 본성이 마음에 자리 잡고 있습니다.

그래서 우리는 항상 말씀과 기도로 이 못된 '묵은 땅'을 갈아엎어야 합니다. 그렇지 아니하면 이 '묵은 땅'이 더욱 단단해져서 나중에는 기경이 불가능한 쓸모없는 땅으로 전락해 버리고 맙니다. 여러분! 신앙적인 면을 떠나서도 오늘날 우리 사회에 시급한 과제는 정치적인 발전이나 경제적인 도약이 아닙니다. 먼저 의식 혁명이 일어나야 합니다. 내 욕심대로나 편한대로 내 뜻대로만 되어야 한다는 편협 되고, 이기적이고, 탐욕적인 의식구조가 바뀌어야 합니다. 조금 불편하고, 내 마음에 안 들어도 조금씩 양보해서 함께 사는 길을 따라야 합니다. 아무리 탐나고 아쉬워도 인간으로서의 기본적인 도리를 벗어나면 안 됩니다. 신앙적인 면에서는 더욱 그렇습니다. 우리 성도들은 나 우선에서 하나님 우선으로 바뀌어야 하고 오직 예수 오직 하나님을 목표로 발전해 가야 합니다.

바울은 지적합니다. 롬1:28~32 " 또한 그들이 마음에 하나님 두기를 싫어하매 하나님께서 그들을 그 상실한 마음대로 내버려두사 합당하지 못한 일을 하게 하셨으니 곧 모든 불의, 추악, 탐욕, 악의가 가득한 자요, 시기, 살인, 분쟁, 사기, 악독이 가득한 자요, 수군수군하는 자요, 비방하는 자요, 하나님께서 미워하시는 자요, 능욕하시는 자요, 교만한 자요, 자랑하는 자요, 악을 도모하는 자요, 부모를 거역하는 자요, 우매한 자요, 배약하는 자요, 무정한 자요, 무자비한 자라. 그들이 이 같은 일을 행하는 자는 사형에 해당한다고 하나님께서 정하심을 알고도 자기들만 행할 뿐 아니라 또한 그런 일을 행하는 자들을 옳다 하느니라."

무슨 말입니까? 우리가 '묵은 땅'과 같은 못된 마음의 밭을 기경하지 않으면 하나님께서 우리를 상실한 마음의 상태 그대로 내버려 두신다는 것입니다. 그것은 파멸을 의미하는 것이요, 비참한 최후를 의미하는 것이요, 영원한 지옥형벌을 의미하는 것입니다. 불신자에게 던지는 경고가 아닙니다. 로마교회의 성도들 – 곧 우리들에게 주는 경고입니다. 또 특정한 사람에게만 해당되는 얘기도 아닙니다. 목사도 예외가 아닙니다.

삼상4장에는 '묵은 땅' 기경하기를 게을리 했던 한 제사장의 비극적인 최후가 기록되어 있습니다.

그는 엘리 제사장입니다. 그는 노년에 들어서서 하나님을 섬기는 일에 불성실했습니다. 하나님의 일을 수행하는 자로서 도저히 용납될 수 없는 패역한 짓거리를 보고도 아들이라고 해서 심상히 넘겼습니다. 이미 그의 마음속에는 하나님께 대한 성실한 경외심이 상실되고 만 것입니다.

그래서 하나님은 엘리를 향하여 무서운 저주와 형벌을 예고하셨습니다. 삼상2:30~31 "그러므로 이스라엘의 하나님 나 여호와가 말하노라 내가 전에 네 집과 네 조상의 집이 내 앞에 영원히 행하리라 하였으나 이제 나 여호와가 말하노니 결단코 그렇게 하지 아니하리라 나를 존중히 여기는 자를 내가 존중히 여기고 나를 멸시하는 자를 내가 경멸하리라 보라 내가 네 팔과 네 조상의 집 팔을 끊어 네 집에 노인이 하나도 없게 하는 날이 이를지라."

삼상4장에는 하나님께서 예고하신대로 엘리 제사장과 역시 제사장을 감당하던 두 아들의 비극적인 최후가 기록되어 있습니다. 두 아들은 전쟁에서 죽고 엘리는 의자에서 넘어져 목이 부러져 죽었습니다. 죽은 것이 아니라 하나님께서 죽이셨습니다.

여러분! 하나님께 대한 우리의 나태하고, 타락하고, 완고한 마음이 기경되지 않으면 우리도 예외가 아닙니다. 택한 이스라엘 백성이라도 이방인의 손에 노예로 붙이신 하나님께서는 우리가 이스라엘 백성들처럼 끝까지 돌이키지 않고 완고하고 패역하면 불행을 면할 수 없습니다.

그러므로 '묵은 땅'을 기경하라는 호세아 선지자의 외침은 과거의 이야기가 아니고 오늘 우리를 향한 경고요 사랑의 외침입니다.

자! 그렇다면 '묵은 땅'을 기경하라는 것은 구체적으로 무엇을 어떻게 하라는 뜻입니까?

첫째는 습관적인 부패하고 완고한 불신앙적 생각과 행실을 갈아엎어야 한다는 것입니다. 여러분! 습관이란 무엇입니까? 어떤 행위를 오랫동안 되풀이 하는 과정에서 저절로 익혀진 행동양식입니다. 그런데 습관에는 좋은 습관도 있고 나쁜 습관도 있습니다. 그래서 그 사람이 가지고 있는 습관이 인격이나 성품이나 삶의 질을 결정하기도 하고 심지어 그 사람의 인생의 성공과 실패, 행복과 불행을 좌우하기도 합니다.

그래서 이런 말이 있습니다. 생각이 바뀌면 행동이 바뀌고, 행동이 바뀌면 습관이 바뀌고, 습관이 바뀌면 인격이 바뀌고, 인격이 바뀌면 운명이 바뀐다. 그렇습니다, 습관이 바뀌면 운명이 바뀌기도 합니다. 인기 연예인들이 마약이나 노름이나 술 때문에 인기정상에서 추락하는 모습을 자주 대하게 됩니다. 언젠가 돈 많은 중년부인이 백화점에서 물건을 훔치다가 붙잡힌 적이 있습니다. 생각이나 이성으로는 그것이 나쁘다는 것을 알면서도 죄를 범하게 되는 것은 습관 때문에 그렇습니다.

그런데 습관은 어느 날 갑자기 생기는 것 아닙니다. 잠시 말씀 드린 것처럼 오랫동안 되풀이 하는 과정에서 생겨난 것입니다. 또 처음부터 크게 자리 잡는 것 아닙니다. '바늘도둑이 소도둑 된다.'는 속담처럼 처음에는 전혀 대수롭지 않게 느껴지는 극히 사소한 것이 되풀이 되고 그래서 행위가 쌓이게 되면 고정된 행동양식으로 자리 잡게 되는 것입니다.

죄나 악행도 마찬가지입니다. 처음부터 큰 죄나 악을 행하는 것 아닙니다. 바늘을 훔치는 것과 같은 사소한 행동이 소를 훔치는 것과 같은 큰 죄로 발전하는 것입니다.

몇 년 전 세코이아 나무에 조그만 풍뎅이 한 마리가 알을 낳았습니다. 처음에는 사람들이 그것을 별로 대수롭지 않은 일로 여겼습니다. 그러나 수십 수백 마리가 되고, 또 이듬해 수천 수만 마리로 불어나자 사람들은 걱정하기 시작 했습니다. 풍뎅이들이 나무속까지 파고 들어가 결국 세코이아 나무는 견디다 못해 쓰러지고 맙니다. 세코이아 나무를 쓰러뜨리는 것은 폭풍우가 아닙니다. 산불이나, 홍수, 가뭄을 견디지 못해 쓰러진 것도 아닙니다. 그 거대한 나무는 조그마한 풍뎅이에 의해 쓰러졌습니다. 별것 아니라 생각되는 것들이 우리를 넘어뜨릴 수 있습니다. 습관도 마찬가지입니다. 나쁜 습관 하나가 우리의 인생을 쓰러뜨립니다.

여러분! 우리가 예수그리스도를 주로 고백하고 그리스도인이 된 후에도 우리 속에는 구습을 좇는 옛사람이 남아있습니다. 못된 버릇, 악한 습성이 남아 있을 수 있습니다. 우리가 신앙생활에서 성공하려면 이 못된 버릇 습성을 반드시 끊어 버려야 합니다. 이 '묵은 땅'을 갈아엎지 아니하면 우리는 다시 옛사람으로 돌아가고 맙니다.

그래서 사도바울은 이렇게 권면합니다. 엡4:21~24 "진리가 예수 안에 있는 것 같이 너희가 참으로 그에게서 듣고 또한 그 안에서 가르침을 받았을진대 너희는 유혹의 욕심을 따라 썩어져 가는 구습을 따르는 옛사람을 벗어 버리고 오직 너희의 심령이 새롭게 되어 하나님을 따라 의와 진리의 거룩함으로 지으심을 받은 새 사람을 입으라."

그렇습니다. 그리스도인들은 누구나 그리스도 안에서 새사람 된 존재들입니다. 새사람이 되었다는 것은 '묵은 땅'을 갈아엎었다는 뜻입니다. 그리스도 안에서 새로운 인생관, 새로운 가치관을 갖게 되었다는 것을 말합니다.

사랑하는 성도 여러분!

그러므로 우리는 우리의 생각의 밭, 마음의 밭, 삶의 밭을 갈아엎는 결단과 그 아픔을 기꺼이 받아 드릴 수 있을 때 비로소 본문의 말씀처럼 "마침내 여호와께서 오셔서 공의를, 은혜를 비처럼 내리시는 복"을 체험하게 될 것입니다.

둘째로 '묵은 땅'을 기경하라는 말씀은 삶의 방향, 삶의 방식을 전환하라는 것입니다.

지금까지는 나 밖에 모르고, 나만을 위하여, 나만을 즐기는 내 중심으로 살아 왔다면 이제부터는 철저하게 신본주의에 입각하여 주님 뜻대로 주님을 위하여, 주님께 영광이 되는 삶을 살아야 한다는 것입니다.

사도바울이 고백하는 것처럼 "이제는 내가 사는 것이 아니요 내 속에 그리스도가 사는" 위대한 삶의 전환이 있어야 한다는 것입니다. 여러분! 굉장히 어렵고 힘든 것 같지만, 어렵고 쉽고를 떠나서 그것은 너무나 당연한 것이요 마땅한 것입니다. 죄로 죽었던 우리를 살려주셨음을 믿는다면 우리가 주 뜻대로 사는 것 주님을 위하여 주님을 목표하고 사는 것은 지극히 당연할 것입니다. 아직도 매사에 그리스도가 아닌 내 뜻대로 삶을 고집하고 있다면 예수님은 나에게 아무 의미가 없습니다. 확실하게 그리스도인이 아닙니다.

2차 대전 중 어떤 병사가 폭탄에 맞아서 얼굴이 엉망진창이 되었습니다. 실망에 빠져있는 병사에게 정형외과의사가 말합니다. "당신 사진만 있으면 옛 모습 그대로 고쳐 주겠소." 마침 가지고 있는 사진이 없어서 벽에 걸린 예수님 사진을 가리키면서 저 얼굴과 똑같이 고쳐달라고 했습니다. 그 의사는 예수를 몰랐던 사람이라 예수님 사진 모습 그대로 고쳐 주었습니다. 수술 후에 붕대를 풀고 거울을 보니 정말 사진의 예수님의 모습 그대로 이었습니다. 이때 병사는 거울 앞에서 굳게 다짐했습니다. "얼굴 모양만 예수님 닮는 것이 아니라 내 마음과 생활도 예수님처럼 살겠습니다."

여러분! 우리는 겉모습만 예수 닮아 서는 안 됩니다. 내용물은 전혀 다르면서 겉에만 그리스도라는 상표를 붙이고 다녀서는 안 됩니다. 인격이나 성품이나 우리 속사람이 예수님을 닮아야 하고 행동양식도 예수를 닮아야 합니다. 그러기 위해서는 내 속에 굳어있는 못된 '묵은 땅'을 갈아엎어야 합니다. 말씀과 기도로 잘못 길들여진 습성 습관의 '묵은 땅'을 기경해야 합니다.

하나님께서는 호세아를 통해 이 일에 무관심하고 소홀한 그의 백성들에게 엄히 경고하셨습니다. "내 백성이 지식이 없으므로 망하는 도다. 네가 지식을 버렸으니 나도 너를 버려 내 제사장이 되지 못하게 할 것이요, 네가 네 하나님의 율법을 잊었으니 나도 네 자녀들을 잊어버리리라. 그들은 번성할수록 내게 범죄하니 내가 그들의 영화를 변하여 욕이 되게 하리라."

그래서 호세아는 이스라엘 백성들을 향해 부르짖습니다. 호6:1~3 "오라 우리가 여호와께로 돌아가자 여호와께서 우리를 찢으셨으나 도로 낫게 하실 것이요, 우리를 치셨으나 싸매어 주실 것임이라. 여호와께서 이틀 후에 우리를 살리시며 셋째 날에 우리를 일으키시리니 우리가 그의 앞에서 살리라 그러므로 우리가 여호와를 알자 힘써 여호와를 알자. 그의 나타나심은 새벽 빛 같이 어김없나니 비와 같이, 땅을 적시는 늦은 비와 같이 우리에게 임하시리라 하니라."

마13장에 나오는 예수님의 씨 뿌리는 비유 중 맨 먼저 등장하는 길가와 같은 밭은 딱딱하게 굳은 상태라 아무리 씨를 뿌려도 뿌리를 내릴 수도 없고 곡식을 거둘 수도 없습니다. 씨는 하나님의 말씀을 비유하는 것입니다. 밭은 우리의 심령을 비유합니다. 여러분! 이 비유는 천국에 관한 비유입니다. 말씀이 우리의 심령 속에 뿌리를 내리지 못하고, 결실을 맺지 못하면, 천국에 들어갈 수 없다는 것입니다. 길가와 같은 완고하고, 완악한 심령에 뿌리를 내리려면 딱딱한 땅, '묵은 땅'을 갈아엎어야 합니다. '묵은 땅'을 갈아엎고 옥토와 같은 땅을 일구는 길 – 아주 단순하고 명백합니다.

요한복음15장의 포도나무 가지의 비유처럼 예수 안에 거하는 것입니다. 그리스도의 말씀 안에 거하는 것입니다. '묵은 땅'이란 예수 안에 거하기를 거부하는 마음, 예수님을 마음속에 모시기를 꺼려하는 마음입니다.

여러분! 마음과 생활 속에 예수 모시기를 거부하거나, 게을리 하거나, 소홀히 하는 자에게 구원의 기쁨은 없습니다. 천국도 없습니다. 예수그리스도를 믿는 자에게 약속된 그 어떤 하늘의 복도 기대할 수 없습니다. 불신의 '묵은 땅!' 육신의 안일과 세속에 대한 탐욕으로 하나님의 말씀대로 귀 막아 버린 완악한 '묵은 땅' – 반드시 기경해야만 소망이 있습니다.

언제요? 3월부터요? 내년부터요? 자식들 공부 다 시킨 다음에요? 먹고 살만하게 된 다음에요? 아닙니다. 우리에게는 바로 앞 내일이 보장되어 있지 않습니다. 우리에게 기회가 늘 있는 것 아닙니다. 주님의 재림이 언제 임할런지 알 수 없습니다. 호세아는 오늘 본문에서 "지금이 곧 여호와를 찾을 때"라고 했습니다. "지금이 곧 여호와를 찾을 때니 너희 묵은 땅을 기경하라"

말씀을 마칩니다. 여러분 너무 오랫동안 밭 갈지 않아서 경작이 불가능 하리라 낙심 할 것 없습니다. 하나님 말씀은 살았고 운동력이 있습니다. 하나님의 말씀은 좌우의 날선 검보다 더 예리해서 우리의 혼과 영과 관절과 골수를 찔러 쪼개기까지 하는 놀라운 힘이 있습니다. 그리고 기도는 기적을 일으키는 힘이 있습니다. 아무리 딱딱하고 반질반질한 '묵은 땅'이라도 얼마든지 갈아엎어 옥토로 만들 수 있습니다.

사랑하는 성도 여러분 !

우리의 심령 속에 남아 있는 고질적인, 비신앙적인 '묵은 땅'을 갈아엎고 더 아름답고, 탐스러운 생명과 천국의 열매를 맺는 생애가 될 수 있기를 축원합니다.

20

믿 음

히11:1~3

얼마 전 (2011년 3월 기준) 대통령이 기자회견을 하면서 충청도에 조성하기로 했던 과학단지 계획을 백지화 한다고 했습니다. 이 계획은 지난 대선 때 대통령의 공약이었습니다. 그 배경을 묻는 기자들의 질문에 대통령은 대수롭지 않게 이렇게 말했습니다. "그것은 충청도의 표를 얻기 위해 한 말이었다." 국민들을 우롱하는 참 어처구니 없고 무책임한 발언입니다.

몇 년 전 아파트 값이 가파르게 올라 갈 때 어느 기자가 아파트를 사려고 찾아온 사람들에게 물었습니다. "신도시가 개발되면 수만호의 아파트가 들어설 테고 그러면 아파트 값도 안정 될 텐데 왜 굳이 지금 아파트를 구입하려고 합니까?" 그러자 이구동성으로 하는 말이 "정부가 하는 말을 어떻게 믿느냐?"고 하면서, 차라리 정부가 하는 말을 반대로 듣고 대처하는 것이 현명한 처세라는 것이었습니다. 여러분! 어찌 부동산에 국한된 문제이겠습니까?

오늘 우리 사회 전반에 걸쳐 이런 불신풍조가 만연되어 있습니다. 대통령을 비롯해서 위정자나 각 분야의 지도급 인사들의 정치적 경제적 논리를 내세우거나, 개인적인 이해득실에 따라 약속을 어기는 일을 밥 먹듯 하니까 무슨 말을 해도 잘 믿으려고 하지 않습니다.

그러므로 사회가 불안합니다.

여러분! 정치도 경제도 상호신뢰가 전제되지 않으면 절대로 안정도 없고 발전도 기대할 수 없습니다. 모든 인간관계의 성패는 상호신뢰 여부에 달려 있습니다. 가족 상호간의 관계, 이웃과의 관계, 성도 상호간의 관계도 마찬가지입니다. 신앙생활의 기본인 하나님과의 관계는 더 말할 것도 없습니다.

그래서 성경은 "믿음 없이는 기쁘시게 못한다"고 못 박고 있습니다. 하나님을 기쁘시게 하는 일, 그래서 하나님께로부터 "너는 내 사랑하는 자녀다"라고 인정받는 것이 성도의 최고의 영광이요, 목표라고 할 때, 하나님께 인정받는 유일한 방법은 믿음입니다. 그런데 오늘날 많은 성도들의 오해하고 있습니다. 그것은 대단한 종교적 업적을 쌓아야 인정받고 사랑받는다고 생각한다는 것입니다.

그래서 주의 이름으로 선지자 노릇하는 것을 내세웁니다. 주의 이름으로 귀신 쫓아내는 것을 자랑합니다. 주의 이름으로 많은 권능 행하는 것을 뽐내기도 합니다. 방언하고, 환상보고, 병고치고, 40일 금식기도하고, 교회행사에 열심인 것을 과시합니다. 그러나 이 모든 것이 믿음에 기초하고 있지 아니하면 위선이요 외식입니다. 주님의 말씀처럼 불법을 행하는 것과 같습니다.

그래서 바리새인과 서기관들을 질책하신 것입니다. 주님께서 기뻐하시는 것은 업적이나, 개인적인 능력이나, 재능이 아니라 믿음입니다. 주님께 찾아 나온 수많은 환자들을 고쳐 주실 때 주님께서 보신 것은 오직 믿음이었습니다. "저의 믿음을 보시고…", "네 믿음대로 될 찌어다" 치유의 사건을 다룬 기사 가운데 어김없이 등장하는 구절입니다.

여러분! 가진 것 없어도, 배운 것 없어도, 능력 없어도, 직분 없어도 주님께 대한 믿음만 확실하면 누구든지 주님의 인정을 받습니다. "너희가

다 믿음으로 말미암아 그리스도 안에서 하나님의 아들이 되었으니" 갈 3:26

그렇습니다. 하나님의 자녀로 인정받는 길- 믿음입니다. 믿음은 기독교 신앙의 시작이요, 하나님과 만나고 교제하는 유일한 길입니다. 믿음이 없으면 하나님을 알 수도 없고, 그리스도를 통한 새 생명의 삶도 없습니다. 믿음이 없으면 죄 사함도 없고, 구원도 없고, 영생도 없고, 천국도 없음은 말할 것도 없습니다. 믿음이 없으면 우리가 간절하게 사모하는 은혜도 없고, 복도 없습니다.

그런데 문제는 오늘날 많은 그리스도인들이 믿음에 대한 바른 인식을 가지고 있지 못한 경우가 많다는데 있습니다. 잠시 말씀드렸듯이 교회생활 잘하고, 종교적인 의무를 잘 이행하면 흔히 믿음 좋다고 말합니다. 물론 그것은 믿음이 좋은 사람에게 나타나는 당연한 모습입니다.

그러나 그것이 곧 믿음의 본질은 아닙니다. 믿음 없이도 교인될 수 있고, 목사 노릇할 수 있고, 장로, 권사, 집사, 교사, 찬양대원 할 수 있다는 말씀입니다. 또 믿음이라는 것이 고난과 시련을 당했을 때 요구되는 신앙의 여러 덕목중의 하나도 아닙니다. 믿음은 마치 몸속에 흐르는 피와 같습니다. 건강할 때나 약할 때나 쉬지 않고 돌아야 하는 것이 피 입니다. 피는 내가 원하든 원하지 않든 잠시도 쉬지 않고 돌아야 합니다. 피가 멈추면 죽습니다. 심장 박동 수가 일정해야 합니다.

그런데 우리의 믿음은 환경이나, 조건이나, 기분이나, 감정에 따라 일정하지 않습니다. 굴곡이 심합니다. 어떤 때는 믿음이 있는 것처럼 보이는데, 또 어떤 때는 전혀 믿음이 없는 사람처럼 말하고 행동합니다. 또 어떤 이들은 믿음을 마치 요술방망이처럼 생각하기도 합니다. 그래서 병 낫고, 사업 형통하고, 막혔던 것이 뚫려야 믿음이 살아있다고 말합니다. 기도하면 내가 원하는 대로 이루어져야 믿음이 좋다고 합니다. 물론 믿음의 기도는 얼마든지 기적을 일으킵니다.

그러나 원하고 희망하는 대로 성취되어야만 좋은 믿음이 아닙니다. 대단한 믿음을 가졌어도 아플 수 있고, 실패할 수 있고, 어려울 수 있습니다. 내 소원대로 안 될 수도 있습니다. 오히려 더 큰 시련과 불치의 병과 가난에 시달릴 수도 있습니다. 참 믿음은 내 희망이나 내가 원하는 때가 아니라 하나님의 뜻, 하나님의 때, 하나님이 원하시는 대로 되어짐을 의심 없이 받아들이는 것입니다.

여러분이 잘 아시는 대로 사도바울은 육체의 가시 –다시 말해서 불치의 질환 때문에 너무나도 괴로워서 주님께 세 번이나 고쳐 달라고 간구했습니다. 그러나 아무 응답이 없었습니다. 그러다가 어느 때 주님께서 드디어 응답하셨는데, 주님의 응답은 "내 은혜가 네게 족하다"는 것입니다. 한마디로 그의 간절한 간구가 거절된 것입니다. 그때 사도바울의 반응은 어떠했습니까? 불평했습니까? 원망했습니까? 아닙니다. 사도바울은 주님으로부터 'NO'라는 응답을 듣고 더 큰 깨달음과 은혜를 받았습니다. 그가 깨달은 진리가 무엇입니까? "내가 약할 때에 곧 강함이라!" 무슨 뜻입니까? 내가 약하면 약할수록 주님을 더욱 의지하게 되고, 주님만 의지할 때 그 무엇과도 비교할 수 없는 하나님의 초자연적인 능력을 공급받게 된다는 사실을 깨닫게 된 것입니다.

그래서 사도바울이 한 유명한 고백이 있습니다. 빌4:11~13 "내가 궁핍하므로 말하는 것이 아니라 어떠한 형편에든지 나는 자족하기를 배웠노라 나는 비천에 처할 줄도 알고 풍부에 처할 줄도 알아 모든 일 곧 배부름과 배고픔과 풍부와 궁핍에도 처할 줄 아는 일체의 비결을 배웠노라 내게 능력 주시는 자 안에서 내가 모든 것을 할 수 있느니라."

그렇습니다. 이것이 믿음입니다. 참 믿음은 세상의 온갖 역경이나 불리한 환경, 도전, 장애에도 불구하고 주님께 대한 믿음 하나로 온갖 고난을 극복하고 이겨내는 것을 말합니다. 우리는 '믿음장'이라 불리우는 히브리서 11장에서 위대한 신앙의 선진들이 걸어간 믿음의 발자취를 통해 하나님이 기뻐하시는 참 믿음은 어떤 것인지를 발견하게 됩니다.

오늘 본문에서 "믿음이란 무엇인가?" 믿음에 대한 정의를 명확히 밝혀

주고 있습니다.

첫째로 믿음은 바라는 것들의 실상입니다.

"믿음은 바라는 것들의 실상" 공동번역에는 "우리가 바라는 것들을 보증해 주는 것"이라고 했습니다. '바라는 것'의 원어의 뜻은 '희망한다, 기대한다, 바란다'라는 의미입니다. '실상'이라는 말은 '본질, 실존, 확신'이라는 뜻입니다. 이 두 단어를 연결해서 믿음을 정의하면 '믿음은 우리가 기대하고 희망하고 바라는 것들의 실재' 또는 '우리가 기대하고 희망하고 바라는 것들이 반드시 이루어지고 나타나게 될 것이라는 확신'을 말합니다. 그렇습니다. 믿음은 현재는 경험할 수 없고, 소유할 수 없지만, 미래 어느 시점에서 실존하고 있는 그것을 반드시 경험하고, 소유할 수 있다는 확신을 가지고 현실의 상황에 임하는 것입니다.

따라서 믿음을 가진 자와 세상 사람들과는 다를 수밖에 없습니다. 믿음을 가진 성도는 세상 사람들이 결코 흉내 낼 수 없는 풍요로움과 여유와 당당함으로 어떤 어려운 환경 속에서도 소망의 삶을 살아간다는 말씀입니다.

위대한 성경학자 메튜 헨리는 믿음에 대해서 이렇게 말했습니다. "믿음은 확고한 확신이며, 하나님께서 그리스도 안에서 우리에게 약속하신 것을 모두 성취 할 것임을 신뢰하는 것입니다. 그리고 이 확신은 너무 강하기 때문에 바라는 것을 이미 소유한 것으로 여기며 실제로 보는 것으로 생각하게 한다. 그래서 믿음의 행위 속에 있는 신자는 말 할 수 없는 기쁨과 영광으로 가득 차 있다." 그렇습니다. 믿음은 약속된 미래를 현재에 누릴 수 있게 해 줍니다.

여러분! 히브리서 11장에는 많은 인물들이 나옵니다. 노아, 아브라함, 요셉, 모세, 여호수아, 그들은 모두 구약의 역사를 만든 위대한 신앙의 인물들입니다. 그러나 여러분이 잘 아시는 대로 그 누구도 위대한 생애를 기록할 만한 인간적인 배경이나 조건을 가진 자들이 아니었습니다. 그렇다고 해서 남다른 지식이나 경험이나 뛰어난 경륜을 갖춘 것도 아닙니다. 다른 사람처럼 지극히 평범한 사람들이 대부분입니다. 단 한 가지 다른 사람들 보다 뛰어난 것이 있었습니다. 그것은 바로 하나님께 대한 믿음이었습니다. 그것이 그들이 생애를 성공으로 이끈 원동력이었습니다. 그들은 바랄 수 없는 중에 바라고, 믿고, 확신했습니다.

아브라함의 경우입니다. 그에게는 대를 이을 자식이 없었습니다. 기대하고 바랬지만 허사였습니다. 어느덧 그의 나이 75세가 되었고 아내 사라는 생산능력이 없었습니다. 아브라함과 사라도 포기하고 있었는데 하나님께서 후사를 주시마고 약속하셨습니다. 그러나 한해, 두해, 10년, 20년이 지나도 아무 징조가 없었습니다. 그렇지만 두 사람은 25년이라는 세월이 지나도록 하나님의 약속을 믿고 기다렸습니다. 드디어 아브라함이 100세가 되던 해 하나님의 약속이 현실로 나타났습니다. 자식을 낳은 것입니다. '믿음은 바라는 것들의 실상'이라는 진리를 실제로 체험한 것입니다.

우여곡절 끝에 이스라엘 백성들이 40년의 광야생활을 끝내고 요단강을 건너 대망의 가나안땅을 밟았습니다. 그런데 그들 앞에 철옹성 여리고가 가로막고 있었습니다. 도저히 정복이 불가능했습니다. 가나안 땅 입성이 물거품 되는 것 같았습니다. 낙심하고 있을 때 하나님으로부터 여리고성 정복을 위한 작전명령이 떨어졌습니다. 여리고성을 7일 동안 돌라는 것입니다. 6일 동안은 매일 한 바퀴씩 돌고 마지막 날에는 일곱번 성을 돈 후에 일제히 함성을 지르라는 것이 하나님의 작전명령이었습니다. 말도 안 되는 명령이었습니다. 하나님의 작전 계획은 잘 훈련되고 무장된 여리고성 군사들에 의해 전멸당할지도 모를 무모하기 짝이 없는 것이었습니다. 제 정신을 가지고는 도저히 받아들일 수 없는 명령이었습니다.

그러나 여호수아와 이스라엘 백성들은 전혀 바랄 수 없는 중에 바라고 믿고 그대로 순종했습니다. 그랬더니 하나님의 말씀대로 7일째 되는 날 여리고성이 한 순간에 무너져 내리는 것을 그들의 눈으로 똑똑히 목도했습니다. 바라던 것이 실상으로 현실로 나타난 것입니다. 제 정신 가지고는 도저히 받아들일 수 없는 것을 하나님께 대한 절대적 신뢰 하나로 순종했더니 기적과 같은 일이 일어난 것입니다.

그렇습니다. 어떻게 보면 믿음이라는 것은 제 정신을 잃어버리는 것인지도 모릅니다. 역설적인 표현일지 모르지만 제 정신 나가는 것이 믿음입니다. 제 정신이 나가서 홀리듯 하나님 말씀 따라 가는 것이 믿음입니다.

예수님께서 잡히시던 전 날 저녁 베다니에 있는 시몬의 집에서 식사하실 때에 한 여인이 300데나리온에 해당하는 값비싼 향유의 옥합을 깨뜨려 예수님의 머리에 부었습니다. 이때 제자들은 분노하면서 향유를 팔아 가난한 자들에게 주면 크게 유익할 텐데 왜 그렇게 귀한 향유를 낭비하느냐고 여인을 나무랐습니다. "왜 정신 나간 짓을 하느냐!"는 것이었습니다. 그러나 주님은 이 여인이 내게 좋은 일을 했다고 칭찬하셨습니다.

한번은 주님께서 진흙을 침으로 이겨서 소경의 눈에 붙인 다음 실로암 못에 가서 씻으면 눈을 뜨게 될 것이라고 하셨습니다. 소경은 주님의 말씀대로 했습니다. 정신 나간 짓입니다. 그런데 소경의 이 정신 나간 짓이 그의 눈을 뜨게 했습니다.

베드로는 예수님께서 오라! 하실 때에 바다에 뛰어 내렸습니다. 정신 나간 짓입니다. 그러나 주님의 말씀대로 정신 나간 짓을 했더니 바다 위를 걸을 수 있었습니다.

여러분! 누가 보더라도 바랄 수 없고 기대할 수 없는 정신 나간 짓 같지만, 그것이 주님의 약속이요, 명령이라면 그것을 정신 나간 짓이 아니라 기적을 일으키는 힘인 줄로 믿습니다.

우리 모두가 신앙적인 면에서는 제 정신 나간 사람들이 될 수 있기를 바랍니다. 정신 나가되 제대로 정신 나갈수록 좋습니다. 제 정신 없이 살수록 좋습니다. 내 생각, 내 지식, 내 경험 다 포기하고 예수님의 정신, 예수님의 말씀 따라 사는 참 믿음의 사람이 되기를 소원합니다.

여러분! 우리가 바라는 것은 모두 미래에 속해 있습니다. 그런데 우리는 우리의 미래가 어떻게 전개 될지 또 어떤 일이 일어날지 아무도 모릅니다. 그래서 이런 복음송이 있지 않습니까?

내일 일은 난 몰라요 하루하루 살아요
불행이나 요행함도 내 뜻대로 못해요
험한 이 길 가고 가도 끝은 없고 곤해요
주님 예수 팔 내미사 내손 잡아 주소서
내일 일은 난 몰라요 장래 일도 몰라요
아버지여 날 붙드사 평탄할 길 주옵소서

그렇습니다. 우리는 잠시 잠간 후에 일어날 일도 알지 못합니다. 어떤 재난이 닥칠지, 어떤 사고나 환난을 만나게 될지, 어떤 질병이 찾아올지 아무도 모릅니다. 그러나 믿음은 산이 무너지고, 바다가 넘치고, 세상이 두 쪽이 난다해도 인간역사를 주관하시는 전능하신 하나님께서 우리와 함께하시고 우리의 앞길을 인도 하신다는 사실을 확신하게 합니다. 참 성도는 우리를 위하여 이 땅에 오신 그리스도의 생애와 가르침과 그의 죽으심과 부활을 통해 확보된 믿음으로 어떤 시험과 시련과 고난 속에서도 흔들리거나 두려워하거나 절망하지 않습니다.

오히려 "내 영혼아 네가 어찌하여 낙망하며 어찌하여 내 속에서 불안하여 하는고 너는 하나님을 바라라 그 얼굴의 도우심을 인하여 내가 오히려 찬송하리로다."(시42:11) 담대하게 고백할 수 있는 것입니다. 이것이 믿음입니다.

믿음이라는 단어는 맡긴다는 뜻입니다. 도저히 바랄 수 없고 기대할 수 없는 상황 속에서 모든 것을 전적으로 하나님께 맡기는 것이 믿음입니다.

둘째로 믿음은 보지 못하는 것들의 증거입니다. 이 말은 우리 눈으로 보지 못하는 것을 믿음으로 보게 한다는 뜻입니다. "보지 못하는 것들"이라는 헬라어 단어는 영적인 세계와 미래를 의미하고 있습니다. 우리의 눈으로는 그 세계를 볼 수 없습니다. 그러나 믿음의 안목은 그 세계를 보게 해 줍니다. 이런 의미에서 믿음은 영적인 눈과 같다고 말할 수 있습니다. 또 증거라는 말은 확신이라는 뜻입니다. 동사로 사용될 때는 '밝히 드러낸다.' '폭로한다.'는 의미입니다.

그러니까 믿음은 보이지 않는 영의 세계를 보게 해주는 영의 눈이며 베일 속에 감추어져 있는 미래의 사건과 사실들을 밝히 드러내서 확신시켜주는 힘이라고 말할 수 있습니다.

여러분! 아무도 하나님을 본 사람은 없습니다. 그러나 히브리서11장에 나오는 수많은 신앙의 선진들은 믿음의 눈을 통해서 살아 역사 하시는 하나님을 만나고 교제하고, 하나님께서 계획하고 예비해 놓으신 위대한 역사를 경험했습니다.

하나님은 노아에게 앞으로 홍수로 이 땅을 멸할 것을 예고하시면서 방주를 지으라고 명하셨습니다. 그러나 120년이 지나는 동안 홍수의 아무 징조도 나타나지 않았습니다. 그래도 노아는 사람들의 비웃음에도 아랑곳하지 않고 방주 짓는 일을 멈추지 않았습니다. 그것은 믿음의 눈을 통해 온 땅이 물에 잠기는 것을 보았기 때문입니다. 믿음이 보이지 않는 홍수의 증거가 된 것입니다.

출애굽한 이스라엘 백성들은 홍해를 앞에 두고 아우성이었습니다. 앞으로 나갈 수도 없고 추격해 오는 애굽 군대 때문에 뒤로 돌이킬 수도 없었습니다. 그러나 모세는 백성들을 향하여 담대하게 외칩니다. "너희는 가만히 서서 여호와께서 오늘날 너희를 위하여 행하시는 구원을 보라" (출14:13) 보이는 현실은 절망이요 죽음뿐인데 어떻게 이렇게 담대하게 외칠 수 있습니까? 모세는 믿음으로 홍해가 갈라지고 바다 사이로 마른 땅의 대로가 열리는 것을 보았기 때문입니다.

스데반은 날아오는 돌팔매에 온몸이 찢기면서도 하나님 영광과 예수님께서 자기를 맞아 주시기 위해 하나님 우편에 서신 것을 믿음의 눈으로 바라보면서 담담하게 평화스러운 모습으로 숨을 거두었습니다. 성경에는 그가 "무릎을 꿇고 크게 불러 이르되 '주여 이 죄를 그들에게 돌리지 마옵소서' 이 말을 하고 자니라"(행7:60)라고 했습니다.

여러분! 보이는 것들은 우리를 실망시키고 우리를 좌절하게 합니다. 그러나 믿음의 눈을 떠서 우리를 위해 계획하시고 예비하시는 하나님의 섭리의 역사를 보는 자는 어떠한 경우에도 낙심하거나 좌절하지 않습니다. 세상 사람들은 보는 것이 제일 완전한 줄로 알고 있지만 성경은 "우리가 믿음으로 행하고 보는 것으로 행하지 아니한다."고 고후5:7에서 말씀하고 있습니다.

사도바울은 "우리의 주목하는 것은 보이는 것이 아니요, 보이지 않는 것이니, 보이는 것은 잠깐이요, 보이지 않는 것은 영원하다."고 했습니다.(고후4:18)

그렇습니다. 보이는 것은 잠깐입니다. 이 땅에서의 삶은 잠깐입니다. 그것도 모세의 말처럼 수고와 슬픔뿐입니다. 그러나 보이지 않는 것 — 내세, 천국은 영원합니다. 이 세계를 볼 수 있고, 소유할 수 있는 유일한 길이 바로 믿음입니다. 내세의 영원한 세계만을 볼 수 있는 것이 아니라 고난과 시련 저편에 예비해 놓으신 이생에서의 "여호와이레"의 영광도 볼 수 있습니다. 그래서 사도바울은 "현재 당하는 고난은 장차 나타날 영광과 비교할 수 없다"고 했습니다.

히브리서 기자도 오늘 본문에서 "선진들이 이로써 증거를 얻었다"고 말하고 있습니다. 히12:1에는 "구름같이 둘러싼 허다한 증인 들이 있다"고 했습니다. 다시 말해서 바라는 것들의 실상을 체험하고 보지 못하는 것을 보게 된 허다한 증인들이 있다는 것입니다. 그러므로 현재 당하는 고난, 그 너머에 고난과 비교 할 수 없는 여호와 이레의 축복이 있고, 눈에는 보이지 않지만 우리의 미래에 새 하늘과 새 땅의 영원한 하늘나라가 있다는 우리의 믿음은 결코 헛된 것이 아닙니다. 하나님을 믿는 성도는 누구나 이 땅에서의 여호와 이레의 축복과 내세에서의 영원한 평화와 안식과 복락을 약속받은 자들입니다.

말씀을 마칩니다. 한 소년이 연을 날리고 있었습니다. 그런데 연이 너무 높이 올라가는 바람에 보이지 않게 되었습니다. 지나가던 사람이 소년에게 묻습니다. "연이 어디 있는지 보이지 않는데 연이 제대로 날고 있는 거냐?" 그러자 소년이 말합니다. "그럼요 이 연줄을 잡아 보세요 팽팽하잖아요. 비록 연은 보이지 않지만 연은 틀림없이 푸른 하늘을 날고 있어요. 연줄을 통해 그 사실을 알 수 있어요!" 그렇습니다. 믿음은 마치 연줄과 같은 것입니다. 비록 연은 보이지 않아도 연줄이 팽팽하게 당겨지는 한 연은 하늘높이 힘차게 날고 있는 것입니다.

여러분! 비록 앞을 분간하기 어려운 비바람이 몰려와도 우리의 믿음의 줄이 팽팽하면 겁낼 것 없습니다. 얼마든지 창공을 날 수 있습니다.

할 수 있다 하신 이는 나의 능력 주 하나님
의심 말라 하시고 물결 위를 걸으라 하시네
할 수 있다 하신 주 할 수 있다 하신 주
믿음만이 믿음만이 능력이라 하시네.

그렇습니다. "할 수 있다!" 하신이가 누구이십니까? 전능하신 능력의 주 하나님이십니다. 성경은 믿음만이 능력이라고 말씀하십니다.

하나님께서 기뻐하시고 인정하시는 참 믿음을 회복하시기를 기원합니다.

21

내가 순금같이 나오리라!

욥23:10~14

지금부터 13년 전 일입니다. 스무살 난 아직 앳된 모습이 채 가시지 않은 한 무명의 여자골퍼가 IMF 경제 위기로 실의에 빠져있던 국민들에게 큰 위로와 용기를 안겨 준 일이 있었습니다. 그 주인공은 「박세리」 선수입니다. 미국 메이저 대회에서 '내노라' 하는 세계적인 선수들을 물리치고 우승을 차지한 것입니다. 그녀의 선전하는 모습은 우리 모두에게 깊은 감동과 인상을 심어주었습니다.

특히 18번 홀에서 공이 연못에 떨어졌을 때 지켜보던 모든 사람들의 입에서는 탄식이 터져 나왔습니다. 우승의 꿈이 사라지는 것 같았습니다. 희망이 없었습니다. 그러나 박세리 선수는 신발과 양말을 벗어던지고 연못 속으로 들어갔습니다. 그리고 힘 있게 공을 쳐 올렸습니다. 멋지게 공을 성공시켰습니다. 모두가 이제는 틀렸다고 여겼던 그 난관 앞에서 포기하지 않고 위기를 극복하고 승리한 박세리에게 세계가 찬사를 아끼지 않았습니다. 그때의 승리는 18번 홀에서의 예기치 못했던 난관 때문에 더 값지고 더 빛났습니다.

성도 여러분 지금 우리는 구제역이라는 예기치 못했던 재앙 때문에 온

나라가 실의에 잠겨 있습니다. 특히 축산농가의 아픔과 고통은 극에 달해 있습니다. 망연자실 – 빈 축사를 바라보면서 한숨 지며 눈물짓는 그들의 모습이 TV화면에 비쳐질 때마다 안타까운 마음을 금할 길이 없습니다.

그러나 이대로 주저앉거나 머물러 있어서는 안 됩니다. "그가 나를 단련하신 후에는 내가 순금같이 되어 나오리라"(10절) 욥의 이 고백과 확신이 우리에게 필요합니다. 특히 우리 성도들은 난관과 고난을 불행이나 절망으로 보지 않고 연단의 과정으로 보는 신앙의 안목이 필요합니다.

미국의 헨리 워드비치 목사는 고난에 대해 이렇게 말하고 있습니다. "고난은 믿는 사람에게도 찾아옵니다. 이는 사람을 슬프게 하려는 것이 아니라 진실하게 하며, 불쌍하게 하려는 것이 아니라 현명하게 하기 위해서입니다. 씨를 천배로 늘리기 위해 쟁기질로 땅을 갈아 비옥하게 하듯이 고난은 우리에게 기쁨과 영적인 결실을 더하여 줍니다."

그렇습니다. 특히 신앙인에게 찾아오는 고난은 누구의 말처럼 변장하고 찾아오는 하나님의 축복입니다. 그래서 시편 기자는 "고난당한 것이 내게 유익이라 이로 말미암아 내가 주의 율례들을 배우게 되었다"(시 119:71)고 고백했습니다.

한 곤충학자가 어느 날 책상위에 고치를 놓고 그 속에서 나비가 나오는 것을 관찰하고 있었습니다. 나비가 고치 속에서 구멍을 뚫고 나오는데 좁은 구멍으로 빠져나오려고 안간힘을 다하고 있는 것을 보고는 안쓰러운 마음이 들었습니다. 돕고 싶은 마음이 들어서 조그만 가위로 고치의 구멍을 자르고 넓게 만들어 나오기 쉽게 해주었습니다. 그런데 이상한 일이 벌어지고 말았습니다. 스스로의 힘으로 좁은 구멍을 뚫고 어렵사리 나온 나비는 힘차게 날아가는 데, 도움을 받고 넓은 구멍으로 쉽게 나온 나비는 날개만 파닥일 뿐 날지를 못하는 것이었습니다. 연구해 본 결과 나비가 힘겹게 좁은 구멍으로 빠져 나올 때에 어깨 부분에 몰려 있는 영양분이 날개 전체에 골고루 펴져 힘의 균형을 이루게 되고 그 힘으로 날수가 있게 되는 것인데 쉽게 빠져 나온 나비는 날개의 어깨 부분에만 힘이 모여 있기 때문에 날지 못하게 된다는 사실을 알게 되었습니다.

하잘 것 없어 보이는 나비 한 마리의 생애에 끼워진 역경에도 이러한 하나님의 깊은 뜻이 담겨 있다면 독생자를 십자가에 죽게 하시기까지 하면서 구원하여 자녀 삼으신 우리 성도의 삶에 끼워진 고난이나 역경 속에 어찌 하나님의 깊은 섭리가 없을 수 있겠습니까?

욥은 오늘 본문에서 지금 자신이 겪고 있는 고난의 의미와 목적을 정확하게 파악하고 있음을 보여주고 있습니다, "그가 나를 단련하신 후에는 내가 순금같이 되어 나오리라"

그래서 그는 한순간에 자식과 재산과 건강을 다 잃고 재 가운데 앉아서 깨진 기왓장으로 온 몸을 긁어 대고 있는 비참한 상황이었지만 한마디도 자신의 처지를 비관하거나 하나님을 원망하지 않았습니다. 욥은 하나님께서 자기를 위해서 더 좋은 계획을 가지고 있고 그가 현재 겪고 있는 고난을 그 계획의 완성을 위한 과정이라고 믿었습니다.

그렇습니다. 사회생활이나 신앙생활에 성실한 성도들에게 임하는 고난은 결코 실패나 불행이 아닙니다. 그것은 더 좋은 목적을 이루어 가시려고 하나님께서 세워놓은 과정에 불과합니다. 마치 올림픽에 출전하여 금메달을 따기 위해서는 반드시 4년간 태릉선수촌에서 피나는 훈련의 과정을 거쳐야 하는 것과 같습니다. 여러분! 영화가 시작되면 한 순간 극장안의 모든 불은 꺼져야 합니다. 기차가 높은 산을 통과하려면 어두움의 터널을 반드시 통과해야만 합니다. 우리 인생살이도 마찬가지입니다. 성경에 등장하는 성공한 신앙의 인물들의 생애를 보면 너나 할 것 없이 고난의 과정을 거쳤습니다. 그것은 불행이 아니라 성공을 위한 필연적인 과정이었습니다. 성도들에게 있어서 불순종이나 자의적이고 의도적인 범죄의 결과로 겪는 고난을 제외하고는 까닭 없이 찾아오는 고난은 없습니다.

다시 말하면 의인이 겪는 고난에는 반드시 의미가 있고 하나님께서 뜻하신 목적이 있다는 말씀입니다. 욥은 본문에서 그것을 하나님께서 작정하신 것이라고 말하고 있습니다.

14절 "그런즉 내게 작정하신 것을 이루실 것이라"

무슨 말씀입니까? 지금은 무엇이라 이해 할 수도 없고 설명할 수도 없지만 욥은 자신에게 임한 고난 속에는 자신을 향한 하나님의 선한 계획과 목적이 있다는 것을 확신하고 있음을 보여 주는 대목입니다.

여러분! 우리는 흔히 예기치 못했던 고난이나 역경을 만나면 팔자나 운명을 들먹이지만 그러나 성도의 생애는 결코 우연이나 운명에 의해 진행되어 나가는 것이 아닙니다. 사도바울의 말처럼 하나님께서 창세전에 우리를 택하시고 그 기쁘신 뜻대로 예정하사 그리스도로 말미암아 하나님의 자녀로 삼으셨다면, 부모는 자녀의 생애를 방관하거나 유기하지 않듯이, 우리의 생애를 절대로 팔자나 운명에 맡겨 두실 리가 없습니다.

사43:1~2 "내가 너를 지었고 너를 지명하여 불렀나니 너는 내 것이라. 네가 물 가운데로 지날 때에 내가 너와 함께 할 것이라 강을 건널 때에 물이 너를 침몰하지 못할 것이며 네가 불 가운데로 지날 때에 타지도 아니할 것이요 불꽃이 너를 사르지도 못하리라"

우리를 향한 하나님의 변하지 않는 약속입니다. 여러분! 성도는 하나님의 자녀요 하나님의 소유입니다. 우리의 생애는 하나님 손에 붙들려 있습니다. 그러므로 욥은 본문10절에서 "내가 가는 길을 그가 아신다."고 고백하고 있습니다.

이 사실을 믿는 사람은 인생여정에 어떤 일을 만나도 두려워하지 않습니다. 낙심하지 않습니다. 담대합니다. 그것은 하나님의 자녀가 된 우리를 향한 하나님의 선한 계획과 궁극적인 최선의 결과를 믿기 때문입니다.

저는 액션영화나 드라마를 좋아합니다. 그런데 액션영화에 나오는 배우들을 보면 절체절명의 위기에 봉착해도 두려워하거나 주저하지 않습니다. 왜 그렇습니까? 너무나 당연한 이야기지만 영화 스토리가 어떻게 전개될지 그리고 촬영이 어떻게 진행 될지를 시나리오를 통해 이미 다 알고 있기 때문입니다. 그래서 관객들은 영화를 보면서 비명을 지르기도 하고 가슴을 쓸어내리기도 하지만 연기자들은 담대하게 자기의 연기를 소화해 내는 것입니다.

여러분! 어쩌면 우리 성도들은 하나님께서 만든 무대에서 하나님께서 만드신 시나리오에 따라 각자에게 맡겨진 배역을 연기하는 연기자와 같습니다. 우리 생애의 크고 작은일, 좋은 일, 나쁜 일, 모든 것이 하나님의 계획 하나님의 섭리 속에서 진행되어 간다는 것입니다.

그러나 한 가지 분명한 사실은 어떤 상황을 연기 한다고 해도 성도들이 연기해야 할 시나리오의 결과는 언제나 선하고 최선이라는 것입니다. 사도바울의 표현처럼 "하나님을 사랑하는 자 그 뜻대로 부르심을 입은 자들에게는 모든 것을 합력하여 선을 이루게 하신다."(롬8:28)는 것입니다.

우리가 잘 아는 요셉의 생애는 이 불변의 진리를 아주 극명하게 보여주는 경우입니다. 요셉의 젊은 시절은 고난의 연속이었습니다. 그는 형제들에게 버림받고 노예로 팔려갑니다. 종살이 합니다. 누명을 쓰고 감옥에 갇힙니다. 애매히 당하는 고난의 연속이었습니다. 끝이 보이지 않는 절망의 터널과 같은 생애였습니다. 그런데 그의 젊은 날의 고난의 생애를 다룬 기록을 보면 그런 끝이 보이지 않는 시련과 고난의 세월 속에서도 요셉은 한 번도 낙심하거나 좌절하거나 자신의 처지를 한탄한 적이 없습니다. 보디발의 집에서 종살이 할 때도, 누명을 쓰고 감옥에 갇혔을 때도, 요셉은 언제나 매사에 성실했고, 최선을 다했습니다.

그도 사람인데 어떻게 그럴 수 있었을까? 한마디로 말하면 그는 욥처럼 하나님의 계획 속에 있는 자기 생애의 궁극적인 선한 결과를 확신하고 있었기 때문입니다. 요셉은 어렸을 때 자기에게 보여준 하나님의 이상이 반드시 선한 결과로 나타날 것을 의심 없이 믿고 있었던 것입니다. 그는 지금 겪고 있는 고난이 거기까지 이르는 한 과정이요 자기를 만들어 가시는 하나님의 계획의 한 부분이라는 것을 굳게 믿었던 것입니다. 고난의 과정이 지난 후 어렸을 때 하나님이 보여 주었던 꿈대로 자신에게 무릎 꿇고 있는 형제들 앞에서 한 요셉의 말은 이러한 그의 믿음을 잘 대변해 주고 있습니다.

창45:5~9 "당신들이 나를 이곳에 팔았다고 해서 근심하지 마소서. 한탄하지 마소서. 하나님이 생명을 구원하시려고 나를 당신들보다 먼저 보내셨나이다. 하나님이 큰 구원으로 당신들의 생명을 보존하고 당신들의 후손을 세상에 두시려고 나를 당신들보다 먼저 보내셨나니 그런즉 나를 이리로 보낸 이는 당신들이 아니요 하나님이시라"

사랑하는 성도 여러분! 우리의 인생길에 만나게 될 역경과 시련이 아무리 크다 할지라도 요셉과 같은 이러한 신앙의 안목으로 현실을 볼 수 있다면 우리도 요셉처럼 우리를 위하여 준비해 놓으신 하나님의 선한 결과를 체험할 수 있습니다.

강한 태풍이 밤새 모든 것을 집어 삼킬 듯이 천지를 뒤흔들었습니다. 어린 딸은 두려움에 떨며 뜬눈으로 밤을 지냈습니다. 날이 밝으면서 태풍은 물러가고 따뜻하고 평온한 햇살이 창문을 통해 방안 가득히 비췄습니다. 어린 딸이 아버지에게 묻습니다. "아빠 간밤에 너무 무서웠어요. 태풍이 모든 것을 쓸어버리는 줄 알았어요. 그런데 하나님께서는 어젯밤에 무엇을 하셨을까요?" 아빠가 어린 딸을 꼭 안아 주면서 말합니다. "아마 하나님께서는 우리를 위해 따뜻하고 빛나는 아침을 만들고 계셨을 거야"

여러분! 우리는 누구나 우리의 삶의 길목에서 맹렬히 불어 닥치는 고난의 태풍을 만나곤 합니다. 그리고 우리는 모진 태풍 속에서 너무 힘들어 '하나님은 도대체 무얼 하시나' 원망하며 하나님의 존재를 의심할 때도 있습니다. 그러나 하나님은 우리가 태풍에 시달리고 있을 때 우리를 위해 평온하고 빛나는 아침을 준비하고 계십니다. 욥은 본문에서 그가 당하는 현재의 고난의 의미를 이야기 하면서 "하나님께서 내게 작정하신 것이 있어서 이 고난을 통해 그것을 이루어 가시는 것"이라고 했습니다. 비록 욥은 가진 것 다 잃었지만 그것과 비교할 수 없는 값진 것을 얻었습니다. 그것은 깊은 영적인 성숙이었습니다. 다시 말하면 욥은 고난의 과정을 거치면서 자신의 참모습을 발견하게 되었고 하나님을 더 깊이 신뢰하게 된 것입니다. 그는 고난 속에서 더 가까이 함께 하시는 하나님을 발견하면서 시편 기자의 말처럼 고난의 유익을 깨닫게 된 것입니다.

그렇습니다. 고난의 성숙한 인간을 만들고 성숙한 신앙인을 만듭니다. 그렇다면 고난을 통해 욥을 위해 하나님께서 작정하신 계획과 목적은 무엇입니까? 그것은 욥의 고백처럼 고난을 통해 욥을 단련하신 후 순금처럼 만들기 위함에 있습니다. "그가 나를 단련하신 후에는 내가 순금같이 되어 나오리라" 욥은 현재 그가 겪고 있는 고난을 금의 제련과정으로 보았습니다. 금의 제련과정은 크게 세단계입니다. 부수고, 녹이고, 두드리는 것입니다. 땅속에서 캐낸 금광석은 불순물과 함께 섞여 있습니다. 이 불순물을 걸러 내지 않으면 아무 쓸모가 없습니다. 그냥 돌멩이에 불과합니다. 그래서 암석과 함께 잘게 부수어서 뜨거운 풀무불 속에 집어넣고 녹입니다. 그래야 순금을 얻을 수 있습니다. 마찬가지로 우리 인생이 순금처럼 귀하게 나타나고자 한다면 고난을 통해 나의 못된 옛 성품과 기질이 철저히 부서져야 하고 내 속에 감추어져 있는 못된 자아가 고난이라는 용광로 속에서 완전히 녹아 없어져야 합니다.

우리 인생의 제련과정은 거기서 끝나는 것이 아닙니다. 한 가지 단계가 더 남아 있습니다. 끄집어낸 금속을 망치로 수없이 두드려야 비로소 순금이 되어 나옵니다. 욥은 지금 이런 연단의 과정에 자신이 놓여 있음을 확신하고 있는 것입니다. 말로 다 표현할 수 없는 극심한 고난의 중심에 자신이 서 있지만 지금은 부서지고, 녹아지고, 두들겨 맞는 고난에 처해 있지만 하나님이 나를 단련하신 후에는 하나님께서 반드시 자기를 순금처럼 나타나게 해 주실 것을 한 점의 의심 없이 믿고 있는 것입니다.

또한 욥은 하나님의 뜻이 일정하시다는 것을 깨닫습니다. 13절 "그는 뜻이 일정하시니 누가 능히 돌이키랴!" 일정하시다는 말은 변함이 없으시다는 뜻입니다. 여러분 성도들을 향한 하나님의 뜻은 일정하십니다. 마치 이스라엘 백성들을 가나안 땅까지 인도하시고 그 땅을 기업으로 주시겠다는 하나님의 뜻이 그들의 패역과 배신에도 불구하고 그대로 성취되었듯이 예수그리스도를 통해 우리를 자녀로 삼으신 목적을 이루시기까지 우리를 향한 하나님의 선한 섭리의 손길은 조금도 변함이 없습니다. 그렇습니다. 우리를 자녀로 삼으신 하나님의 뜻은 일정합니다. 결코 변함 없으며 반드시 그 뜻을 이루신다는 것입니다.

다윗은 이러한 하나님을 경험하고 나서 우리에게 이렇게 권면하고 있습니다.

시137:4~7 "여호와를 기뻐하라. 그가 네 마음의 소원을 네게 이루어 주시리로다. 네 길을 여호와께 맡기라. 그를 의지하면 그가 이루시고 네 의를 빛같이 나타내시며 네 공의를 정오의 빛같이 하시리로다. 여호와 앞에 잠잠하고 참고 기다리라. 자기 길이 형통하며 악한 꾀를 이루는 자 때문에 불평하지 말지어다." 여러분! 만약 우리의 행위에 따라 우리를 향한 하나님의 약속, 하나님의 섭리, 하나님의 뜻이 수시로 바뀐다면 우리는 소망이 없습니다. 그러나 하나님의 약속, 하나님의 뜻은 한결같습니다. 창28:15 "내가 너와 함께 있어 네가 어디로 가든지 너를 지키며 너를 이끌어 이 땅으로 돌아오게 할지라 내가 네게 허락한 것을 다 이루기까지 너를 떠나지 아니하리라 하신지라"

예수님도 우리에게 굳게 약속하셨습니다. "내가 세상 끝 날까지 너희와 함께 있으리라" 히브리서 기자는 이러한 주님을 가리켜 히13:8 "그리스도는 어제나 오늘이나 영원토록 동일하시다"고 했습니다.

사랑하는 성도 여러분!

고난이 앞을 가로막는다고, 또 실패했다고, 나를 향한 하나님의 사랑의 섭리가 바뀌었다고 착각하시면 안 됩니다. 내 소원과 기도가 더디 이루어진다고 낙심하시면 안 됩니다. 하나님은 절대로 그의 자녀를 놓치지도 않고 포기하지도 않습니다. 그의 자녀들을 향한 하나님의 뜻은 영원토록 변하지 않습니다.

베드로는 이렇게 말합니다. 벧전1:6~7 "그러므로 너희가 이제 여러 가지 시험으로 말미암아 잠깐 근심하게 되지 않을 수 없으나 오히려 크게 기뻐하는 도다. 너희 믿음의 확실함은 불로 연단하여도 없어질 금보다 더 귀하여 예수 그리스도께서 나타나실 때에 칭찬과 영광과 존귀를 얻게 할 것이니라" 그렇습니다. 믿음과 시련과 고난은 금보다 더 귀한 것입니다. 어느 분의 말처럼 그것은 변장하고 찾아온 하나님의 축복입니다. 따라서 믿음의 시련과 고난은 불행이 아닌 확실한 축복의 기회입니다. 잠시 받는 고통 때문에 이 기회를 놓쳐서는 안 됩니다.

일생동안 단 한 번 노래하는, 그러나 그 노래가 이 세상에 있는 어떤 생물의 노래보다도 아름다운 노래를 하는 새가 있다고 합니다. 이 새는 둥우리를 떠나는 순간부터 가시나무를 찾아다니기 시작하여 그것을 발견하기까지는 결코 쉬지 않습니다. 드디어 가시나무를 찾아내면 가시에다 자신의 몸이 찔리면서 죽어가게 되는데 이 때 아픔을 이겨내고 부르는 노래가 종달새나 나이팅게일의 지저귐보다 훨씬 아름답다고 합니다.

성도 여러분! 우리는 마치 가시나무새처럼 우리 생애에 가장 아름답고 멋진 천국의 노래를 부르기 위해 이생에서의 수없이 찌르는 가시의 아픔을 이겨 내야만 합니다. 현재 당하는 고난은 장차 나타날 영광과 족히 비교 할 수 없기에, 장차 나타날 영광의 그 날에 순금처럼 나타나기 위해, 그 길이 비록 눈물과 피 없이 못가는 영문 밖의 좁은 길이라 할지라도 있는 힘을 다해 걸어가야만 합니다. 욥처럼 "그가 나를 단련하신 후에는 내가 순금같이 되어 나오리라!"는 믿음을 가지고 소망 중에 담대히 극복하고 이겨내야만 합니다.

그러나 여러분! 한 가지 명심해야 할 것은 시련과 고난이 누구에게나 순금과 같은 영광으로 나타나는 것은 아니라는 사실입니다. 대 전제가 있습니다. 본문11절~12절 "내 발이 그의 걸음을 바로 따랐으며 내가 그의 길을 지켜 치우치지 아니하였고 내가 그의 입술의 명령을 어기지 아니하고 정한 음식보다 그의 입의 말씀을 귀히 여겼도다." 다시 말하면 하나님의 길에서 벗어나지도 아니하였고 치우치지도 아니 했다는 양심의 증거가 있어야 하고 앞으로도 하나님의 길에서 떠나지 않겠다는 고백과 다짐이 있어야 한다는 것입니다. 그리고 하나님의 말씀과 명령을 가장 귀하게 여기고 순종해야 한다는 것입니다.

여러분! 우리가 욥처럼 자신의 삶에 대해서 이렇게 자신 있게 고백하고 다짐 할 수 있을 때 "하나님께서 나를 단련하신 후에는 내가 순금같이 나오리라" 는 확신과 소망을 가질 수 있습니다. 만약 우리가 지금까지 그렇게 살지 못했다면 철저하게 회개하고, 앞으로는 하나님의 말씀을 가장 귀하게 여기고, 하나님의 길에서 결코 떠나지 않겠다는 굳은 다짐이 선행될 때, 현재 우리가 겪는 고난과 역경은 순금을 잉태하는 연단의 방편이 될 것입니다.

말씀을 마칩니다. 프랑스 화가 '르노와르'는 말년에 류마티스로 큰 고통을 받았습니다. 붓끝을 한번 씩 움직일 때마다 그의 이마에는 고통의 땀방울이 맺혔습니다. 그가 고통을 참으며 그림을 그리는 모습을 옆에서 지켜보던 그의 친구가 안타까운 심정에 그에게 물었습니다. 자네는 왜 그렇게 자신을 괴롭히는 일을 계속하는가? '르노와르'는 미소 지으며 말했습니다. "고통은 지나가 버리지만 아름다움은 영원하기 때문일세"

그렇습니다. 베드로의 말처럼 믿음의 시련과 고통은 잠시 잠깐입니다. 그러나 고난 중에서도 믿음의 순전함을 지킨 자에게 주어지는 영광과 기쁨은 영원합니다.

1. 고생과 수고가 다 지난 후 광명한 천국에 편히 쉴 때
   주님을 모시고 나 살리니 영원히 빛나는 영광일세
2. 주님의 한없는 은혜로써 예비한 그 집에 나 이르러
   거기서 주님을 뵈옵는 것 영원히 빛나는 영광일세
3. 앞서간 친구를 만나볼 때 기쁨이 내 맘에 차려니와
   주께서 날 맞아 주시리니 영원히 빛나는 영광 일세

후렴) 영광 일세 영광 일세 내가 누릴 영광 일세
   은혜로 주 얼굴 뵈옵나니 지극한 영광 내 영광 일세

여러분! 이 땅에서의 고생과 수고가 다 지난 후 장차 우리에게 나타날 영광의 그날, 그때 우리에게 주어질 영원한 기쁨, 영원하고 완전한 평안을 소망하며 힘든 오늘을 믿음으로 승리하는 삶을 살아가시기를 축원합니다.

22
사람을 낚는 어부가 되리라!

마4:18~22

예수님께서는 인간구원을 위한 이 지상에서의 공생애를 시작하시면서 제일 먼저 하신 일이 제자를 선택하시는 일이셨습니다.

오늘 본문의 기사는 예수님께서 제자들을 부르시는 장면을 우리에게 보여주고 있습니다. 예수님께서는 이 땅에 계시는 동안 12명의 제자를 삼으시고 심혈을 기울여 그들을 가르치시고 양육하셨습니다.

그리고 이 가운데 가롯 유다를 제외한 11명의 제자들에 의해서 복음의 씨앗이 전 세계로 퍼져 나가게 되었습니다. 오늘날 전 세계 인구의 4분의 1이 기독교인이라고 볼 때 결코 많은 숫자라고 할 수는 없습니다. 그러나 이들에 의해서 기독교는 확장되어 나갔습니다. 사실 교회의 부흥과 발전의 원동력은 수많은 사람들에 의한 것이 아니라 주님과 복음에 대한 뜨거운 열정을 가진 소수의 제자적 성향의 사람들에 의해서 발전되어 왔습니다.

근래에 들어와서 한국교회가 물량주의, 외형적인 성장주의의 미혹에 빠져서 질적인 성장을 외면한 채 양적인 부흥만을 추구해 오고 있는데 이러한 경향은 매우 위험스러운 일이 아닐 수 없습니다. 어떤 신문을 보니까. 한국의 각 종교별로 낸 통계에 의하면 총 종교인 수가 전체 인구보다 7백만 명이 더 많다는 기사를 본 기억이 납니다.

예수님 당시에도 수많은 사람들이 예수를 따라다녔습니다. 요즘처럼 그 당시에도 수많은 무리들이 예수님을 열광적으로 환영했고 그의 말씀에 귀 기울였습니다. 그러나 불행하게도 그들 모두가 예수님의 제자는 아니었습니다. 오히려 대부분이 예수님께서 무기력하게 빌라도의 법정에 서게 되었을 때 바라바를 놓아주고 예수를 십자가에 못 박으라고 외쳐대는 무리들 편에 섰습니다. 예수님께서 십자가에 달리실 때 소수의 여인들을 제외하고는 모두 예수님의 곁을 떠났습니다. 한국교계는 기회가 있을 때마다 천만의 신도를 자랑하지만 미안한 얘기지만 그들이 전부 그리스도인이라고 말할 수는 없다는 생각이듭니다. 통계대로 정말 1000만의 성도가 전정한 그리스도인이라면 절대로 우리 사회가 이렇게 어둡고 타락하지는 않았을 것입니다. 천만의 성도가 예수님의 말씀처럼 빛과 소금의 역할을 다 하고 있다면 이렇게 까지 썩고 부패하지는 않을 것입니다.

이러한 의미에서 교회가 단순히 교회 회원만을 늘려 가는 것은 별 의미가 없다고 봅니다. 제자를 양성하는 일, 그리스도의 제자로서 살아가게 하는 일이 무엇보다도 필요하다고 생각합니다. 그래서 우리교회에서는 제2기 성경연구원을 개설했습니다. 단순히 성경에 관한 지식만을 배우자는 것이 아닙니다. 그리스도의 인격과 삶을 배우고 본받자는 데에 그 목적이 있습니다.

친애하는 성도 여러분!

어떠한 경로를 통해 교회에 나오시게 되었던 시계추 마냥 성경 찬송가 끼고 그저 왔다 갔다만 하는 교인들이 되지 마시고, 진리를 위해 생명까지도 바칠 수 있고 영생과 구원에 대한 확신으로 하루하루의 삶이 하나님의 은혜에 대한 감사 감격으로 충만하고, 예수그리스도의 인격과 성품과 삶을 본받으며 살아가시는 참 그리스도의 제자, 참 성도들이 다 되시기를 먼저 주님의 이름으로 축원합니다.

그러면 오늘 본문의 말씀을 가지고 본문의 사건이 우리에게 주는 교훈을 몇 가지로 생각하면서 피차 은혜를 나누고자 합니다.

첫째 예수님께서는 어떤 자를 제자로 부르셨는지를 생각해 보겠습니다. 주님은 어부들을 제자로 부르셨습니다.

시몬 베드로, 안드레, 세베대의 아들 야고보와 요한 모두가 고기를 잡는 어부였습니다. 보잘 것 없는 신분의 사람들이었습니다. 제대로 배우지도 못했고 가문도 초라한 사람들이었습니다. 당시에는 "내노라"하는 종교인들이 많이 있었습니다. 바리새인, 사두개인, 대제사장, 서기관, 랍비들.. 그런데 주님은 그러한 사람들을 다 마다하시고 특별히 고기잡이하는 어부들을 부르셨던 것입니다.

그렇다고 어부라는 직업에 특별한 의미가 있었던 것은 아니라고 봅니다. 중요한 것은 주님께서는 그의 일을 동역케 하심에 있어서 또 주의 일을 맡기심에 있어서 인간의 세상적인 조건을 보시지 않았다는 점에 유의해야 합니다. 주석가 '바클레이'는 이들을 평하기를 "그들은 사회적으로 배경을 가지지 못한 단순한 노동자"들이었다고 했습니다. 성경에는 예수님께서 왜 특별히 그들을 택하셨는지에 대해서는 언급이 없습니다.

그러나 우리는 예수님의 행동에서 한 두 가지 시사하는 바를 발견할 수가 있습니다. 그것은 먼저 주님께서는 교만한 자를 쓰시지 않는다는 사실입니다. 당시 바리새인, 사두개인, 서기관들은 교만했습니다. 자신들이 행하고 있는 종교적인 열심과 율법에 관한 지식을 자랑했습니다. 자신들은 의인이라고 자처했습니다. 자신들은 다른 사람들과는 구별된 부류라고 생각했습니다. 외식자요, 거만한 자들이었습니다. 주님은 이러한 자들을 미워하셨습니다. 증오했습니다. 심지어는 그들을 욕하기까지 하셨습니다.

주님께서 보잘 것 없는 어부를 택하심은 "나는 의인을 부르러 이 땅에 오지 아니하고 죄인을 부르러 왔노라"고 하신 말씀 속에서 그 의미를 찾을 수 있습니다. 고전1:26~29 사도바울은 다음과 같이 이 문제에 관해 언급하였습니다. "형제들아 저희를 부르심을 보라 육체를 따라 지혜 있는 자가 많지 아니하며 능한 자가 많지 아니하며 문벌 좋은 자가 많지 아니 하도다 그러나 하나님께서 세상의 미련한 것들을 택하사 지혜 있는 자들을 부끄럽게 하려 하시고 세상의 약한 것들을 택하사 강한 것들을 부끄럽게 하려 하시며 하나님께서 세상의 천한 것들과 멸시받는 것들과 없는 것들을 택하사 있는 것들을 폐하려 하시나니 이는 아무 육체라도 하나님 앞에서 자랑하지 못하게 하려 하심이라"

여러분! 주님은 주님 앞에서 자랑 할 것이 없는 자, 형편없이 보잘 것 없고, 부족하고, 죄 많은 자신의 모습을 솔직하게 고백하는 자를 귀하고 대단하게 보시는 분이십니다. 누가복음 5장에 보면 예수님의 수제자가 된 베드로와 예수님과의 대화가 나옵니다. 베드로는 예수님과의 첫 번째 만남에서 예수의 무릎 앞에 엎드려 이렇게 고백했습니다. 눅5:10 "주여! 나를 떠나소서. 나는 죄인이로소이다" 베드로의 이 겸허하고 솔직한 고백이 예수님께 인정받았음을 기록하고 있습니다.

심방을 해보면 "나는 배우지 못해서", "나는 돈이 없어서", "나는 사회적으로 보잘 것 없는 신분이기 때문에" – 이러한 이유를 들어 교회 출석이나 교회 봉사를 주저하시는 분이 의외로 많이 있음을 보게 됩니다. 여러분 분명히 기억하시기 바랍니다. 주님은 우리의 지식이나 지위나 재산을 보는 것이 아닙니다. 주님께서는 우리의 인물이나 공적을 보시는 것이 아닙니다. 주님께서는 주님을 향한 진실성을 보시고 주님 앞에서 자기 자신에 대한 상한 심령을 보시는 분이십니다. "주여 내가 무엇을 하리이까?" 주님 앞에 자신을 철저하게 굴복시킨 사도바울을 주님은 위대한 사도로 사용하셨음을 잊지 마시기 바랍니다.

또한 주님께서 어부들을 제자로 부르신 것은 지금은 부족하지만 발전의 가능성이 있는 사람들을 들어 쓰신다는 것을 시사하고 있습니다. 사실 그들에게는 내놓을 만한 것이 아무것도 없었습니다. 일반적으로 어부들이 가지는 특성이지만 말씨도 거칠고 성격도 급했습니다. 단순하고 분별력도 없었습니다. 인간의 생각으로는 도저히 이런 사람들은 하나님의 일을 할 수가 없었습니다. 그러나 주님은 그들 속에 잠재해 있는 가능성을 보셨습니다. 진리를 위해서라면 자기의 생명까지도 바칠 수 있는 용기와 열정! 영혼에 대한 순수하고도 뜨거운 애정 –그들은 남다른 그러한 가능성을 갖고 있었습니다. 그리고 그 가능성은 주님에 의해 최고도로 개발되었습니다.

40년간 미디안 광야에서 양떼를 치는 무명의 목자로 살아가고 있던 모세를 하나님께서 부르셨을 때 인간적인 판단으로는 도저히 모세가 이스라엘을 구해낼 수가 없었습니다. 그러나 하나님께서 그 손에 능력의 지팡이를 들려주시고 그와 함께 하셨을 때 광야 40년 동안의 생활 속에서 다듬어진 그의 온유와 인내와 불굴의 잠재된 성품이 하나님에 의해 효과적으로 사용되어 출애굽과 가나안 행군의 대역사를 성공적으로 이룰 수가 있었던 것입니다.

주님께서는 고기 잡는 무명의 어부들을 택하시고 그들에게 능력을 주셔서 오고 오는 세대에 길이 기억되고 존경 받는 사람을 낚는 위대한 어부로 저들의 삶과 존재를 바꾸어 주셨습니다. 그리고 마28장 20절에 보면 불과 3년 후 하늘과 땅의 모든 권세를 가지신 예수님께서 동일한 권세를 그들에게 주시면서 모든 족속을 제자로 삼게 하는 놀라운 권한을 제자들에게 주셨습니다.

사랑하는 성도 여러분!

주님께서는 저와 여러분을 당신의 제자로 택하시고 불러 주셨습니다. 그리고 땅 끝까지 이르러 주님의 증인이 될 것을 당부하셨습니다. 우리는 이제 우리의 남은 생애 속에서 주님의 이 요구와 기대에 부응하는 삶을 살아야 합니다. 나같이 부족하고 죄 많은 것을 부르셔서 제자 삼으신 주님의 은혜에 감사 감격하면서 주님을 위해 열심으로 봉사하는 삶을 살아가야 된다는 말씀입니다.

다음으로 주님께서는 자신의 삶에 충실한 자들을 부르셨습니다. 본문 18절 "두 형제 곧 베드로라 하는 시몬과 그 형제 안드레가 바다에 그물 던지는 것을 보시니…" 본문21절 "다른 두 형제 곧 세베대의 아들 야고보와 그 형제 요한이 그 부친 세베대와 한가지로 배에서 그물 깁는 것을 보시고…"

예수님께서 베드로를 비롯한 네 사람을 제자로 부르시던 날 그들은 예전과 조금도 다름없이 고기를 잡는 일에 열심을 다하고 있었습니다. 그물을 던지기도 하고 찢어진 그물을 깁기도 했습니다. 다시 말해서 그들을 일상의 생활 가운데서 부르심을 받았다는 것입니다.

우리는 때때로 착각할 때가 있습니다. 하나님께서 인간을 부르실 때 어떤 특별한 시간과 장소에서 부르시는 줄 알고 있습니다. 예를 들어서 부흥회나 기도원이나 깊은 산속이나 골방에서 부르신다고 생각합니다. 그러나 그것은 잘못된 생각입니다. 하나님께서는 인간을 부르실 때는 언제나 일상생활 속에서 부르십니다. 구약의 많은 선지자들도 예수님의 제자들처럼 그들의 삶에 충실하게 전념하고 있을 때 부르심을 받았습니다. 아모스는 선지자도 아니고 제사장도 아니었습니다. 그는 목장에서 뽕나무를 기르고 열심히 양을 치고 있을 때 부르심을 받았습니다. 모세도 미디안 광야에서 양을 치고 있을 때 부르심을 받았고 다윗도 다른 7 형제와는 달리 양을 치고 있을 때 특별히 이스라엘 왕으로 세움을 입었습니다. 기드온은 밀을 타작하는 중에, 엘리사는 열두 겨리 소를 앞세우고 밭을 갈다가 부름을 받았습니다. 이처럼 하나님의 소명은 또는 하나님의 은혜와 축복은 일상의 주어진 삶에 충실한 사람에게 임합니다. 하나님은 절대 게으른 자에게 그리고 자기의 삶에 불충실하면서도 소위 교회 봉사에 열심이고 기도에 열심이라고 자처하는 사람에게 축복하시지 않습니다. 비록 다른 사람이 보기에는 보잘 것 없고 비천하다고 여겨져도 주어진 자기 일에 최선을 다하는 사람을 하나님은 부르시고 또 그러한 사람에게 은혜를 내리시고 축복을 주십니다.

여러분 하나님의 사랑의 음성을 듣기를 원하십니까?

주님의 주시는 형통의 은혜를 받기를 원하십니까? 가정에서나 직장에서나 교회에서나 맡은 일에 충성을 다하시기 바랍니다. 주어진 일상생활에 최선을 다하시기 바랍니다.

두 번째로 생각할 것은 "나를 따라 오라"는 주님의 명령에 네 사람이 어떻게 반응했는지를 살펴보면서 예수님의 제자로서 살아가려면 어떻게 해야 하는가? 하는 문제를 생각해 보고자 합니다. 20절과 22절에 "나를 따라 오너라"하는 주님의 말씀에 베드로와 안드레, 야고보와 요한은 공히 두 가지로 반응했습니다. 하나는 즉시 주님의 부르심에 응했다는 것과 다음은 배와 그물을 버려두고 예수님을 따라 나섰다는 것입니다. 20절 "저희가 곧 그물을 버려두고 예수를 좇으니라" 22절 "저희가 곧 배와 부친을 버려두고 예수를 좇으니라"

여러분! 신앙은 끊임없이 결단의 과정 가운데서 성숙합니다.

그리고 하나님의 축복은 하나님의 요구에 대한 즉각적인 반응과 자신의 귀한 것을 희생할 수 있는 용기와 결단의 순종을 통해 우리에게 주어집니다. 하나님께서 아브라함을 소명하셨을 때 아브라함은 즉시 75년간 모았던 모든 것을 미련 없이 버리고 갈대아 우르를 떠나 갈 바를 알지 못하는 상황에서 말씀만을 좇아갔습니다.

그리고 외아들 이삭을 바치라는 냉혹한 명령 앞에서도 그는 주저하지 아니하고 즉각적으로 하나님의 명령을 실천으로 옮겼습니다. 우리는 물론 세상을 살아 갈 때 어떤 문제를 놓고 심사숙고해야 할 때가 있고 세밀하게 문제를 분석해야 할 때가 있습니다.

그러나 주님의 부르심과 같은 절대적인 상황이나 성수주일과 같은 마땅한 하나님의 요구 앞에서 주저해서는 안 됩니다. 즉시 순종해야 합니다. 말씀을 통해 진리로 확신될 때는 지체하지 말고 곧 행동으로 옮겨야 합니다. 그리고 우리의 행동을 방해하는 장애물을 제거해야 합니다. 예수님을 따르며 그의 뜻에 순종하는 일에 거침돌이 되는 것이라면 아무리 나에게 소중한 것이라도 포기할 수 있어야 합니다. 그래서 예수님은 천국은 마치 보화를 발견한 사람이 보화가 묻친 밭을 사기 위해서 자기의 모든 소유를 다 팔아 그 밭을 사는 사람과 같다고 했습니다.

소돔성에 두고 나온 재물과 보물에 대한 미련을 끝내 버리지 못하고 소금기둥이 돼버린 롯의 아내의 비극을 우리는 잘 압니다. 재물에 대한 욕심을 끝내 버리지 못해서 즉사한 아나니아와 삽비라의 비극도 우리는 잘 알고 있습니다.

또한 우리는 성경에서 돈 많은 그러나 불행한 한 청년을 만나게 됩니다. 이 청년의 마음속에는 영생에 대한 불타는 소원이 있었습니다. 다시 말해서 종교적인 열정과 신앙생활에 충실하려고 애썼던 청년이었습니다. 그는 어려서부터 계명을 잘 지켰습니다. 이 청년은 어느 날 예수님을 찾아와서 물었습니다. “내가 어떻게 하여야 영생을 얻으리이까?” 주님은 “계명을 잘 지키라”고 하셨습니다. 이 청년은 자신 있게 “어려서부터 다 지켰노라”고 대답했습니다. 이 청년은 자신만만했습니다. “이 모든 것을 내가 지켰사오니 아직도 무엇이 부족하니이까” 당당하게 예수님께 되물었을 것입니다.

이때 주님은 말씀하시기를 마19:21 “네가 온전하고자 할진대 네 소유를 팔아 가난한 자들에게 주라”고 하셨습니다. 이때 이 청년은 재물이 많으므로 근심하며 돌아갔다고 했습니다. 영생은 분명히 이 청년이 소유하고 싶었던 간절한 열망이었지마는 그러나 그가 가진 재물이 결정적인 거침돌이 되었던 것입니다.

여러분! 이 젊은이의 근심과 갈등 속에서 우리의 모습을 발견하게 됩니다. 우리는 누구나 구원의 확신 속에서 영생을 소유하기를 원하지만 어떤 사람은 이 청년처럼 재물 때문에, 어떤 사람은 지금까지 쌓아온 지위와 명예 때문에, 또 어떤 사람은 닦아온 과학적인 지식과 경험 때문에, 아니면 누더기 같은 욕심, 더러운 정욕, 그리고 옹졸한 편견 때문에 그리스도로부터 진리로부터 구원과 영생으로부터 되돌아 설 때가 얼마나 많이 있습니까?

한 호숫가에 우렁이를 잡아먹고 사는 두루미 한 마리가 있었습니다. 그런데 어느 날 훌륭하고 하얀 깃털을 가진 백조가 날아 왔습니다. 두루미가 백조에게 묻습니다. "어디서 왔니?" "천국에서 왔어" "여기서 먼 곳이니?" "그럼!" "여기보다 좋은 곳이니?" "여기보다 훨씬 좋은 곳이야!" 백조는 침이 마르도록 천국의 아름다움을 설명했습니다. 천국의 이야기를 다 들은 두루미가 다시 묻습니다. "그럼 거기에도 우렁이가 있니?" "그런 것 없어. 그런 지저분한 것은 천국에 들어 갈수 없어." -이 말을 들은 두루미가 하는 말- "그럼 천국에는 너나 가! 난 필요 없어. 난 우렁이가 있는 곳이면 족해" 현실에 만족하고 먹을 것, 쾌락, 재물에 연연해서 버릴 것, 끊을 것을 버리고 끊지 못하는 자는 주님의 제자도 될 수 없고, 구원이나 영생도 소원할 수 없습니다.

여러분! 그렇다고 모든 것을 버려두고 주님을 따라야 한다고 해서 여러분 모두가 목사가 되고 전도사가 되어야 한다는 말이 아닙니다. 또는 직장도 버리고 가족들도 다 버리라고 하는 말은 아닙니다. 가정살림이야 어찌되던 교회 일만 봉사하라는 이야기도 아닙니다. 모든 것을 다 버리고 나를 따르라는 말씀의 의미는 인생의 목적과 목표를 하늘나라에 하나님의 영광을 위한 일에 두라는 뜻입니다. 삶의 가치관을 오직 그리스도에게 두고 그리스도적인 삶을 본받으며 살아가라는 의미입니다. 우리가 대하는 모든 사람들에게 그리고 이웃들에게 우리의 삶을 통해 그리스도를 증거하는 그리스도의 증인의 자세로 살아가라는 뜻입니다. 그것이 주님을 위하고 이웃을 위하는 길이라면 내 자신의 유익까지도 포기할 수 있어야 하고 십자가와 같은 고난이라도 달게 받아들이며 묵묵히 십자가를 지고 주님의 자취를 따라야 한다는 뜻입니다. 한마디로 말해서 삶의 방향을 전환하라는 뜻입니다.

성도 여러분! 우리 인생에게 있어서 기회는 늘 있는 것이 아닙니다. 기회는 급행열차와도 같습니다. 급히 지나갑니다. 한번 가면 다시 돌아오지 않습니다. 진정으로 예수그리스도를 따르기를 원하고 주님의 지상명령인 그리스도의 증인으로 살아가시기를 원하신다면 버릴 것은 속히 버려야 합니다. 끊을 것은 속히 끊어야 합니다. 그릇된 인생관, 가치관을 바꾸어야 합니다. 우리 인생의 안테나를 그리스도를 향해 정확히 맞추어야 합니다.

그러면 이제 마지막으로 우리가 예수그리스도의 부름을 받아 그의 제자가 되었다고 하면 이제부터 우리는 어떻게 살아야 합니까? 올바른 제자의 길이란 어떤 것인가? 하는 문제를 말씀드리고 설교를 맺겠습니다.

첫째로, 우리는 일평생 사는 동안 그리스도에게 소속되어 살아야 합니다. 다시 말해서 소속이 분명한 삶을 살아야 한다는 말입니다. 오늘날 이 세상에는 소속이 분명치 않은 자들이 많이 있습니다. 야당인지, 여당인지? 사꾸라인지, 무궁화인지? 빨갱이인지, 대한민국 국민인지? 국회의원인지, 도둑놈인지? 대통령인지, 물통령인지? 정치가인지, 사기꾼인지? 신자인지, 불신자인지? 도무지 구별하기가 어렵습니다.

우리가 정말 성도들이요 그리스도의 사람들이라면 우리가 정말 빛과 소금이라면 불신자들과는 근본적으로 구별되어야 합니다.

다시 말해서 그리스도에게 소속되어 있다는 소속의식이 분명해야만 한다는 말입니다.

엘리야는 이스라엘 백성들을 향해 질타했습니다. "너희가 어느 때까지 두 사이에서 머뭇머뭇 하려느냐? 여호와가 만일 하나님이면 그를 좇고 바알이 만일 하나님이면 그를 좇을지니라"(왕상18:21)

오늘 이 자리에 참여한 성도 여러분! 자기 자신에게 솔직하게 물어 보시기 바랍니다. "나는 분명히 예수그리스도에게 속한 사람인가?" 아직까지도 확실하게 이 물음에 말할 수 없는 분이 계시다면 바로 지금 이 시간 결단하시기 바랍니다. 요한복음 15장에 보면 예수님께서는 예수님과 제자들 즉 우리와의 관계를 포도나무와 가지에 비유하셨습니다. "나는 포도나무요 너희는 가지니..." 가지는 포도나무 원줄기에서 떨어지면 곧 죽고 맙니다. 가지는 포도나무에 붙어 있을 때만 생존할 수 있고 과실을 맺을 수 있습니다.

여러분 우리의 존재가 우리의 삶이 그리스도에게 소속되어 있지 못하면 우리의 삶은 아무 의미가 없습니다. 열매를 맺지 못합니다. 우리가 그리스도 안에 거하지 아니하면 나무에서 떨어져 나간 가지처럼 밖에 버려져서 곧 말라죽게 되고 불에 던져지게 됩니다. 다시 말해서 지옥 형벌을 받게 된다는 말씀입니다.

여러분이 긍정하든 부인하든, 받아들이든 그렇지 않든 간에 하나님의 뜻 성경의 말씀을 있는 그대로 소개합니다. 여러분이 예수그리스도에게 거하면 영생을 얻지만 그리스도 안에 거하지 아니하면 무서운 지옥의 형벌을 받게 됩니다.

여러분! 오늘 우리가 살고 있는 세대는 우리를 유혹하고 우리를 붙드는 것이 너무 많이 있습니다. 그리스도 안에서 하나님과 맺은 사랑의 줄을 끊으려는 것들이 많이 있습니다. 그것이 돈이 될 때도 있고 권력이나 명예나 허영이 될 때도 있습니다. 사탄의 도전은 끈질깁니다. 우리로 하여금 그리스도로부터 떠나게 하려고 온갖 수단을 동원합니다.

그러나 여러분! 우리는 예수그리스도의 제자입니다. 예수그리스도에게 소속된 자들입니다. 절대로 우리를 그리스도에게서 떼어 놓으려는 그 어떤 유혹이나 음모에도 넘어가서는 안 됩니다. 우리는 항상 그리스도에게 소속된 신분으로 살아가야 합니다. 그것이 바로 제자의 가장 기본적인 길입니다.

둘째로 우리가 제자의 길을 걸어가려면 늘 스승 되신 그리스도를 배워야 합니다. 마11:28 "수고하고 무거운 짐 진 자들아 다 내게로 오라 내가 너희를 편히 쉬게 하리라 나는 마음이 온유하고 겸손하니 나의 멍에를 메고 내게 배우라"고 하셨습니다. 그렇습니다. 우리가 그리스도의 제자가 되었다면 우리는 그리스도를 배워야 합니다. 그리스도를 통하여 우리의 인격과 삶이 변화되고 성장하고 성숙해야 합니다. 그런데 예수님이 가신 길은 육신적인 면에서만 보면 고난의 길이었습니다. 그의 생애는 박해와 시련의 연속이었습니다. 그래서 예수님께서는 나의 멍에를 메고 내게 배우라고 하셨는지 모르겠습니다.

예수님의 제자가 되는 길,

예수님의 인격을 본받는 일,

예수님의 삶을 따르는 길 —그것은 예수님께서 말씀하셨듯이 좁은 문이요 좁은 길입니다. 고독한 길이요 험한 길입니다. "아무든지 나를 따라오려거든 자기를 부인하고 십자가를 지고 나를 좇을 것이니라." 주님을 위해서 나를 포기해야 하고 십자가의 고통과 고뇌를 감수해야만 합니다. 또한 예수님처럼 철저하게 낮아지는 생활을 배워야 합니다. 제자들의 때 묻은 발을 씻기시기 까지 하신 겸손을 배워야 합니다.

예수님의 삶은 전적으로 남을 위한 삶이었습니다. 인류구원을 위해 자기의 목숨까지 버린 삶이었습니다.

여러분! 우리는 너무나 자기중심적인 삶의 틀 속에서 살아가고 있습니다. 입으로만 사랑을 외치고 나만을 사랑해 주도록 요구하고 있습니다. 우리가 진정으로 그리스도의 제자가 되기를 원한다면 예수그리스도께서 보여주신 삶의 방식대로 섬기는 삶을 살아야 합니다. 베푸는 삶을 살아야 하고 희생하는 삶을 살아야 합니다.

고 백낙준 박사는 이렇게 말했습니다. "오늘날 백인의 우월성이나, 기독교의 우월성이나, 자본주의, 과학주의 등의 서구의 가치관이 흔들리고 있으며, 주종의 윤리를 중심으로 한 삼강오륜의 가치관도 흔들리고 있는 이때에, 가장 귀중한 가치관은 예수의 교훈에서 배워야하는데 그것이 곧 '섬김의 가치관'이다."

전주 예수병원장을 지낸 '데이비드 실'박사는 그의 저서 「아버지는 나의 아픔을 아는가?」라는 책에서 말하기를 "봉사가 없어도 구원을 받을 수 있으나, 섬김이 없이는 예수의 제자가 될 수 없다"고 했습니다.

친애하는 성도 여러분!

우리는 베드로와 안드레처럼, 야고보와 요한처럼 주님께로부터 부르심을 받았습니다.

주님은 우리가 아직 죄인 되었을 때에 우리를 부르셨습니다. 주님의 부르심을 받을 만한 아무 자격도 없을 때 우리를 불러서 구원해 주시고 영생도 약속해 주셨습니다. 그리고 당신의 제자로 삼아 주셨습니다. 이제 주님의 이 큰 사랑을 받은 우리들의 할 수 있는 일은 오직 한 가지! 주님께서 그리스도를 따르는 자들에게 주신 지상명령인 "땅 끝까지 이르러 내 증인이 되라"고 하신 사명을 우리의 삶을 통해 완수하는 길입니다. 우리가 살아가고 있는 바로 그곳에서 그리스도의 증인으로서 그리스도를 증거하며 복음을 전파하는 사명을 충성되이 감당해야 하겠습니다.

사랑하는 성도 여러분!

저와 여러분은 주님께로부터 선택을 받았습니다. 이제 우리는 갈릴리 바다라는 협소한 울타리 안의 사람이 아니라, 나 밖에 모르는 이기적인 존재가 아니라, 사람을 낚는, 사람의 영혼을 구원하는 사명을 땅 끝까지 전해야 하고 나의 삶을 통해 그리스도를 많은 사람에게 소개하는 그리스도의 증인으로 살아야 합니다. 모쪼록 힘들어도, 괴로워도, 외로워도 주님께 부르심을 받은 그 은혜에 감사하며 보답하는 삶을 살아가는 저와 여러분의 생애가 될 수 있기를 주님의 이름으로 축원합니다.

23
염려를 다 주께 맡기라!

벧전 5:7~10

어떤 심리학자는 말하기를 "사람이 마음이 평안하면 만난을 돌파할 수 있지만 마음이 불안하면 아주 작은 일도 할 수 없다"고 했습니다. 심지어는 편지 한 장도 제대로 쓰지 못한다고 했습니다. 정말 그렇습니까?

아무리 돈이 많고, 지식이 많고, 대단한 권세를 가지고 있어도 마음에 평안이 없으면 불행한 사람입니다. 우리는 종종 신문지상을 통해서 유명한 배우, 가수, 돈 많은 기업인들이 대마초나 히로뽕을 복용하다가 들켜서 사회에 충격을 주는 사건을 접하곤 합니다. 돈도 있고, 인기도 있고, 명예도 남부럽지 않은 그들이 왜 대마초나 히로뽕을 복용하여 환각상태에 빠지려고 하는가?

한마디로 말해서 이런 것, 저런 것, 다 가져 보고 누려도 보지만 마음에 참 행복이나 평안이 없기 때문입니다.

좀 다른 이야기 입니다마는 인생살이는 그런 것 같습니다. 내가 원하는 것 다 소유했다고 해서 행복한 것이 아니라 그것을 얻으려고 열심히 추구할 때가 더 행복하고 보람이 있는 것 아닌가 생각됩니다. 어쨌든 인간은 누구나 행복을 원하고 평안을 원하지마는 실제로 행복을 느끼고 평안을 느끼며 사는 사람은 극히 적은 것 같습니다. 어쩌면 우리가 살아가고 있는 현실은 염려와 근심의 연속이라고 해도 과언은 아닙니다. 무엇을 먹을까? 무엇을 입을까? 무엇을 취할까? 하는 문제로 하루도 마음이 평안할 날이 없습니다.

그리고 건강과 질병과 사고와 죽음에 대한 염려 때문에 하루도 평안할 날이 없습니다. 눈을 떠서 잠자리에 들기까지, 아니 꿈속에서라도 그것은 우리를 붙잡고 놓아주지를 않습니다. 우리는 어느 한 순간도 평안과 평화가 보장되지 않는 암울하고 두려운 긴 터널을 지나는 것 같습니다. 하루하루 식생활에 어려움을 겪는 사람은 생계를 꾸려 나가야 하는 근심 걱정에 시달려야 하고, 반대로 경제적인 부를 누리고 사는 사람들은 더 많은 부를 추구하며 자신의 이기적 욕심을 채우기 위해 평안을 상실한 채 살아가고 있습니다. 건강을 상실한 사람은 생존의 절박함 때문에 극도의 긴장과 근심 속에서 전전긍긍합니다. 반면에 건강한 사람은 그것을 유지하기 위해 또한 여념이 없습니다.

이러한 불안한 심리는 어른들만 가지고 있는 것이 아닙니다. 우리의 자녀들도 마찬가지입니다. 그들은 학교성적과 대학 입시에 대한 걱정과 두려움에 시달리고 있습니다. 근래 들어서 이 불안을 떨쳐버리지 못하고 자살하는 학생들이 자꾸 늘어만 가고 있는 현실입니다. 그런가 하면 젊은이들은 장래에 대한 걱정, 이상과 현실의 괴리에서 오는 번민과 갈등에 시달리고 있습니다.

그리스도인들도 예외는 아닌 것 같습니다. 신앙과 현실적 생활의 불일치에서 오는 갈등, 경건의 요구와 현실생활의 세속화에서 오는 괴리감 등등.. 이처럼 모든 사람들은 끊임없는 염려와 근심에 시달리며 살아가고 있습니다. 이러한 현상은 인간에게 큰 피해를 주고 있습니다. 많은 의학자들의 임상보고에 의하면 심한 염려와 근심의 정신적 긴장 상태는 정신병은 물론이지만 심장병, 소화기 계통의 질병에 직접적인 원인이 된다고 합니다. 특히 위궤양이라는 병은 염려와 근심에 싸여 오래 지나게 되면 자연히 생기는 병이라고 합니다.

우리나라에서 예전부터 흔히 가슴앓이라는 심장병도 과도한 염려와 근심 두려움과 공포로부터 발생하는 병입니다. 세계 제2차 대전당시 전사자가 35만 명이었습니다. 그런데 전쟁의 불안과 공포 때문에 심장마비로 죽은 사람이 무려 100만 명이 넘었다는 통계가 있습니다. 이것은 염려와 근심으로 인한 불안한 심리상태가 인간에게 얼마나 치명적인가를 보여주는 좋은 예라고 생각됩니다.

그리고 이러한 현상이 얼마나 보편적인가 하는 것을 보여주는 또 하나의 통계가 있습니다. 한 통계에 의하면 세계 최강국 미국에서 매일 밤잠을 청하기 위해 소비되는 알약이 2천만 개가 넘고 또 매년 두통을 덜기 위해 소비되는 아스피린의 양이 540만kg이나 된다고 합니다. 그리고 신경안정제를 사용하는 인구가 전 세계 인구의 1/3이 가까운 25억에 달한다고 합니다. 신문보도에 의하면 우리나라에서도 가장 많이 팔리는 약이 신경안정제와 진통제라고 합니다.

여러분! 왜 많은 사람들이 잠을 이루지 못하고 무엇 때문에 신경안정제를 복용하지 않으면 정상적인 삶을 살아가지 못합니까? 그것은 한마디로 말해서 근심과 염려, 불안과 공포 때문에 그들의 마음과 생활 속에 평안이 없기 때문입니다. 그렇습니다. 근심과 염려는 인간을 무력화시키는 가장 무서운 적입니다. 특히 하나님을 믿고 살아가야 하는 기독교인들에게 있어서 습관적인 염려와 근심은 매우 심각한 문제를 일으킵니다. 뿐만 아니라 우리의 사고와 행동에 절대적 영향을 미치게 됩니다.

그래서 성경은 우리들에게 "염려하지 말라"는 말씀을 무려 550번이나 되풀이해서 강조하고 있습니다. 그러나 우리가 한 가지 짚고 넘어가야 할 것은 성경에서 말하는 "염려하지 말라"는 개념이 어떤 사건이나 의무 수행이나 장래의 일에 대해서 심사숙고하지 아니하고 즉흥적으로 기분대로 되는대로 처리하라는 의미는 결단코 아니라는 사실입니다. 오히려 이 말씀은 마태복음 6장 25에서 "목숨을 위하여 염려하지 말라"는 개념에 더 가깝다고 보아야 합니다. 즉 생명의 곤란과 삶의 궁핍, 환경의 어려움 때문에 지나치게 염려하거나 마음이 동요되지 말라는 뜻입니다.

또한 이 말은 마태복음 6장34절에 있는 "내일 일을 염려하지 말라"는 개념과는 맥락을 같이 하는 말씀입니다. 만약에 '내일 아침 해가 뜨지 아니하면 어떡하나?' 염려하는 사람이 있다면 정신이상자라고 할 것입니다. 저녁 잠자리에 들면서 '영원히 눈을 뜨지 못하면 어떡하나?' 하는 불안 때문에 잠을 이루지 못하는 사람이 있다면 당장 정신 병원을 찾아봐야 한다고 여러분은 말 할 것입니다.

그런데 정도의 차이는 있을지 몰라도 이러한 어리석은 망상에 시달리고 있는 사람들이 의외로 많이 있습니다. 살아 보지도 않고 경험해 보지도 않고 부딪혀 보지도 않고 아직 주어지지도 않은 내일에 대한 염려 때문에 근심하고 고민하고 좌절하는 신도들이 많은 것 같습니다. 성경에서 사용된 '염려하다'는 헬라어 원어의 뜻은 '마음을 갈라버린다'는 의미입니다. 그렇습니다. 염려는 우리의 마음과 인격을 분열시킵니다. 사람의 마음을 여러 갈래로 쪼개서 사람을 작게 만들고 옹졸하게 만들고 이기적 존재로 만들어 버립니다. 염려는 우리로 하여금 원망하고, 불평하고, 탄식하고, 비난하고, 절망에 빠지게 하는 근원입니다.

지나친 염려는 우리의 감정과 이성을 파괴시키고 우리의 의지를 약화시켜서 어떤 문제나 상황에도 확실한 신념을 포기하게 하고 의심하게 만들어 버립니다. 그래서 염려가 일상생활 속에 깊숙이 침투하게 될 때 인간을 무력하게 만들고 염려가 신앙생활 속에 침투하게 될 때는 하나님을 신뢰하는 마음을 서서히 빼앗아가 버리고 맙니다. 그래서 나도 모르는 사이에 불신앙의 사람으로 사탄의 지배를 받게 됩니다. 때문에 하나님께서는 그의 자녀들을 향해 거듭거듭 염려 하지 말 것을 당부하셨던 것입니다.

자! 그러면 근심과 염려가 왜 나쁩니까?

첫째로 염려는 심신을 쇠약하게 만들기 때문입니다. 잠12:25 "근심이 사람의 마음에 있으면 그것으로 번뇌케 된다."고 했고, 잠15:13 "마음의 근심은 심령을 상하게 한다."고 했으며, 잠17:22 "심령의 근심은 뼈를 마르게 한다."고 했습니다. 우리가 일단 염려와 불안의 소용돌이 속에 빠지게 되면 정신분열의 상태에 이르게 되고 신경계통과 소화기 계통의 장애를 초래하게 되어서 우리의 육체를 극도로 쇠약하게 만들어 버립니다. 그래서 이러한 상태가 심화되면 신체의 쇠약은 물론이지만 마음과 영혼의 파괴를 가져와서 결국에는 고후7:10에 있는 말씀처럼 우리를 영육이 사망으로 몰아가게 됩니다.

둘째는 염려는 전혀 무익한 것이기 때문입니다.

주님은 이 문제에 대해 다음과 같이 반문하셨습니다. 눅12:25 "너희 중에 누가 염려함으로 그 키를 한자나 더 할 수 있느냐?" 그렇습니다. 신앙적인 면을 떠나서라도 염려는 우리에게 백해무익한 것입니다. 염려, 걱정, 불안 – 이 모두가 미래에 되어 질 그 어떤 상황이나 결과에 관한 것이라고 볼 때 이것은 사람의 의지나 희망이나 힘에 의해 변경되거나 개선되어 질 수 있는 성질의 것이 아니기 때문입니다. 미래의 시간은 인간이 건드리거나 넘볼 수 없는 전혀 불가능의 영역이기 때문입니다. 우리 자신이 아무리 원하다 할지라도 우리의 키를 변경 시킬 수 없듯이 미래의 시간과 상황에 대한 우리의 열망이 어떠한 결과를 희망한다고 해서 그 미래의 결과를 결정짓거나 좌우 할 수는 없는 것입니다. 그래서 주님은 마6:43에서 "그러므로 내일 일을 위하여 염려하지 말라. 내일 일은 내일 염려할 것이요, 한 날 괴로움은 그날에 족하니라."고 말씀하셨습니다.

셋째로 지나친 염려는 죄악이기 때문입니다.

왜 염려와 근심과 두려움은 죄악인가? 인간을 괴롭히는 염려와 근심과 두려움의 근원을 추적하면 그것은 하나님의 말씀을 무시하는데서 오는 현상이기 때문입니다. 여러분, 죄가 무엇입니까? 그것은 하나님의 말씀을 불순종하는 것입니다. 그리고 하나님께 대한 불순종은 하나님의 말씀에 대한 권위를 소홀히 여기고 무시하는 대로부터 비롯됩니다. 우리는 최초의 인간 아담과 하와가 하나님의 명령과 말씀을 무시한 후 그들의 마음에 일어난 가장 특징적인 현상이 두려움이었다는 사실을 잘 알고 있습니다. 대화와 교제의 대상이었던 하나님이었는데, 그들이 사탄의 유혹에 넘어가 하나님의 말씀에 대한 권위를 무시하고 경홀히 여김으로 얻은 대가는 사탄의 달콤한 약속과는 정반대였습니다. 사탄은 무화과를 따먹으면 하나님과 같이 된다고 보장 했지만 그들이 얻은 결과는 오히려 두려움과 공포 뿐 이었습니다. 그래서 그들은 대화와 교제의 대상이었던 하나님의 낯을 피해 동산 나무사이에 숨었던 것입니다. 여느 때처럼 “아담아! 아담아!” 찾으시는 하나님의 부르심에 아담은 다음과 같은 서글프고, 절망적이고, 두려움 섞인 대답을 할 수 밖에 없었습니다. 창3:10 “가로되 내가 동산에서 하나님의 소리를 듣고 내가 벗었으므로 두려워하여 숨었나이다.”

하나님의 말씀을 무시한 데서부터 최초의 인간 아담과 하와의 마음속에 처음으로 ‘두려움과 염려’라는 심리작용이 시작된 이래, 오늘날까지 인간들은 하나님의 경륜과 뜻과 그 명령을 거스르게 되면 반드시 두려움과 염려의 지배를 받게 된 다는 사실을 성경의 역사는 우리에게 밝혀 주고 있습니다.

다음으로 그것은 하나님의 권능과 지혜를 불신하는 것이기 때문입니다. 이스라엘 백성들은 애굽 땅의 모든 처음 난 것을 죽이시는 하나님의 능력을 실제로 목도했습니다. 그럼에도 불구하고 그들이 홍해 앞에 다달았을 때 그들은 두려움에 사로잡혀 출14:12“애굽 사람을 섬기는 것이 광야에서 죽는 것 보다 낫겠노라” 하면서 모세에게 도전했습니다. 이때 모세는 이스라엘 백성들을 향해 외쳤습니다.

출14:13~14 "너희는 두려워 말고 가만히 서서 여호와께서 오늘날 너희를 위하여 행하시는 구원을 보라 여호와께서 너희를 위해 싸우시리니 너희는 가만히 있을 지니라." 전혀 예기치도 못했고, 전혀 불가능한 상황 하에서 전적으로 하나님의 권능으로 애굽으로 부터 구원받은 이스라엘 백성들이 조금만 더 하나님의 섭리와 지혜와 경륜을 헤아릴 수 있었다면 홍해라는 절망적인 상황에 부딪혀서 '노예의 상태로 다시 돌아가겠다.'는 철없고 패역한 원망을 늘어놓지는 않았을 것입니다. 비록 당시의 상황이 앞뒤로 절박한 지경에 처해서 두려움과 공포에 떨 수밖에 없는 형편이었다 해도, 오히려 바로의 강력한 권세를 파하고 출애굽하게 해 주신 하나님의 권능을, 그의 지혜를 간구했어야 옳았을 것입니다.

그렇습니다. 이러한 측면에서 볼 때 염려와 두려움의 정체는 나를 향한 하나님의 섭리와 그 권능의 역사하심을 불신하는 데서 비롯된다는 결론을 우리는 갖게 됩니다. 나아가서 그것을 또한 하나님의 약속의 진실성을 의심하는 결과가 되기 때문에 죄악인 것입니다.

민수기14장에는 매우 서글픈 기사가 나옵니다. 약속의 땅, 목적의 땅 가나안을 목전에 두고 '한 장관을 세워 다시 애굽으로 돌아가겠다'는 이스라엘의 반복되는 패역의 모습을 기록하고 있습니다.

하나님께서는 벌써 400여년 전에 이스라엘의 조상 아브라함에게 이스라엘을 가나안으로 인도하실 것을 약속하셨습니다. "너는 정녕히 알라. 네 자손이 이방에서 객이 되어 그들을 섬기겠고 그들은 400년 동안 네 자손을 괴롭게 하리니 그 섬기는 나라를 내가 징치할 것이며 그 후에 네 자손이 큰 재물을 이끌고 나오리라" 창15장 13절 이하에서 아브라함에게 하신 하나님의 분명한 약속이었습니다. 이 약속은 이삭과 야곱을 거쳐서 반복되어지고 재확인되어진 틀림없는 약속이었습니다.

하나님께서는 이스라엘과의 이 약속을 이행하기 위해서 그 수많은 우여곡절 가운데서도 이스라엘을 보호하시고 인도해 주셨건만 이스라엘 백성들은 다시 또 현실의 난관에 부딪혀 두려움과 공포 때문에 약속성취에 대한 하나님의 진실성을 부인하는 죄악을 범하게 된 것입니다.

한마디로 말해서 신앙적인 측면에서 볼 때 염려와 근심은 주님께 대한 믿음이 없기 때문입니다. 믿음과 걱정은 한 마음 한 곳에 공존할 수 없습니다. 하나님을 온전히 믿고 주님만 의지하는 사람은 마음에 평화가 깃들고 능력과 기쁨이 솟아납니다. 그래서 사도바울은 말하기를 "하나님의 우리에게 주신 것은 두려워하는 마음이 아니요 오직 능력과 사랑과 근신하는 마음이라"고 했습니다.

자! 그러면 우리는 어떻게 하면 이 걱정과 염려로부터 벗어날 수 있습니까?

사도 베드로는 염려의 보따리를 다른 사람에게 맡겨 버리라고 권면하고 있습니다. 사도 베드로의 권면은 가장 확실한 방법입니다. 내가 가지고 있는 근심과 걱정과 염려를 보따리에 싸서 다른 사람에게 주어 버릴 수만 있다면 이처럼 확실한 방법이 또 어디 있겠습니까? 그런데 어떤 사람이 이 보따리를 맡아 주겠습니까? 내 근심의 보따리도 감당치 못하는데 그 누가 남의 근심 보따리 까지 맡아 주겠습니까? 석가모니를 비롯한 유명한 성현들은 한 결 같이 말합니다. "너희가 백팔번뇌로부터 해방되는 것은, 너희 욕심과 탐욕의 마음을 비우는 것이니라." 다시 말해서 '네 스스로 네 자신을 이겨내라'는 것입니다. 그러나 기독교는 근본적으로 다릅니다. 기독교는 우리의 걱정과 염려의 보따리를 기쁘게 맡아주실 분이 꼭 한분 있다는 것을 증언하고 있습니다. 그분은 이렇게 말씀하십니다. 마11:28 "수고하고 무거운 짐 진 자들아 다 내게로 오라 내가 너희를 평안히 쉬게 하리라"

여러분! 이분이 누구입니까? 예수 그리스도입니다. 그래서 사도 베드로는 확신 있게 외쳤습니다. 벧전5:7 "너희 염려를 다 주께 맡기라. 저는 너희를 권고하시리라" 시편 기자도 말합니다. 시55:22 "네 짐을 여호와께 맡기라. 너를 붙드시고 의인의 요동함을 영원히 허락지 아니 하리로

다.” “너희 길을 여호와께 맡기라 저를 의지하면 저가 이루시리라.”

사실 우리 인생의 길에는 항상 근심과 염려가 있습니다. 가정, 직장, 자식, 남편, 돈, 질병, 모든 것이 다 걱정거리입니다. 그러나 여러분! 인간의 힘으로 해결할 수 없는 문제는 주님께 맡겨야 합니다. 주님은 세상의 이런 저런 염려로 방황하는 인생들에게 비유로 말씀하십니다. 마 6:26, 6:28~30 “너희가 어찌 의복을 위하여 염려하느냐? 들의 백합화가 어떻게 자라는가 생각하여 보라. 수고도 아니 하고 길쌈도 아니 하느니라. 내가 너희에게 말하노니 솔로몬의 모든 영광으로도 입은 것이 이 꽃 하나만 같지 못하였느니라.” 눅12:24, 27 “오늘 있다가 내일 아궁이에 던지 우는 들풀도 하나님이 이렇게 입히시거든 하물며 너희 일까보냐? 믿음이 적은 자들아.” 주님의 이 말씀은 이 세상의 쓸데없는 근심과 염려로 좌절하고 실망하고 절망의 자리에 주저앉곤 하는 우리를 향하여 꾸짖는 말씀이기도 합니다.

또한 이 말씀은 염려로 키 한자도 더 할 수 없는 인간들이 그들의 염려로 마치 무엇인가를 개선하고 변화시켜 보려는 어리석음을 깨우치는 말씀이라고 생각합니다. 그리고 이 말씀은 모든 염려를 다 자기에게 맡길 것을 권면한 말씀이기도합니다.

여러분! 우리가 하나님의 자녀 됨을 진실 되게 고백할 수 있다면 하나님께서는 우리에게 이렇게 말씀하실 것입니다. “너는 두려워 말라. 내가 너를 구속하였고 내가 너를 지명하여 불렀나니 너는 내 것이라.” 저와 여러분을 지명해서 불러주신 여호와 하나님께서는 독생자 그리스도를 저와 여러분의 죄를 위해 내어 주시기까지 사랑하셨고 지금까지 변함없는 사랑의 손길과 관심으로 인도해 주셨습니다.

그렇다면 앞으로의 삶속에서도 하나님은 우리를 절대로 버리지 아니하실 것입니다. 우리의 염려와 전 생애를 주님께 맡길 때 주님은 우리의 미래를 책임져 주실 것입니다. 그런데 “너희 염려를 다 주께 맡겨버리라.” 어떻게 맡기라고요? 맡기되 다 맡겨야 합니다. 몽땅 남김없이 맡기라는 뜻입니다.

우리는 흔히 하나님을 내 생애에 첫째 자리에 모신다고 이야기 합니다. 그러나 '첫째 자리에 놓는다.'는 생각에는 함정이 있습니다. 나머지 자리에는 하나님도 없고, 나만 있어도 괜찮습니까? 아닙니다. 하나님은 우리 삶의 첫째 자리에도, 둘째, 셋째.... 모든 자리에 하나님이 계셔야 합니다. 주일에만 하나님과 함께하는 것이 아니라, 7일 전부를 하나님과 함께 하여야 합니다. 7일 전부를 하나님께 맡겨야 합니다. 순탄할 때나 역경의 때를 막론하고 모든 삶의 시간들을 하나님께 맡겨야 한다는 의미입니다.

1820년 「더블린」에서 태어나서 「트리니티」 대학을 졸업한 '조셉 스크리븐(Joseph Scriven)'이라는 사람이 있었습니다. 그는 아름답고 사랑스러운 아일랜드 처녀와 결혼하기로 했습니다. 그는 더할 나위 없이 행복했습니다. 그러나 결혼 전야에 그의 약혼녀는 그만 물에 빠져 죽고 말았습니다. 그는 마음의 고통과 슬픔을 잊기 위해서 사관학교에 들어갔습니다. 그러나 그의 정신적인 고뇌는 신체적인 허약을 가져와서 사관생도의 꿈마저 깨져버리고 말았습니다. 그는 정신적인 고통을 떨쳐버리기 위해 1945년 25세의 나이에 캐나다로 이민을 떠났습니다. 그는 마음의 상처와 인생의 공허함을 달래기 위해 가난한 사람들과 불구자, 고아와 과부 등 불쌍한 사람들을 위해 열심히 일했습니다. 그러는 가운데 마음에 위로와 용기가 생기고 다시 사랑하는 아가씨와 만나 두 번째 약혼을 했습니다. 그런데 두 번째 약혼녀마저 아무 이유 없이 시름시름 앓다가 죽고 말았습니다. 그리고 그에게 유일한 위로가 되고 용기를 주시던 어머니마저 절망적인 병으로 침대에 눕게 되었습니다. 이에 그는 어머니의 병상 곁에 무릎을 꿇고 말았습니다. 가슴속 깊은 곳에서 솟아오르는 처절한 슬픔과 고통에 몸부림 치고 있을 때, 그의 영혼 속에 영감이 떠오르기 시작했습니다. 그래서 글로 옮긴 것이 찬송가 487장 가사입니다.

죄짐 맡은 우리구주 어찌 좋은 친군지
걱정 근심 무거운 짐 우리 주께 맡기세
주께 사정 아뢰잖아 평화 얻지 못하네
우리들이 어찌하여 아뢸 줄을 모를까
시험 걱정 모든 괴롬 없는 사람 누군가
부질없이 낙심 말고 기도드려 아뢰세
이런 진실하신 친구 어디 다시 있을까
우리 약함 아시오니 어찌 아니 아뢸까
근심 걱정 무거운 짐 아니진 자 누군가
피난처는 우리예수 주께 기도드리세
세상 친구 멸시하고 너를 조롱하여도
주의 품에 안기어서 참된 위로 받겠네

그렇습니다! 모든 인생들에게는 고통, 괴롬, 시련, 염려가 없는 사람이 없습니다. 그러나 이 모든 어려움들이 아무리 극심하다 할지라도 이 모든 어려움들을 맡아 주겠노라고 자청하신 그리스도에게 맡기는 자들에게는 문제가 될 것이 없습니다.

요14:27 "평안을 너희에게 끼치노니 곧 나의 평안을 너희에게 주노라. 내가 너희에게 주는 것은 세상이 주는 것 같지 아니 하니라. 너희는 마음에 근심도 말고 두려워 하지도 말라." 주님께서는 그의 택한 백성들에게 항상 평안 주시기를 원하고 늘 평안을 예비하고 있지만 우리가 매일 매일의 삶속에서 주님의 그 약속과 그 신실하심에 대해 의심을 가지게 되고 맡기지 못한다면 우리는 우리를 서서히 파괴하고 죽이는 염려와 근심과 불안의 수렁에 빠져버리고 말 것입니다.

여러분! 우리는 주님께 모든 것을 다 맡겨야 합니다. 근심과 걱정은 인간들이 빠지기 쉬운, 인간에게 해를 끼치는 가장 위험한 함정입니다.

친애하는 성도 여러분!

무슨 일 때문에 어떤 상황이 여러분을 괴롭히고 삶을 무기력하게 하고 있습니까? 어떤 염려와 고뇌가 여러분을 실망케 하고 좌절케 하고 있습니까? 여러분! 어떤 경우에도 두려워하거나 좌절하지 마시기 바랍니다. 그것이 인간의 힘이 미치지 못하는 불가능의 영역이라면 우리의 염려와 근심으로 해결되는 것 아닙니다. 오히려 우리의 염려는 상황을 더 악화시키고 파멸의 시간을 단축시킬 뿐입니다.

강력한 이방세력의 위협 하에서 두려움에 떨고 있던 이스라엘 백성들에게 하나님께서는 약속하셨습니다. 사41:4 "지렁이 같은 너 야곱아! 너희 이스라엘 사람들아! 두려워 말라. 나 여호와가 말하노니 내가 너를 도울 것이라" 비록 우리는 넘실거리는 성난 파도 앞에 일엽편주와 같이 보잘 것 없고, 지렁이와 같이 무력한 존재에 불과하다고 할지라도 전능하신 하나님의 도우심이 있다면 겁낼 것이 없습니다. 어떠한 어려움 속에서도 염려와 근심과 불안을 떨쳐 버리고, 소망과 기쁨으로 승리 할 수 있을 것입니다.

이 시간 우리의 마음을 짓누르고 있는 모든 염려와 불안을 깨끗이 떨쳐 버리고, "내가 너를 떠나지 아니하며 버리지 아니하겠노라"고 하신 하나님께 모든 것을 맡기고, 용기를 가지고, 소망을 가지고 주어진 우리의 미래의 날들을 힘 있게 전진하기로 다짐하시는 복된 시간이 되시기를 축원합니다.

24
누구나 믿음의 조상이 될 수 있습니다

창12:1~9

아브라함을 믿음의 조상이라고 부르는 것은 아브라함으로부터 믿음이 시작되었다는 것을 의미하는 것은 아닙니다. 성경기록에 의하면 아벨도 있고 에녹도 있고 노아도 위대한 믿음의 사람이었습니다. 그럼에도 아브라함을 굳이 믿음의 조상이라고 부르는 것은 아브라함이라는 인물의 등장과 함께 성경의 구속사 다시 말해서 인류의 구원의 역사가 중대한 전환점을 맞게 되었음을 의미하는 것입니다. 또 하나 아브라함을 믿음의 조상이라고 부르는 것은 하나님께서 그의 믿음을 보시고 그것을 의로 여길 정도로 아브라함의 믿음이 훌륭하고 뛰어났다는 의미이기도 합니다.

그렇다고 해서 아브라함이 믿음의 조상으로 불리울 만한 좋은 객관적인 조건이나 배경을 가진 것은 아닙니다. 그는 우상숭배의 도시에서 태어나서 자랐고 그의 집안은 대대로 우상숭배의 가문이었습니다. 그렇다고 아브라함이 믿음의 조상으로 존경받을 만한 고매한 인격을 소유했거나 성품을 가진 인물도 아니었습니다. 여러 정황으로 미루어 볼 때 아브라함은 하나님께로부터 믿음의 조상으로 택함을 받을 만한 그 어떤 조건도 전혀 찾아 볼 수 없는 인물이었습니다. 한마디로 신앙적으로나 인간적으로 믿음의 조상으로 불려질만한 위인이 아니었습니다. 하나님의 구원 역사가 창12장 –아브라함으로부터 전혀 새로운 시대를 열고 있기 때문입니다.

자 그렇다면 믿음의 조상으로 불리우는 아브라함은 과연 어떤 인물인가? 잠시 살펴보고자 합니다. 아브라함은 노아의 세 아들 중 셈의 10대 손입니다. 그의 아버지는 '데라'였고 '데라'에게는 나홀, 하란 두 형제가 있었습니다. 하란이 일찍 죽은 후에는 그의 아들 롯을 아브라함이 맡아 키웠습니다. 아브라함은 갈대아 우르에서 태어나서 그 곳에서 성장했습니다. 우르라는 도시는 당시 세계에서 가장 발달된 성읍이었습니다. 정치 경제 문화의 중심지로써 물질적으로도 부요한 도시였습니다. 고고학적 발굴에 의하면 당시 우르에는 학교도 있었고 각 분야의 도서가 망라된 도서관도 있었습니다. 그러나 종교적으로는 우상이 만연된 도시였습니다.

여호수아24:2에 의하면 아브라함의 아버지 데라는 우상 숭배자였습니다. 이 말은 족장의 권한이 절대적이었던 당시 사회적 배경으로 미루어 볼 때 아브라함도 자의든 타의든 우상숭배 생활에 익숙해 있었을 것입니다. 이런 정황으로 미루어 볼 때 아브라함은 하나님께로부터 믿음의 조상으로 부르심을 받을 그럴만한 조건도 전혀 갖추지 못한 인물입니다. 또 그에 관한 기록을 보면 아브라함은 사람이 두려워서 두 번씩이나 자기 아내 사라를 누이동생으로 속일 정도로 비겁한 인물이었고 하나님의 약속의 때를 기다리지 못하고 몸종 하갈을 통해 대를 이어가고자 했던, 진득한 성품을 소유한 인물도 아니었습니다. 한마디로 인간적으로나 신앙적으로나 믿음의 조상으로 불려질만한 위인이 아니었습니다.

그럼에도 불구하고 하나님께서는 당시 위대한 제사장이요 살렘왕이었던 멜기세덱과 같은 흠 없고 거룩한 인물을 제쳐놓고 굳이 아브라함을 믿음의 조상으로 택하여 부르셨습니다. 그이유가 무엇일까? 우리는 알 수 없습니다. 그렇지만 하나님께서 이렇게 불완전한 아브라함을 믿음의 조상으로 택하여 부르셨다는 것은 하나님 앞에 늘 부족하고 허물 많은 우리에게 소망을 안겨주는 대목이기도 합니다. 만약에 아브라함이 완벽하고 온전한 조건을 갖춘 상태에서 부르심을 받았다면 또 그것이 인생을 부르시는 하나님의 기준이라면 우리는 하나님의 부르심에 대한 기대를 포기해야만 할 것입니다.

그런데 하나님은 불완전한 무명의 아브라함을 부르셨습니다. 저와 여러분 우리 모두도 우리가 아직 죄인 되었을 때 부르심을 받아 하나님의 자녀가 되었습니다. 베드로의 표현을 빌리면「왕같은 제사장」이 된 것입니다. 여러분, 아무리 대단한 조건을 가지고 있어도 하나님의 부르심을 받고 하나님의 인정을 받기 전 까지는 복 있는 삶이 아닙니다. 반면에 아무리 초라하고 보잘 것 없더라도 하나님께서 부르시고 하나님 손에 그 생애가 붙들리면 복되고 위대한 생애의 발자취를 남길 수 있습니다.

베드로를 보십시오. 그는 고기 잡는 어부에 불과했지만 주님의 부름을 받은 후 사람을 낚는 위대한 사람이 되었습니다. 미디안 광야에서 40년 동안 양을 치던 모세가 꺼지지 않는 떨기나무 속에 나타나신 하나님의 부르심을 받고 출애굽의 위대한 사역을 감당했습니다. 하나님의 위대한 사역을 수행한 성경에 등장하는 사람들의 행적은 다 그러했습니다. 이사야를 비롯한 선지자들이 그러했고, 복음의 세계화에 기여한 사도바울의 생애가 그러했습니다. 여러분, 하나님은 금그릇이나 은그릇만 사용하는 것이 아니라 질그릇도 사용하십니다. 하나님은 깨끗하기만 하면 그릇의 재질이 어떤 것이든 전혀 상관하지 않습니다. 또 어떤 경우에는 토기장이처럼 그릇을 부수어 하나님께서 사용하시기에 적합하도록 다시 만들어 사용하시기도 합니다. 구약의 삼손이나 신약의 바울이 그 대표적인 케이스입니다. 여러분, 이 사실은 모든 면에서 하나님의 기대에 마치지 못하는 우리에게 희망을 주고 다시 일어설 용기를 줍니다. 그러므로 우리는 하나님 앞에서 완전치 못함을 절망할 것이 아니라 깨어지지 않거나, 깨어지기를 주저하고 망설이거나, 애써 거부하는 우리의 완고함과 완악함을 고백하고 회개해야 합니다.

사랑하는 성도 여러분! 주님은 지금도 땅 끝까지 그리스도의 증인의 사명을 감당하도록 우리를 부르고 있습니다. 주님의 부르심에서 제외된 성도는 한 사람도 없습니다. 문제는 하나님의 부르심에 우리가 어떻게 반응하느냐 에 있습니다. 우리는 오늘 본문에서 아브라함의 행적을 통해 이점을 교훈 받기를 원합니다.

그렇다면 아브라함이 믿음의 조상이 될 수 있었던 비결은 무엇입니까?

첫째로 그것은 무엇보다도 하나님의 부르심이 있었기 때문입니다.

본문1절에 아브라함이 인류구원 역사의 무대에 처음으로 등장하는 장면을 이렇게 시작하고 있습니다. "여호와께서 아브람에게 이르시되" 아브라함을 택하신 배경 설명이 전혀 없이 다만 "여호와께서 아브람에게 이르셨다"라고 기록하고 있습니다. 하나님께서 아브라함을 부르심으로 인류구원의 위대하고 장엄한 드라마의 막이 오른 것입니다. 아브라함이 이 위대한 드라마의 주인공으로 발탁된 것은 이미 언급한 것처럼 아브라함이 남다른 조건을 가지고 있었다든지 뛰어난 장점이 있었다든지 또는 고매한 인격이나 인품이 있었기 때문이 아닙니다. 그것은 전적으로 하나님의 부르심에 의한 것이었습니다.

아브라함을 부르신 하나님께서는 그에게 복을 약속하셨습니다. 2절 "내가 너로 큰 민족을 이루고 네게 복을 주어 네 이름을 창대하게 하리니 너는 복이 될 찌라" "너는 복이 될 찌라" 시세말로 말하면 복덩어리가 되게 해 주시겠다는 말씀입니다. 이 말씀의 구체적 의미가 3절에 있습니다. "너를 축복하는 자에게는 내가 복을 내리고 너를 저주하는 자에게는 내가 저주하리니 땅의 모든 족속이 너로 말미암아 복을 얻을 것이라" 일방적이고 특별히 요구하는 조건도 없었습니다. 아브라함이 한 것은 하나님을 믿은 것 밖에 없습니다.

여러분! 우리가 하나님의 자녀가 되고 죄 사함을 받아 천국과 영생의 복을 받게 된 것도 마찬가지입니다. 하나님께서 우리를 부르셨고 부름에 응답하는 자 누구에게나 아무 조건 없이 복을 약속하셨습니다. "누구든지 저를 믿는 자는 멸망치 않고 영생을 얻으리라"

사도바울은 이 진리를 에베소1장에서 이렇게 밝히고 있습니다. 엡 1:3~6 "창세전에 그리스도 안에서 우리를 택하사 우리로 사랑 안에서 그 앞에 거룩하고 흠이 없게 하시려고 그 기쁘신 뜻대로 우리를 예정하사 예수 그리스도로 말미암아 자기의 아들들이 되게 하셨으니 이는 그가 사랑하는 자 안에서 우리에게 거저 주시는 바 그의 은혜의 영광을 찬송하게 하려는 것이라"

그렇습니다. 우리의 신앙고백은 "내가 하나님을 만났다" "내가 하나님을 찾았다"가 아니라 "하나님이 나를 만나시고 하나님이 나를 찾으신 것입니다" 내가 만나고 내가 찾았다고 생각하니까 교만해지고 만나고 찾은 동기나 상황이 변하면 믿음이 식어지는 것입니다. 성경어디에도 사람이 노력해서 하나님을 찾고 만났다는 기사는 없습니다. 언제나 하나님께서 먼저 찾으시고 부르셨습니다.

여러분! 하나님께서는 그리스도를 통하여 우리를 부르셨습니다. 그리고 하나님의 자녀가 되는 권세를 주셨고 하나님의 자녀로써 누릴 모든 영적인 복을 약속해 주셨습니다. 이 믿음이 확실하고 이 감격이 우리 속에 변함없이 살아 있다면, 그래서 하나님의 말씀이 내 심령에 들려질 때마다 아멘으로 응답될 수 있다면, 우리도 아브라함처럼 믿음의 조상이 될 수 있습니다.

두 번째로 아브라함이 믿음의 조상이 될 수 있었던 것은 떠날 자리를 떠났기 때문입니다. "너는 너의 고향과 친척과 아버지의 집을 떠나라!" 거기다가 앞으로의 삶에 대한 구체적인 대안이나 보장도 없고 또 어디라고 목적지가 정해진 것도 아닌 상황에서 그야말로 무조건 떠나라는 것

결코 쉬운 일이 아닙니다. 여러분! 떠난다는 것은 포기한다는 뜻입니다. 70년 넘게 살아온 삶의 터전도 포기하고 친척을 비롯한 모든 인간관계를 포기한다는 것 어려운 일입니다. 그러나 아브라함은 떠나라는 하나님의 명령에 지체하지 아니하고 우르를 떠났고 하란을 떠났습니다. 아브라함이 모든 것을 포기하고 고향을 떠났다는 것은 하나님의 부르심에 대한 아브라함의 응답이요, 선택이요, 결단이었습니다. 하나님의 부르심이 신앙의 첫 단계라고 한다면, 떠난다는 것은 신앙의 두 번째 단계라고 할 수 있습니다.

여러분! 많은 사람들이 중도에서 신앙생활에 실패하는 이유가 어디에 있습니까? 그것은 떠나야 할 자리를 떠나지 못하기 때문입니다. 사도바울은 골로새서에서 그것을 '땅에 있는 지체'라고 규정하면서 음란, 부정, 사욕, 정욕, 탐심이라고 했습니다. 이것 외에도 우리가 주님을 따르기 위해서는 떠나야 할 것 버려야 할 것이 많습니다. 이기심, 미움, 교만, 위선, 체면, 쾌락, 안일 한마디로 '자기'를 떠나야 합니다.

그래서 주님은 나를 따라 오려거든 자기를 부인하라고 하셨고 자기 십자가를 져야 한다고 하셨습니다. 자기를 포기하는 일이 십자가를 지는 것처럼 힘들다는 것을 말씀하신 것입니다. 찬송의 가사처럼 주 예수 보다 더 귀한 것이 없어야 신앙생활에서 성공할 수 있는데, 반대로 우리의 삶 속에 주 예수 보다 더 귀한 것 투성이라면 어떻게 예수 믿고 따르는 일에 성공 할 수 있겠습니까?

여러분! 오늘날 우리는 세상도 즐기면서 예수를 믿고 따르기를 원합니다. 그래도 괜찮다면 얼마나 좋겠습니까? 그러나 타락한 인간의 본성은 절대로 두 가지를 동시에 품고 살지 못합니다. 어떤 이들은 몸은 세상을 좇아 살지만 마음만은 주를 향해 있다고 말합니다. 교회는 나가지 않지만 예수는 믿는다고 말합니다. 말장난에 지나지 않습니다. "너희가 어찌하여 둘 사이에서 머뭇머뭇 하느냐?" 엘리야의 질타처럼 신앙생활에는 중간지대가 없습니다. 물론 우리가 연약하여 신앙의 기복이 있을 수도 있고, 신앙의 성장이 더딜 수도 있고 ,죄의 함정에 빠질 수 있습니다. 그러나 어떤 경우든 주님을 따르는 길은 하나밖에 없습니다. "주 예수를 믿으라. 그리하면 너와 네 집이 구원을 얻으리라" 오직 예수입니다. 그 어떤 경우에도 비 신앙적인 방법과 행동이 정당화 될 수 없고 용납되지도 않습니다. 지은 죄를 회개하고, 떠나야 할 자리를 떠나야만 예수를 따를 수 있다는 말씀입니다. 아직도 우리 속에 신앙의 진보를 가로막는 장애가 있다면 그것이 아무리 내게 귀하고 아까운 것이라 할지라도 포기해야 주님과 동행할 수 있습니다.

1. 내주 하나님 넓고 큰 은혜는 저 큰 바다보다 깊다
   너 곧 닻줄을 끌러 깊은 데로 저 한가운데 가보라
4. 자 곧 가거라 이제 곧 가거라 저 큰 은혜 바다향해
   자 곧 네 노를 저어 깊은 데로 가라 망망한 바다로

후렴) 언덕을 떠나서 창파에 배 띄워 내 주 예수
은혜의 바다로 네 맘껏 저어가라

그렇습니다. 세속에 매여 있는 죄의 밧줄을 끊어 버려야 은혜의 바다로 나갈 수 있습니다. 우리를 향하신 하나님의 은혜가 아무리 크고, 넓고, 깊다 할지라도 죄를 떠나지 못하고, 탐욕의 자기를 포기할 수 없는 사람은 절대로 주님과 동행 할 수 없습니다. 구원과 영생과 천국도 물거품이 되고 맙니다.

셋째는 하나님의 말씀을 충실하게 따르는 것입니다.

본문1절에 보면 하나님은 아브라함에게 "내가 네게 보여줄 땅으로 가라!"고 명하셨고, 본문5절에 보면 "아브라함이 여호와의 말씀을 따라갔다"고 했습니다. 지도를 보고 여행일정을 잡은 것도 아니고, 어디가 살기 좋은 지 수소문 하지도 않았고, 가족 친지들과 의논하지도 않았습니

다. 그저 하나님의 말씀만을 좇아갔습니다. 신앙의 세 번째 단계입니다. 그것은 하나님께 대한 전폭적인 신뢰를 뜻하는 것입니다.

자신의 미래를 하나님께 맡긴 것입니다. 자신의 행동의 결정권을 하나님께 맡긴 것입니다.

인기 프로 중 개그콘서트라는 유머프로가 있습니다. 그 중에 '두분토론'이라는 코너가 있는데 남성과 여성을 대표한 남녀 두 개그맨이 남성과 여성의 그릇된 행태를 코믹하게 풍자하는 내용입니다. 그 중 남자 개그맨이 꼭 반복하는 말이 있습니다. "자기 하고 싶은 것 다하면 소는 누가 키우노"하는 대사입니다. 이 말을 신앙생활에 적용해 보면 이렇게 말할 수 있습니다. "자기 하고 싶은 거 다하면 하나님은 언제 섬기노"

여러분! 많은 성도들이 나름대로 떠나는 경험 갖기를 원하고 다짐하기도 합니다. 탐욕을 떠나고, 교만도 떠나고, 마음도 떠나고, 이기심도 떠나겠노라고 다짐합니다. 그러나 떠나는 것도 중요하지만 그것으로 만족해서는 안 됩니다. 신앙을 떠나는 것으로만 생각하니까 늘 회개의 눈물만 흘리는 것입니다. 물론 하나님께서 우리를 부르신 것은 떠나야 할 자리에서 떠나라고 부르신 것입니다. 지난날의 죄와 허물을 뉘우치고 회개하고, 불의하고 거짓되고 이기적인 탐욕의 자리에서 떠나라고 부르신 것 맞습니다. 그러나 그것이 우리를 부르신 궁극적인 목적은 아닙니다.

베드로는 하나님께서 우리를 부르신 목적에 때해 이렇게 말합니다. 벧전2:9 "너희는 그의 소유가 된 백성이니 이는 너희를 어두운데서 불러내어 그의 기이한 빛에 들어가게 하신 이의 아름다운 덕을 선포하게 하려 하심이라" 그러면서 베드로는 벧전1:14~15 "너희가 전에 알지 못할 때에 따르던 너희 사욕을 본받지 말고 오직 너희를 부르신 거룩한 이처럼 모든 행실에 거룩한 자가 되라"고 권면했습니다.

"아름다운 덕을 선포하게 하려 하심이라" 무슨 말입니까? "떠나라"는 차원에 머물지 말고 '가라'는 것을 강조한 것입니다. 어떻게 하는 것이 하나님의 덕을 선포하며 사는 것인가? 어떻게 사는 것이 그리스도를 땅 끝까지 증거 하는 증인으로 사는 삶인가? 하는 것을 염두에 두며 살아야 한다는 말씀입니다.

여러분! 떠나는 차원에 머물러 있는 성도는 훌륭한 수도자는 될 수 있어도 예수님의 제자는 될 수 없습니다. 단순히 떠나는 차원에만 머물러 있는 성도는 다시 옛 자리 옛 생활로 되돌아갈 확률이 대단히 높습니다. 가룟유다가 그 대표적인 인물입니다.

저는 지난 주간에 TV에서 예수의 삶을 실천하다가 세상을 떠난 한 신부의 이야기를 다룬 다큐멘터리를 보며 부럽기도 했고 또 한편으로는 내 자신이 몹시 부끄러웠습니다. 그 신부는 요즘 극장가에서 많은 사람들에게 깊은 감동을 주고 있는 '울지마 톤즈'라는 영화의 주인공 '이태석신부'입니다. 그는 의대를 졸업하고 군의관으로 군 생활을 마친 후 수도사의 꿈을 버리지 못하고 뒤늦게 신부 수업을 마친 후 2001년 아프리카 수단 톤즈에 도착합니다.

그 곳은 문명의 이기와는 철저히 단절된 곳이었고, 무엇하나 제대로 먹을 것 없는 배고픔과 굶주림만이 기다리는 곳이었습니다. 그 뿐만이 아니었습니다. 고열과 구토에 시달리는 하루 수십 명의 말라리아 환자들, 콜레라로 심한 설사를 하며 탈수돼 심장이 멎어가는 원주민들, 지난 2005년까지 20년 동안 200만 명이 사망한 내전으로 팔다리가 잘리거나 가족을 잃어 정신적으로 깊은 상처를 가진 사람 등, 하나같이 도움이 필요한 사람들이었습니다. 그는 45℃가 넘는 무더위 속에서 매일매일 끊임없이 몰려오는 원주민을 하루 300명 이상 치료하고, 또 한센인들이 모여 사는 마을을 찾아가 그들의 상처를 직접 어루만져 닦아주고 치료해 주었습니다. 스스럼없이 그들과 함께 먹고 생활했습니다. 그는 8년 동안 그곳에서 사역하면서 병원도 세우고, 학교도 세워 직접 수학과 음악을 가르치기도 했습니다. 음악에 남다른 소질이 있던 그는 꿈도, 희망도 없이 하루 연명하기조차 힘든 헐벗은 어린이들에게 한국에서 후원해 준 악기를 나눠주고, 자기가 먼저 익힌 다음, 아이들을 지도해서 수단 최고의 브라스밴드를 만들기도 했습니다. 그렇게 8년을 자신의 몸을 돌보지 않고 헌신하던 그는 갑작스런 암 선고를 받고 3년간 투병생활을 하다가 금년 1월 소천 했습니다.

그는 "가장 보잘 것 없는 작은 자 하나에게 준 것이 곧 나에게 준 것"이라는 주님의 말씀에 감동을 받아 아프리카로 가서 그 누구도 돌보지 않는 톤즈 사람들을 위해 자신의 삶 전부를 쏟아 부었습니다. 그렇습니다. 그는 주님께서 부르시자 탄탄한 내일이 보장된 그 자리를 지체 없이 떠났고 주님께서 그 심령에 말씀하시고 이끄시는 대로 지체 없이 따라갔습니다.

사랑하는 성도 여러분! 우리의 삶을 이끄는 원동력이 무엇입니까? 우리의 행동을 결정하고 주도 하는 것이 무엇입니까? 돈 입니까? 권세입니까? 아니면 이해타산 입니까? 사람의 말입니까? 성경에 신앙의 사람들은 하나같이 하나님의 명령과 지시와 말씀이 그들의 행동과 삶의 유일한 기준이었고 절대적인 추진력이었습니다.

오늘 본문의 아브라함의 생애가 그 대표적인 경우입니다. 하나님은 그러한 아브라함과 늘 동행하셨고, 보호해 주셨고, 위험에서 건져 주셨고, 그의 앞길을 인도하셨습니다. 많은 재물과 명예도 주셨습니다. 하나님께서 아브라함의 모든 것이 되어 주신 것입니다.

여러분! 우리도 아브라함처럼 적법한 유일한 상속자, 백세에 낳은 아들마저도 주저 없이 바칠 수 있는 하나님의 말씀에 대한 절대적 신뢰와 실천적 믿음의 자리에 나아갈 수 있다면 우리도 누구나 믿음의 조상이 될 수 있습니다. "내 믿음으로는 안 된다! 불가능하다!" 포기 하지 마십시오. 아브라함도 처음부터 그런 믿음 가진 것 아닙니다. 그도 하나님의 약속이 미덥지 못해서 사라의 몸종 하갈을 통해 낳은 이스마엘로 하여금 후사를 삼고자 했던 적도 있고 하나님의 허락도 없이 약속의 땅 가나안을 떠나 기근을 피해 애굽으로 내려가기도 했고, 사람이 두려워서 아내

사라를 누이동생으로 속이기도 했습니다. "그가 애굽에 가까이 이르렀을 때에 그의 아내 사래에게 말하되 내가 알기에 그대는 아리따운 여인이라. 애굽 사람이 그대를 볼 때에 이르기를 이는 그의 아내라 하여 나는 죽이고 그대는 살리리니 원하건대 그대는 나의 누이라 하라 그러면 내가 그대로 말미암아 안전하고 내 목숨이 그대로 말미암아 보존되리라 하니라"

여러분! 이것이 믿음의 조상이라고 하는 아브라함이 할 소리입니까? 그런데 사실은 이 아브라함의 모습이 바로 우리의 모습입니다. 삶의 기근이 닥치고 손익의 갈림길에 서게 되고 생존의 위협을 받을 만한 긴박한 환경에 처하게 되면 우리도 아브라함처럼 전혀 하나님을 믿는 믿음의 사람답지 못한 비 신앙인의 모습으로 전락될 때가 있다는 말씀입니다. 그러나 하나님은 아브라함에게 한 약속을 저버리지 아니했습니다. 끝까지 아브라함을 지켜 주셨습니다. 그리고 아브라함도 실패의 자리에 머무르지 아니했습니다. 아브라함은 지체하지 아니하고 실패의 자리를 떠나 다시 하나님의 말씀을 좇아갔습니다. 그의 위대한 신앙은 이러한 실패의 과정을 거치면서 성숙되어갔고 완성되어 갔습니다.

사랑하는 성도 여러분!

내 신앙의 의지와는 달리 내 신앙의 모습이 기대에 미치지 못하고 자주 실패하곤 해서 힘들고 괴로울 때는 없습니까? 낙심할 것 없습니다. 사실은 정도의 차이는 좀 있을지 몰라도 누구나 다 그렇습니다. 누구나 잠시 신앙의 궤도에서 벗어날 수 있습니다. 그러나 다시 돌아 서면 됩니다. 호세아 선지자의 말처럼 다시 여호와께로 돌아 서면 됩니다. 탕자처럼 회개하고 아버지께로 돌아가면 됩니다. "오라 우리가 여호와께로 돌아가자 여호와께서 우리를 찢으셨으나 도로 낫게 하실 것이요 우리를 치셨으나 싸매어 주실 것임이라 여호와께서 이틀 후에 우리를 살리시며 셋째 날에 우리를 일으키시리니 우리가 그의 앞에서 살리라"(호6:1~2) 우리에게 주시는 희망의 메시지입니다.

끝으로 믿음의 조상이 되려면 예배생활에 성실해야 합니다.

아브라함이 하나님과의 관계를 성공적으로 지속할 수 있었던 것, 그가 믿음의 조상이라는 영광을 차지할 수 있었던 것은 어디를 가든 먼저 하나님께 단을 쌓은데 있습니다. 7절과 9절에 보면 "그곳에서 단을 쌓았다"고 했습니다. 13장에 넘어가서 보면 그가 애굽에서 돌아와서 벧엘에서도 또 헤브론에서도 여호와를 위하여 단을 쌓는 그의 모습을 발견할 수 있습니다. 그가 가는 곳마다 그곳에 단을 쌓았다는 것은 이곳저곳 나그네처럼 유랑하는 고된 환경 속에서도 하나님을 경외하고 신뢰하는 하나님 중심주의로 살겠다는 강력한 의지의 표현이기도 하고 서원이기도 했습니다.

여러분! 하나님과 바른 관계, 지속적인 관계를 갖기 원하고 또 하나님을 참으로 믿고 경외하는 성도는 절대로 예배를 소홀히 하지 않습니다. 예배를 소홀히 하면서도, 하나님을 믿고, 경외하고, 하나님 뜻대로 산다는 말은 거짓말입니다. 교회가기 싫고 예배드리는 일이 부담되는 마음이 들면 신앙생활에 빨간불이 들어 온 것으로 보면 틀림이 없습니다. 예배생활에 실패하면 신앙생활에 실패합니다.

말씀을 마칩니다. 저는 오늘 설교준비하면서 TV '생활의 달인'이라는 프로가 생각났습니다. 참 다양한 달인들이 우리 생활 속에 있는 것을 알 수 있습니다. 병따개 없이도 신들린 듯 뚜껑을 따고 뚜껑을 쓰레기통으로 날려 버리는 병뚜껑 달인, 가위질 몇 번에 대게를 순식간에 먹기 좋게 손질하는 대개 손질의 달인, 스무 가지 넘는 다양한 크기 모양의 주먹밥 김밥을 만들어 내는 주먹밥의 달인, 50인분의 짜장면을 한 번에 볶으면서도 양파 한 조각 떨어지는 법 없고, 수타로 뽑은 면을 눈 깜짝할 사이에 개개의 그릇에 넣고, 짜장 소스를 일정한 분량으로 1인분씩 그릇에 담아내는 짜장면의 달인, 그 외에도 봉투의 여왕, 만두와 찐빵의 달인, 고공 삼단 토스트의 달인, 신문배달의 달인 등, 수도 없이 많은 달인들이 있습니다. 그런데 경력을 보면 평균 5~6년 정도의 정도입니다. 같은 일을 5~10년 정도하면 그 분야의 달인이 되는 것입니다.

여러분! 우리는 예수 믿는 일 몇 년째 입니까? 제직들은 보통 10년, 20년 다 넘지 않습니까? 30년, 50년, 태어날 때부터 예수 믿으신 분도 많습니다. 그렇다면 예수 믿는 일, 예수님을 닮아 가는 일, 예수님처럼 사는 일에 달인의 수준에 있어야 하지 않겠습니까? 믿음의 조상의 반열에 들어서야 당연한 것입니다. 그런데 오히려 신앙의 달인이 아니라 정죄와 판단과 위선의 달인이라는 손가락질을 받아서는 안 되지 않습니까?

오늘날 교회가 사회로부터 이런 대접을 받고 있습니다. 물론 소수의 무리 때문에 받는 부당한 대접이지만 그렇다고 우리와 전혀 무관한 일은 아닙니다. 우리 모두가 세상의 빛과 소금의 역할을 제대로 못해서 이 지경까지 오게 된 것인지도 모릅니다. 그러나 실망 할 필요는 없습니다. 낙심 할 필요도 없습니다. 여러분 누라 뭐래도 우리들만이라도 주님께서 말씀하시고 본보여 주신대로 참 신앙의 본질과 본분을 회복하면 됩니다. 하나님의 말씀을 좇아 살면 됩니다. 떠나라 하시면 떠나고 가라하시면 단서 달지 말고 말씀 따라 살면 됩니다.

미국의 목회자 '더글러스 웹스터'는 「낮아짐」이라는 책에서 우리는 끊임없이 하나님께 항복하는 훈련을 해야 한다고 역설했습니다. 그렇습니다. 우리는 우리의 약함을 고백하고, 무릎 꿇고, 우리의 무능함을 고백하고, 두 손 들고 백기를 흔들며, 항복하는 훈련을 계속해야 합니다. 하나님이 우리 인생을 최선으로 이끌어 주실 것을 믿고 하나님께 맡겨야 합니다. 왜냐하면 우리는 약하지만 하나님은 강하시기 때문이요, 하나님만이 우리 상황을, 우리 인생을 바꿀 수 있기 때문입니다. "내가 약할 때에 곧 강함"의 진리를 깨달을 때 믿음의 조상이 될 수 있습니다.

모쪼록 금년 한 해, 아니 일평생 ,우리 모두 믿음의 조상을 목표로 주님 손에 붙들리어 성공적인 신앙의 삶을 살아 갈수 있기를!

25
천국을 준비하며 삽시다!

마25:1~13

기독교의 궁극적인 목표는 천국입니다. 기독교의 구원의 도리나 교훈도 중요하고 기독교적인 삶도 중요하지만 그 모든 것이 목적은 천국입니다. 기독교인 뿐 아니라 불신자들도 천국을 동경합니다.

그들은 천국이 어떤 곳인지 구체적으로 알지 못하지만 하여튼 그곳은 이 세상 어떤 곳보다 황홀하고 안락하고 부족함이 없는 완전무결한 파라다이스의 세계라고 알고 있습니다.

그런데 실제로 천국은 그런 곳입니다,

계21:1~4 "또 내가 새 하늘과 새 땅을 보니 처음 하늘과 처음 땅이 없어졌고 바다도 다시 있지 않더라. 또 내가 보매 거룩한 성 새 예루살렘이 하나님께로부터 하늘에서 내려오니 그 준비한 것이 신부가 남편을 위하여 단장한 것 같더라. 내가 들으니 보좌에서 큰 음성이 나서 이르되 보라 하나님의 장막이 사람들과 함께 있으매 하나님이 그들과 함께 계시리니 그들은 하나님의 백성이 되고 하나님은 친히 그들과 함께 계셔서 모든 눈물을 그 눈에서 닦아 주시니 다시는 사망이 없고 애통하는 것이나 곡하는 것이나 아픈 것이 다시 있지 아니하리니 처음 것들이 다 지나갔음이라" 다른 것 다 제쳐 놓고라도 인생사 최고의 슬픔이요 비극인 죽음이 다시는 없는 곳이라고 하니 어찌 사모하지 않겠습니까?

여러분! 천국에는 영생이 있습니다.

성경은 이것을 '다시는 사망이 없고'라고 기록하고 있습니다. 우리는 이 세상사는 동안 사랑하는 사람을 죽음으로 잃는 고통을 피할 수 없습니다. 그러나 하늘나라에는 죽음으로 인해 사랑하는 사람들과 헤어져야 하는 뼈아픈 비극이 다시는 존재하지 않는 나라입니다. 질병도 없고, 눈물도 없고, 아픈 것도 없는, 이 땅에 존재하는 고난이나 불행이 전혀 없는 곳이니까 얼마나 기가 막힌 곳입니까? 특히 우리 성도들이 그토록 만나고 싶어 하는 하나님의 장막, 하나님의 집이 우리와 함께 하는 곳이니까 두 말 할 필요가 무엇이 있겠습니까?

그런데 문제는, 이 천국은 희망하거나 열망한다고 해서 들어 갈 수 있는 나라가 아니라는데 있습니다. 천국은 준비된 자만이 들어 갈 수 있습니다. 많은 성도들이 오해 하는 것이 있습니다.

누구든지 예수그리스도를 믿으면 죄 사함을 받아 구원받고 천국 들어간다고 하니까 교인이 되면 누구나 천국 들어가는 것으로 착각합니다. 그러나 주님께서 하신 오늘 본문의 말씀을 보면 그렇지 않습니다. 준비된 자만이 들어 갈 수 있습니다.

여러분! 성경에 나오는 하나님의 사역을 성공적으로 감당한 신앙의 사람들을 보십시오. 준비되지 않은 사람 하나도 없습니다. 노아는 120년 동안 방주를 준비했습니다. 아브라함은 25년간 기다림 끝에 이삭을 낳았고 아브라함 신앙의 압권이라고 할 수 있는 이삭을 바치는 장면을 보면 그가 이삭을 바치기 위해 얼마나 세밀하게 준비하고 하나님의 뜻을 수행하는지 잘 나타나 있습니다. 모세는 80년간 준비하고 나서 출애굽의 대역사를 성공적으로 수행할 수 있었습니다.

예수님은 이 땅에 오셔서 30년간 준비하시고 나서 3년간의 공생애를 감당하셨습니다. 천국에 들어가는 일도 마찬가지입니다. 준비 잘 해야 들어갈 수 있습니다. 그런데 오늘날 많은 사람들은 육적인 일, 세상일에는 준비 많이 하면서 영적 일, 천국 가는 일에 대해서는 별도 준비하지 않습니다.

어떤 배가 폭풍을 만나 항로를 이탈하여 높은 파도와 싸우다가 겨우 무인도에 도착하였습니다. 배는 제 기능을 할 수 없게 된 뒤여서 할 수 없이 승객들은 이 섬에 정착하게 되었습니다. 게다가 그 땅은 비옥해서 씨앗을 심기만 하면 몇 달 후에는 풍성한 식량을 추수할 수 있었습니다. 그런데 놀라운 일이 생겼습니다. 그 땅에 황금 덩어리가 묻혀 있는 것을 발견한 것입니다. 사람들은 흥분하기 시작 했고 다른 곳에도 황금이 있는가해서 동분서주 했습니다. 몇 달 후에 황금은 산더미처럼 쌓였습니다. 그런데 그 즈음 그들의 식량은 거의 바닥을 드러내고 말았습니다. 그때서야 사람들은 밭에 나가 땅을 일구어 씨를 뿌렸지만 이미 때는 늦었습니다. 파종할 시기를 놓쳐 버린 것입니다. 그들은 산더미처럼 쌓인 황금을 바라보며 굶어 죽고 말았습니다.

많은 사람들이 입술로는 천국을 노래하고 원하지만 사실은 황금에 눈이 멀어 천국을 준비하는 일에는 별 관심이 없고 준비도 없습니다. 이 세상에서 좋은 집을 사서 이사 갈 준비는 철저히 하면서도 우리 인생의 영원한 집, 천국에 대한 준비는 하지 않습니다.

마태복음7장에는 우리를 당혹하게 하는 장면이 있습니다. 마지막 때 많은 사람이 주님께 나와서 이 땅에서 자신의 종교적 열심에 대해 자랑을 늘어놓습니다. 주의 이름으로 선지자 노릇도 했고, 귀신도 쫓아내기도 했고, 그 밖에도 주의 이름으로 많은 권능을 행하였노라 공치사 합니다. 그러나 주님은 그들을 향해 "너희를 도무지 알지 못한다."고 하면서 "불의를 행하는 자들아 내게서 떠나가라!" 고 호통을 치십니다. 여러분 왜 이런 비극적인 상황에 직면하게 되었습니까? 제대로 준비하지 않은 것입니다. 여러분 세상일이던 영적인 일이던 준비되어 있지 않으면 실패나 어려움을 면할 수 없습니다.

연평도 사건을 예로 들어 볼까요? 그간 정부는 서해5도에 대한 북한의 그 어떤 도발도 막아낼 만반의 태세가 있다고 호언장담 했습니다. 그러나 이번 연평도 사건이 터지자 우리의 방어 태세가 얼마나 허술했는지 드러났습니다. 적의 도발을 막아낼 준비도 안돼 있었고 보복할 준비도 제대로 갖추지 못했습니다. 어떻게 보면 화를 자초한 것입니다. 신앙생활도 마찬가지입니다. 우리가 천국을 소망 한다고 해서 다 들어가는 것이 아닙니다.

주님은 마태복음 24장에서 마지막 때에 이 땅에 임할 징조에 대해서 여러 가지 말씀하시면서 그 날이 도적같이 임할 것이기 때문에 항상 깨어 준비하고 있어야 할 것을 경고하셨습니다. 마24:42~44 "그러므로 깨어 있으라. 어느 날에 너희 주가 임할는지 너희가 알지 못함이니라. 너희도 아는 바니 만일 집 주인이 도둑이 어느 시각에 올 줄을 알았더라면 깨어 있어 그 집을 뚫지 못하게 하였으리라 이러므로 너희도 준비하고 있으라. 생각하지 않은 때에 인자가 오리라"

왜 깨어 있어야 하고, 무엇을 준비하고 있어야 하는가? 주님은 마25장에서 세 가지 비유를 들어 말씀하셨는데, 오늘 본문은 그 첫 번째로 소위 열 처녀 비유로 불려지는 내용입니다. 10명의 처녀가 등을 준비하고 신랑을 맞으러 나갔는데 다섯 처녀는 신랑을 맞아 혼인잔치에 참예하고 다른 다섯 처녀는 혼인잔치에 참예하지 못했습니다. 그 이유는 등에 기름이 떨어졌기 때문입니다. 신랑이 늦게 도착하는 바람에 등에 기름이 떨어져서 기름을 사러 간 사이에 신랑이 도착하므로 신랑을 맞이하지 못해 혼인잔치에 참예 하지 못 한 것입니다. 본문의 비유를 정확히 이해하려면 먼저 유대 사회의 결혼풍습을 알 필요가 있습니다. 일반적으로 유대의 혼인 풍습은 신랑이 신부 집에서 간단한 의식을 치른 후에 신부와 신부의 들러리를 데리고 자기 집으로 가서 7일 동안 혼인잔치를 치르게 됩니다. 이때 신부의 들러리들은 신부집 문밖에서 등을 들고 있다가 신랑이 도착하면 신랑을 영접해서 신부에게로 인도하도록 되어 있습니다.

그런데 신랑이 도착하는 시간이 정확하게 정해 있는 것은 아닙니다. 따라서 신부의 들러리들은 신랑이 늦어질 경우에 대비해서 충분한 기름을 준비해 두어야만 합니다. 그런데 본문에 나오는 미련한 다섯 처녀는 '신랑이 해 지기 전에 오겠지..' 하는 안일한 생각에 등의 기름을 확인하지 않은 것 같습니다. 그래서 늦게 도착한 신랑을 맞이할 수가 없었던 것입니다.

이 비유에서 혼인잔치는 천국을 상징하고 신랑은 예수그리스도 열 처녀는 예수그리스도의 재림을 기다리는 성도를 의미하고 있습니다. 그러니까 이 비유는 성도의 신분을 가지고 있다고 해서 다 천국에 들어 가는 것은 아니라 등과 기름을 준비한 성도만이 천국에 들어 갈 수 있다는 말입니다.

그렇다면 이 비유가 우리에게 주는 교훈은 무엇입니까? 먼저 주님께서 천국을 혼인잔치에 비유하고 있다는 점에 주목할 필요가 있습니다. 예로부터 결혼은 인륜지대사라고 불려왔습니다. 사람의 일생에 있어서 가장 중요한 큰일이라는 뜻입니다. 결혼은 사회를 구성하는 가장 기본적인 단위요, 사람이 참 평안과 안식을 얻는 최상의 보금자리 일뿐 아니라 인류의 번식과 유지라는 차원에서도 이 보다 더 크고 중요한 일은 또 없을 것입니다. 이러한 의미에서 혼인잔치는 세상 그 무엇과도 비교 할 수 없는 기쁨의 축제입니다. 천국도 마찬가지입니다. 이 세상의 아무리 좋은 일 기쁜 일이 있고 아무리 좋은 곳이 있다한들 천국에 비교할 수 있겠습니까? 또 세상에 아무리 행복한 일이 있다 한들 천국에서 누릴 영생복락에 비교 할 수 있겠습니까? 그리고 이 세상에 아무리 좋은 사람이 있다한들 예수님에게 비교할 수 있겠습니까? 신부에게 신랑이 최고이듯이 예수님은 우리의 영원한 신랑입니다. 따라서 천국은 우리가 신랑 되시는 예수님과 백년가약이 아니라 영원한 가약을 맺는 혼인잔치처럼 기쁨과 사랑과 행복이 넘치는 곳입니다.

두번째는 천국은 준비된 자만이 들어 갈 수 있다는 사실입니다. 준비하되 성실하게 해야 한다는 것입니다. 본문 2절에서 4절까지를 보면 주님은 열 처녀를 두 종류로 분류하셨습니다. 하나는 미련한 처녀들이고 또 하나는 슬기로운 처녀들입니다. 그런데 그 기준은 그들의 외모나 재능이나 열심이 아니라 준비성 이었습니다. 여러분! 열 처녀 모두 끝까지 신랑을 기다렸는데 왜 다섯 처녀는 혼인잔치에 참여 하지 못했습니까. 그 이유는 단 하나 – 3절의 말씀처럼 기름을 충분히 준비하지 못했기 때문입니다. 처음부터 등에 기름이 없었던 것은 아닙니다. "우리 등불이 꺼졌나니…" 8절의 말씀을 미루어 볼 때 그들의 등에도 기름이 담겨 있었습니다. 그러나 얼마나 담겨 있는지 확인은 하지 않았습니다. 아마도 그동안 쓰다 남아 있었던 것으로 추측해 볼 수 있습니다. 그녀들은 '신랑이 해지기 전에는 오겠지..' 안일하게 생각해서 따로 준비하지 않은 것 같습니다. 그런데 신랑이 더디 오므로 낭패를 본 것입니다.

반면에 슬기로운 처녀들은 신랑이 늦게 올 것에도 대비해서 충분한 양의 기름을 준비한 것입니다. 주님께서 강조하시고자 한 것은 신랑 맞을 준비를 철저히 해야 한다는 것입니다. 천국을 맞이하는 성도의 자세를 말씀하신 것입니다. 오늘 본문의 비유에서 '등'이 외형적인 신앙생활을 의미한다면 '기름'은 내면적인 신앙 생활을 의미한다고 볼 수 있습니다.

여러분! 예배, 찬송, 기도, 봉사와 같은 외적인 신앙의 표현이나 생활 – 반드시 필요합니다. 그러나 그것은 어디까지나 믿음과 사랑, 신령과 진정, 경건과 거룩, 희생과 용서와 같은 내적인 신실함이 전제되어야 의미가 있고 가치가 있습니다. 그렇지 않으면 아무리 외적인 신앙의 표현이 대단하다 해도 주님의 인정을 받지 못합니다. 오히려 주님께로부터 버림을 받습니다. 12절 "진실로 너희에게 이르노니 내가 너희를 알지 못하노라 하였느니라" 무슨 말입니까? 주님의 재림을 맞이할 수도 없고 천국에 들어갈 수도 없다는 것입니다.

여러분, 사람들은 흔히 크고 화려한 외형의 등에 관심이 많습니다. 그러나 주님의 관심은 기름에 있습니다. 물론 등도 좋고 기름도 충분하다면 더 말할 나위가 없습니다. 하지만 아무리 등이 좋아도 기름이 없으면 아무 쓸모가 없습니다.

믿음 없이도 예배드릴 수 있고 기도 할 수도 있습니다. 감사나 기쁨이 없이도 찬송 부를 수 있습니다. 사랑의 마음이 없어도 구제할 수 있습니다. 주님과 이웃을 향한 진실 된 열정이 없어도 봉사 할 수 있습니다. 예수님을 주인으로 섬기지 않고도 가장 충성스러운 척 '주여! 주여!' 외칠 수 있습니다. 그러나 주님은 그것은 외식이라고, 위선이라고 질타 하셨고, 화 있을 것이라고 하셨습니다. 그것은 주님을 위한 것이 아니라 자기를 위한 것입니다.

성도 여러분! 등만 준비되었다고 해서, 다시 말해서 예배드리고 찬송 부르고 기도하는 것과 같은 그럴듯한 신앙의 모습을 갖추고 있다고 해서, 또 집사요, 권사요, 장로요, 목사라고 해서, 교사, 찬양대원, 제직이라고 해서 안이하고 나태하게 방심하고 있다가는 주의 재림이 도적같이 임하는 날에 땅을 치고 후회해도 소용이 없습니다. 지옥 형벌을 면할 수 없습니다. "그러므로 너희는 깨어 준비하고 있으라" 주님의 경고입니다.

다음으로 생각해 보고자 하는 것은 '신랑이 왜 더디 왔을까?' 다시 말하면 '주님의 재림이 왜 더딘 것일까?'하는 것입니다. 베드로는 이렇게 말합니다. 벧후3:9 "주의 약속은 어떤 이들이 더디다고 생각하는 것 같이 더딘 것이 아니라 오직 주께서는 너희를 대하여 오래 참으사 아무도 멸망하지 아니하고 다 회개하기에 이르기를 원하시느니라." 평소에 천국을 준비하며 사는 성도를 가려내기 위함입니다.

주님은 마24:44 이하에서 이렇게 말씀하십니다. "주인이 집안을 맡기고 제때에 양식을 내주도록 맡긴 신실하고 슬기로운 종이 누구 겠느냐? 주인이 돌아와서 볼 때 주인이 명한 대로 일하고 있는 종은 복되다 내가 너희에게 진정으로 말한다. 주인은 그 종에게 자신의 모든 소유를 맡길 것이다. 그러나 악한 종이 주인이 오랫동안 돌아오지 않을 것이라고 마음속으로 생각하여 다른 종들을 때리기 시작하고 술꾼들과 함께 먹고 마신다면 생각지도 않은 날, 알지 못하는 때에 그 종의 주인이 올 것이다. 그 때에 주인은 그 종에게 벌을 내리고 그 종을 위선자처럼 여길 것이다 그 종은 거기서 슬피 울고 고통스럽게 이를 갈 것이다"

또 주의 재림이 더딘 것은 우리를 사랑하심 때문입니다. 베드로는 벧후3:8~9 "사랑하는 자들아 주께는 하루가 천년 같고 천 년이 하루 같다는 이 한가지를 잊지 말라 주의 약속은 어떤 이들이 더디다고 생각하는 것 같이 더딘 것이 아니라 오직 주께서는 너희를 대하여 오래 참으사 아무도 멸망하지 아니하고 다 회개하기에 이르기를 원하시느니라."

그렇습니다. 주의 재림이 더딘 것은 우리에게 기회를 주시기 위함에 있습니다. 베드로의 말처럼 주님은 한 사람이라도 더 천국에 들이기 위함 때문입니다. 그런데 여러분! 우리가 죽을 때까지 또는 주님이 재림하실 때까지 늘 깨어 준비하고 있을 수만 있다면 얼마나 좋겠습니까? 그러나 그렇게 완벽하기란 불가능합니다. 안 그러려고 힘쓰고 애쓰지만 나도 모르게 졸 때가 있습니다. 본문 5절에도 보면 슬기로운 처녀도 졸며 잤다고 하지 않습니까? 그렇습니다. 아무리 믿음이 뛰어나다고 할지라도 졸 때가 있고 잘 때가 있습니다. 그러나 평소에 성실하게 천국을 준비하고 믿음을 쌓아왔다면 곧 깨어납니다. 다시 신앙의 자리로 돌아옵니다.

어찌 되었던 주님의 재림이 더디다고해서 신앙생활 나태하거나 현실의 삶에 안일하게 대처해서는 안 됩니다. 형식적이고 습관적인 종교생활만으로 "내 신앙은 문제없겠지.." 자만해서는 안 됩니다. 사도바울처럼 매일매일 내가 죽지 않으면 옛사람이 다시 살아납니다. 세상이 너무 좋고, 돈이 너무 좋고, 안락함에 길들여져서 천국을 준비하는 일 소홀히 하면 주님이 재림하시는 날이 제삿날입니다.

그러므로 우리는 주님의 거룩하신 거울 앞에 우리 자신의 신앙의 모습을 늘 비춰 보면서 잘못되고 부족한 것이 보이면 성령의 도움을 받아 우리 자신을 처 복종시키는 일을 게을리 해서는 안 됩니다. 신앙이란 언제

시작되었느냐 하는 것도 의미가 있지만 정말 중요한 것은 지금의 내 신앙의 모습입니다. 오늘 현재 내 신앙이 과연 주님의 재림을 맞기에 부족함이 없는 신앙인가 하는 것입니다. 과거에 대단했던 신앙의 경력이 천국 들어가는데 전혀 도움이 되지 않습니다. 그래서 사도바울은 자신의 대단한 과거의 신앙의 행적과 경력들을 미련 없이 다 배설물처럼 버렸습니다. 그리고 이렇게 말합니다. 빌립보서3:12~14 "내가 이미 얻었다 함도 아니요 온전히 이루었다 함도 아니라. 오직 내가 그리스도 예수께 잡힌바 된 그것을 잡으려고 달려가노라. 형제들아 나는 아직 내가 잡은 줄로 여기지 아니하고 오직 한 일, 즉 뒤에 있는 것은 잊어버리고 앞에 있는 것을 잡으려고 푯대를 향하여 그리스도 예수 안에서 하나님이 위에서 부르신 부름의 상을 위하여 달려가노라"

그렇습니다. 신앙은 '여기까지다,' '이만하면 되겠지.'라는 것이 없습니다. 우리의 신앙의 종착점은 주님의 재림하시는 날입니다. 또는 사도바울이 말한 것처럼 하나님이 위에서 부르시는 날 까지 입니다. 죽는 날까지 믿음의 경주를 멈춰서는 안 됩니다. 잠시도 천국을 준비하는 일 – 게을리해서는 안 됩니다. 왜냐하면 10절의 말씀처럼 혼인잔치의 문이 한번 닫히고 나면 다시는 열려지지 않기 때문입니다.

이런 찬송이 있습니다.

구원의 문 열렸으니 주의 공로 힘입어
주저 말고 들어가서 생명 길로 갑시다
구원의 문 닫힌 후엔 들어가고 싶으나
한번 닫힌 구원의 문 또 열려지지 않으리
구원으로 인도하는 그 좁은 문 들어가
영생으로 인도하는 그 생명 길 갑시다.

그렇습니다. 아직은 구원의 문, 천국의 문은 열려 있지만 다시 말해 아직은 구원의 기회, 천국의 기회가 누구에게나 주어져 있지만 그러나 그 문이 닫혀 질 때가옵니다. 한 번 닫혀 지면 다시는 열려지지 않습니다. 다시는 기회가 없다는 것입니다. 11절~12절 "그 후에 남은 처녀들이 와서 이르되 주여! 주여! 우리에게 열어주소서 대답하여 이르되 진실로 너희에게 이르노니 내가 너희를 알지 못하노라 하였느니라."

여러분 다시 한번 강조합니다. 하나님께서는 모든 인생들이 구원에 이르기를 원하고(딤전2:4) 또 모든 사람에게 구원의 기회를 주시지만 그렇다고 해서 무한정 구원의 문을 열어 놓으시는 것은 아닙니다. 하나님께서 정하신 때가 되면 구원의 문, 천국의 문은 닫힙니다. 한번 닫히면 다시는 열려지지 않습니다. 그러므로 지금이야 말로 구원의 때요, 은혜 받을 만한 때입니다.

그래서 이사야 선지자는 "너희는 여호와를 만날 만한 때에 찾으라! 가까이 계실 때에 그를 부르라."(사55:6)고 했습니다. 히브리서 기자는 "오직 오늘이라 일컫는 동안에 매일 피차 권면하여 너희 중에 누구든지 죄의 유혹으로 완고하게 되지 않도록 하라."(히3:13)고 권면하고 있습니다.

끝으로 오늘 비유의 결론은 '깨어있으라!'는 것입니다.

13절 "그런즉 깨어 있으라. 너희는 그날과 그때를 알지 못하느니라." '깨어 있으라'는 말 – 주님께서 종말을 언급하실 때마다 거듭 강조하신 말씀입니다. "깨어 있으라. 내가 너희에게 하는 이 말은 모든 사람에게 하는 말이니라."(막13:37) 그렇습니다. 마지막 때를 살아가는 우리 성도들은 깨어 있어야 합니다. 불법과 불의와 탐욕으로 혼탁하고 어두워진 세상에서 복음의 진리와 의의 기치를 높이 들고, 빛과 소금의 역할을 제대로 감당하려면 깨어 있어야 합니다. 깨어 있는다는 것이 단순히 종교의식에 잘 길들여진 습관적이고 의례적인 행위만을 의미 하는 것 아닙니다. 등만 준비했다고 안심해서는 안 됩니다. 기름을 준비해야 합니다. 빈 등은 아무 쓸모가 없습니다. 기름을 준비한다는 것은 무엇을 말합니까? 말씀과 기도로 주님과 늘 교제해야 한다는 것입니다.

우리 속사람이 세상 풍조에 흔들리지 않도록 성령 충만하여 성령의 지배를 받아야 한다는 것입니다. 히11장에 나오는 신앙의 선진들처럼 생명력 있는 믿음과 경건의 생활화에 힘써야 한다는 것입니다. 사랑의 실천에 힘쓰며 주님께서 피 흘려 값 주고 사신 교회를 위해 맡겨진 사명과 본분에 충성해야 한다는 것입니다. 천국을 준비하는 삶 –그 기본은 영적으로 깨어 있는 것입니다. 매일 매일 삶의 현장에서 부딪히는 모든 상황 속에서 매사에 내 뜻이 아니라 하나님의 뜻을 묻고, 찾고, 하나님의 뜻에 순종하는 삶을 사는 것입니다. 결코 쉬운 일은 아닙니다. 손해 보는 일일 수도 있고, 고난일수도 있습니다. 분노일수도 있고, 억울함일수도 있습니다. "의를 위하여 박해를 받는 자는 복이 있나니 천국이 그들의 것임이라. 나로 말미암아 너희를 욕하고 박해하고 거짓으로 너희를 거슬러 모든 악한 말을 할 때에는 너희에게 복이 있나니 기뻐하고 즐거워하라. 하늘에서 너희의 상이 큼이라 너희 전에 있던 선지자들도 이같이 박해하였느니라."

여러분! 믿음대로 살려고 할 때, 의롭게 살려고 할 때, 오는 고난과 박해는 슬프거나 불행한 것이 아닙니다. 하늘의 상을 위해 공적을 쌓아가는 것입니다. 그래서 주님은 '기뻐하고 즐거워하라'고 하신 것입니다. 세상부귀, 영화, 안락함 때문에 천국을 준비하는 일 소홀히 하는 일 없기를 바랍니다.

주일학교에서 공부하고 돌아온 어린 소녀가 엄마에게 말합니다. "엄마! 오늘 주일학교 선생님이 이 세상의 삶은 천국의 삶을 준비하는 거라는데 맞아요?" 어린 딸의 물음에 엄마는 "물론이지 꼭 맞는 말씀이야." 라고 대답했습니다. 그러자 어린 딸은 정색을 하면서 엄마에게 말합니다. "엄마! 엄마는 작년에 미국 다녀오시고 금년에도 영국을 가시는데, 외국 여행 가실 때마다 열심히 준비하시면서 왜 천국 갈 준비는 안 해요?"

그렇습니다. 세상사 모든 일에도 준비를 잘해야 하지만 믿는 자에게 약속된 영생복락의 세계 –천국을 준비 하는 일은 그것과 비교 할 수 없습니다. 눈앞에 이익이나 부요나 쾌락에만 정신 팔려 내세를 준비하지 못하면 거지 나사로의 이야기에 나오는 부자처럼 슬피 울며 통곡할 때가 옵니다.

사도바울은 이렇게 권면합니다. 롬13:11~12 "또한 너희가 이 시기를 알거니와 자다가 깰 때가 벌써 되었으니 이는 이제 우리의 구원이 처음 믿을 때보다 가까웠음이라 밤이 깊고 낮이 가까웠으니 그러므로 우리가 어둠의 일을 벗고 빛의 갑옷을 입자"

우리 모두 늘 깨어 천국을 준비하며 사시기를 주님의 이름으로 축원합니다.

26
네 주인의 즐거움에 참예할 찌어다
마25:23~30

본문은 마25장에 기록된 천국에 대한 두 번째 비유입니다.

마25장에 기록된 천국에 관한 내용은 천국의 모습이나 상황을 이야기하고 있는 것이 아닙니다. 성도들이 장차 들어갈 천국의 파노라마는 요한계시록 21장과 22장에 자세하게 묘사되어 있습니다. 계22:1~5 "또 저가 수정같이 맑은 생명수의 강을 내게 보이니 하나님과 및 어린양의 보좌로부터 나서 길 가운데로 흐르더라. 강 좌우에 생명나무가 있어 열두가지 실과를 맺히되 그 나무 잎사귀들은 만국을 소성하기 위하여 있더라. 다시 저주가 없으며 하나님과 그 어린 양의 보좌가 그 가운데 있으리니 그의 종들이 그를 섬기며 그의 얼굴을 볼 터이요 그의 이름도 저희 이마에 있으리라."

사도요한이 본 천국 모습의 한 부분입니다. 주님께서 보여준 천국의 모습이 얼마나 아름답고 황홀하고 좋은지, 사도요한은 천국을 새 하늘과 새 땅이라고 표현했습니다.

이 세상의 그 어떤 단어로도 그 아름다움과 평화로움을 설명할 수가 없고 이 세상의 그 무엇과도 도저히 비교할 수 없는 감동과 황홀함에

도취되어 그냥 새 하늘, 새 땅 이라고 표현한 것이라고 생각합니다.

그러나 여러분! 이렇게 천국이 아무리 말로 표현 할 수 없을 정도로 아름답고 좋으면 무엇 합니까? 문제는 "어떻게 하면 그곳에 들어 갈 수 있느냐?"하는데 있습니다.

주님은 25장의 비유를 통해서 그 비결을 말씀하시고 있는 것입니다. 우리가 지난번 살펴 본대로 주님은 먼저 열 처녀 비유를 통해서 천국에 들어가기를 원하는 자들은 항상 깨어있어야 한다는 것과 등에 기름을 항상 예비하고 있어야 함을 강조 하셨습니다.

그렇다면 깨어 있다는 것 예비하는 삶이란 실제적으로 어떤 삶을 말하는 것인가?

주님은 본문의 달란트 비유와 31절 이하의 양과 염소의 비유를 통해 그 답을 우리에게 제시해 주셨습니다. 오늘은 달란트비유를 통해 천국에 관한 내용을 살펴보려고 합니다. 본문은 여러분이 너무나 잘 아는 내용이기 때문에 그 줄거리를 다시 반복하지 않습니다. 본문14절에 보면 "어떤 사람이 타지에 갈 때 그 종들을 불러 자기 소유를 맡김과 같으니"라고 했습니다. 여기서 어떤 사람은 주인으로 그리스도를 의미합니다. 종들은 그리스도를 주로 고백하는 모든 성도들과 교회를 의미합니다.

19절에 오랜 후에 주인이 돌아 왔다는 것은 그리스도의 재림을 뜻하고 회계한다는 것은 재림하신 그리스도에 의한 모든 인생들에 대한 심판을 의미합니다. 본문은 우선 주님께서 천국의 실재성을 다시 강조하시고 있다는데 우리는 주목해야 합니다. 주님은 주인이 그냥 종들에게 달란트를 맡겼다는 말로 비유를 시작하지 않고 "어떤 사람이 타지에 갈때"라는 상황을 전제하셨습니다. 이것은 두말 할 것 없이 부활의 주님께서 가실 천국을 강하게 암시하는 말씀입니다. 주님께서 부활하셔서 가신 곳 우리 성도들이 이 세상에서의 삶을 마감하면 가는 곳, 주님께서 재림하시면 성도들이 주님과 함께 들어 가게 될 하늘나라가 실제로 존재한다는 것을 강조하신 것입니다.

여러분! 여러분은 이 천국에 대해서 어떻게 생각하십니까? 의외로 많은 성도들이 천국의 실재성에 대해 막연한 생각을 갖고 있는 것 같습니다. 단지 영혼들이 모여 있는 초현실적인 어떤 상상의 공간을 연상하는 사람들이 있습니다.

그러나 성경은 천국이 하나의 실존으로 존재한다고 말합니다. 눈으로 보고, 손으로 만지고, 피부로 느끼고, 몸으로 접촉되는 하나의 형태로 존재한다는 것을 강조하고 있습니다. 전설이나 단순한 이상의 나라가 아니라는 것입니다.

주님은 요14장에서 이렇게 말씀하십니다. 요14:1~3 "너희는 마음에 근심하지 말라 하나님을 믿으니 또 나를 믿으라. 내 아버지 집에 거할 곳이 많도다. 그렇지 않으면 너희에게 일렀으리라 내가 너희를 위하여 처소를 예비하러 가노니 가서 너희를 위하여 처소를 예비하면 내가 다시 와서 너희를 내게로 영접하여 나 있는 곳에 너희도 있게 하리라." 또 십자가상에서 한편의 강도에게는 "오늘 네가 나와 함께 낙원에 있으리라"고 말씀하셨습니다. 모두 천국이 실제로 존재하는 공간임을 천명하신 것입니다.

계21장에는 천국의 거룩한 성 예루살렘의 규모와 형태에 대한 구체적인 내용이 기록되어 있기도 합니다. 계21:12~17 "크고 높은 성곽이 있고 열 두 문이 있는데 문에 열 두 천사가 있고 그 문들 위에 이름을 썼으니 이스라엘 자손 열 두 지파의 이름들이라 동편에 세 문 북편에 세문 남편에 세문 서편에 세문이니 그 성에 성곽은 열두 기초석이 있고 그 위에 어린 양의 십이사도의 열두 이름이 있더라. 내게 말하는 자가 그 성과 그 문들과 성곽을 측량하려고 금 갈대를 가졌더라. 그 성은 네모가 반듯하여 길이와 너비가 같은지라 그 갈대 자로 그 성을 측량하니 일만 이천 스다디온이요 길이와 너비와 높이가 같더라. 그 성곽을 측량하매 일백 사십사 규빗이니 사람의 측량 곧 천사의 측량이라"

여러분! 천국 이야기는 사람들의 호기심을 불러일으키기 위해서 지어낸 이야기가 아닙니다. 성도들을 기독교에 묶어두기 위해서, 아니면 위협하기 위해서 만들어낸 허상이 아닙니다. 천국은 하나님의 장막이 사람들과 함께 있으며 하나님이 통치하시는 나라입니다. 그리스도가 이 땅에 오시기전 계셨던 곳이요 부활 승천하셔서 다시 가신 나라입니다. 먼저 이 세상 떠난 성도들이 하나님과 함께 영생복락의 삶을 누리는 곳입니다.

여러분! 천국의 실재성을 믿지 못하는 성도는 기독교인이 아닙니다. 성도가 아닙니다. 천국은 믿지 못해도 예수는 믿는다, 천국은 믿지 못해도 구원은 믿는다, 천국은 믿지 못해도 십자가는 믿는다. 말도 안 되는 이야기입니다.

여러분! 그리스도를 하나님의 독생자로 구원의 주로 믿습니까? 그런데 왜 천국은 믿지 못합니까? 믿으신다구요? 그러면 어째서 천국을 준비하지 않습니까?

다음으로 생각해 보고자 하는 것은 우리에게 주신 달란트의 성격입니다. 이 땅에서 선한 장사를 잘해야 천국에 들어갈 수 있는데 그 장사에 필요한 달란트를 주님이 우리 모두에게 주셨다는 것입니다.

달란트는 주님이 주신 은사와 능력과 재능을 말합니다. 그런데 주님께서 우리에게 주신 달란트에는 특성이 있습니다.

첫째는 그 소유권이 주님께 있다는 것입니다. 14절 "그 종들을 불러 자기 소유를 맡김과 같으니…" 주인은 달란트를 종들에게 준 것이 아니라 맡긴 것입니다. 여러분! 우리의 생명, 건강, 재물, 재능, 명예, 이 모든 것의 소유권이 누구에게 있습니까? 내게 있는 것이 아닙니다.

살고 죽는 것 내 마음대로 할 수 있습니까?

건강 내 마음대로 조정 할 수 있습니까?

재물, 명예, 조금만 주의 깊게 생각해 보면 그것도 내 것이 아닙니다.

사무엘의 어머니 한나의 고백은 불변하는 진리입니다. 삼상2:6~8 "여호와는 죽이기도 하시고 살리기도 하시고 음부에 내리게도 하시고 올리

기도 하시는 도다. 여호와는 가난하게도 하시고 부하게도 하시며 낮추기도 하시고 높이기도 하시는 도다. 가난한 자를 진토에서 일으키시며 빈핍한 자를 거름더미에 올리사 귀족들과 함께 앉게 하시며 영광의 자리를 차지하게 하시는 도다. 땅의 기둥들은 여호와의 것이라 여호와께서 세계를 그 위에 세우셨도다."

그렇다면 '주님께서 우리에게 주신 달란트를 어떻게 사용해야 하는가?' 하는 문제에 대한 답은 자명합니다. 주님을 위해 사용해야 합니다. 주님의 뜻에 따라 사용해야 합니다. 많은 성도들이 달란트를 자기 것이라고 생각하니까 이기적이고 탐욕에 빠지고 교만해지는 것입니다. 우리에게 주신 주님의 모든 은사나 재능이나 능력은 하나님께서 은혜로 주신 것이요, 하나님의 영광을 위해서 사용하라고 주신 것이요, 사람들에게 유익을 주고, 사람을 고치고 살리라고 주신 것인데 그것을 자신의 이익과 욕심과 안일만을 위해 사용하거나 나태하게 그것을 썩혀두는 것은 무책임한 일이요 잘못된 일입니다. 이런 사람은 천국에 들어 갈 수 없다는 것입니다.

둘째는 주님께서는 달란트를 누구에게나 다 주셨다는 것입니다. 15절 서두에 보면 달란트를 각각 나누어 주었다고 했습니다. 주님은 우리에게 가족 단위로 또는 그룹으로 달란트를 주시지 않았습니다. 개별적으로 주셨습니다. 한사람도 빠짐없이 누구에게나 다 주셨습니다. 이 점에 대해서 사도바울은 엡4:7에서 말하기를 "하나님은 우리 각 사람에게 그리스도의 선물의 분량대로 은혜를 주셨나니"라고 했습니다.

〈람보〉라는 영화의 주인공은 "나는 소모품에 불과하다"고 절규하고 있지만 하나님은 한 사람도 소모품이나 찌꺼기나 잉여인간으로 창조하지 않았습니다.

엡1:3 "찬송하리로다. 하나님 곧 우리 주 예수 그리스도의 아버지께서 그리스도 안에서 하늘에 속한 모든 신령한 복으로 우리에게 복 주시되 곧 창세전에 그리스도 안에서 우리를 택하사 우리로 사랑 안에서 그 앞에 거룩하고 흠이 없게 하시려고 그 기쁘신 뜻대로 우리를 예정하사 예수 그리스도로 말미암아 자기의 아들들이 되게 하셨으니 이는 그의 사랑하시는 자 안에서 우리에게 거저 주시는 바, 그의 은혜의 영광을 찬미하게 하려는 것이라." 그렇습니다. 특별히 우리 성도들은 하나님께서 하나님의 은혜의 영광을 찬미하게하기 위해서 창세전에 이미 택하셨습니다. 그 목적을 이루기 위해 달란트도 함께 주셨습니다.

그러므로 우리는 하나님께서 과연 나 같은 자에게도 달란트를 주셨겠는가? 하는 것을 의심하거나 확인하는데 시간을 낭비할 필요가 없습니다.

그런데 이 점에 있어서 우리가 꼭 명심해야 할 것은 우리에게 주시는 달란트의 양이 꼭 같지는 않다는 것입니다. 본문의 내용처럼 어떤 자에게는 다섯 달란트 어떤 사람에게는 두 달란트 또 어떤 자에게는 한 달란트를 주셨습니다. 많은 사람들이 이 점에 대해서 불평등하다고 불만을 이야기 하지만, 그 기준은 15절의 말씀처럼 각각 그 재능에 따라 다르게 주셨습니다. 그것은 주님께서 우리들을 차별해서가 아니라 우리를 사랑하시고 배려하시기 때문입니다. 언젠가 본문을 설교 하면서 한번 인용했던 예화입니다. 아들 3형제를 둔 어떤 아버지가 명절을 맞이해서 좋은 신발을 사오셨습니다. 큰 아들에게는 15문짜리 신발을, 둘째 아들에게는 12문짜리 신발을, 막내에게는 8문짜리를 사오셨습니다. 그런데 막내가 아버지에게 항의합니다. 왜 내 신발은 형들의 신발보다 작냐는 것입니다. 여러분 막내의 항의는 분명히 억지고 어리석은 것입니다. 막내에게는 8문짜리 작은 신발이 그에게 가장 좋은 신발입니다. 그렇습니다. 주님은 본문15절의 말씀처럼 우리의 재능대로 달란트를 주었습니다. 다시 말하면 나에게 가장 적합하고 가장 훌륭한 달란트를 주었다는 말씀입니다. 그런데 많은 사람들은 흔히 달란트의 양을 보고 불평합니다.

왜 저 사람에게는 재물을 많이 주고 나에게는 적게 주시는가? 왜 저 사람은 건강한데 나는 약한가? 왜 저 사람은 잘 생겼는데 나는 못생겼는가? 왜 저 사람은 좋은 가문에서 태어나게 하고 나는 별 볼일 없는 가문에서 태어나게 하셨는가? 불평과 불만이 끝이 없습니다. 그러니 기쁨이 있을 리 없고, 평안이 있을 리 없고, 미소가 있을 리 없고, 여유가 있을 리 없습니다. 매사가 부정적이고, 사납고, 어둡고, 성질이나 성격이 늘 삐딱합니다. 여러분 하나님께서 우리를 각각 다르게 창조하셨다는 것은 축복입니다. 만약에 하나님께서 복제 인간처럼 모든 인간을 똑같이 만드셨다면 어떠했을 것 같습니까? 똑같은 얼굴, 똑같은 성격, 똑같은 재능으로 지으셨다고 생각해 보십시오. 얼마나 재미없고 혼란스럽겠습니까? 하나님께서 이 땅에 모든 인간들을 각각의 모습으로 지으셨다는 것은 인생들을 향한 하나님의 특별한 관심과 섭리와 배려를 말해 주고 있는 것입니다.

그리고 그것은 마치 각각의 악기들이 지휘자의 지휘에 따라 각자의 소리로 아름다운 화음을 연출해 내듯이 모든 인생들이 각자의 독특한 모습으로 서로 조화를 이루어 아름다운 세계를 만들라는 무언의 강력한 요구이기도 한 것입니다.

그런데 인간들이 이러한 하나님의 섭리를 외면하고 사탄의 미혹에 넘어가서 인간세계와 인간관계를 불행으로 몰아가고 말았습니다. 사탄마귀는 인간의 마음속에 시기심, 이기심, 미움의 독초를 뿌려놓았습니다. 자족하지 못하게 하고, 서로 용납하지 못하게 하고, 서로 격려하지 못하게 비교하게 하고, 열등감을 갖게 하고, 우월감을 갖게 하고, 자기만을 사랑하게 만들어서 하나님께서 본래 인간에게 선물로 주셨던 사랑과 조화와 평화의 축복을 미움과 분열과 분쟁의 저주로 바꾸어 버리고 말았습니다.

사랑하는 성도 여러분 우리는 하나님께서 우리 속에 심어준 나에게 가장 적절하고 완벽하고 훌륭한 달란트를 회복해야 합니다. 성공적인 신앙생활에 있어서도 이 의식의 회복이 꼭 필요 합니다.

사도바울은 이렇게 말합니다. 어떤 이에게는 지혜의 말씀을, 어떤 이에게는 지식의 말씀을, 어떤 이에게는 병 고치는 은사를, 어떤 이에게는 능력 행함을, 어떤 이에게는 예언함을 ,어떤 이에게는 영을 분별함을, 어떤 이에게는 각종 방언 말함을, 어떤 이에게는 방언을 통역하는 은사를 주셨다고 합니다.

여러분 우리는 주님께서 나에게 어떤 은사를 주셨는지를 정확히 발견해서 주님을 위해서 교회를 위해서 나의 달란트를 극대화 시키는 노력이 필요합니다. 그것이 나의 신앙의 진보를 위해서나 교회를 위해서 대단히 중요합니다. 그것이 곧 천국에 들어가느냐 못 들어가느냐 하는 관건이 된다는데 주목해야 합니다.

그리고 우리 모두가 특별히 명심할 것이 하나 있습니다. 그것은 주님께서 나에게 주신 달란트가 최선이라는 인식과 함께 주님께서 다른 사람에게 준 달란트 역시 그 사람에게는 가장 최선이라는 사실을 인정하고 존중해 주어야 한다는 사실입니다

이 진리는 몸의 지체의 기능을 생각해 보면 쉽게 이해 할 수 있습니다. 여러분 우리 인체 가운데 가장 작은 뼈 하나가 귀에 있습니다. 매우 작은 뼈입니다. 그러나 이 뼈가 없으면 인간은 듣는 능력을 상실한다고 합니다. 인체의 각 부분의 아무리 작고 눈에 잘 보이지 않아도 건강과 균형을 위해 꼭 필요한 것과 같이 주님을 위한 일도 그렇고 교회도 마찬가지입니다.

그래서 사도바울은 로마서 12:4에서 이렇게 말합니다. "마땅히 생각할 그 이상의 생각을 품지 말고 오직 하나님께서 나눠주신 믿음의 분량대로 지혜롭게 생각하라 우리가 한 몸에 많은 지체를 가졌으나 모든 지체가 같은 직분을 가진 것이 아니니 이와 같이 우리 많은 사람이 그리스도 안에서 한 몸 되어 지체가 되었느니라."

사랑하는 성도 여러분! 주님께서 우리에게 요구하시는 것은 특출한 재능, 많은 재능이 아니라 주님께서 각자에게 나눠주신 그 재능임을 잊지 말아야 합니다.

제임스 베리라는 사람은 이렇게 충고했습니다. "당신이 갖고 있는 재능을 사용하라. 만약 가장 노래를 잘하는 새만이 노래를 부른다면 숲속은 너무나도 조용할 것이다."

그렇습니다. 하나님께서는 저와 여러분이 지금 모습 그대로 부르시고 달란트를 맡겨 주셨습니다. 그리고 달란트의 양이 얼마이든지 또 어떤 재능을 주셨든지 각자의 재능을 가지고 주의 뜻을 이루시기를 원하십니다.

세 번째로 본문이 주는 교훈은 하나님께로부터 받은 달란트를 가지고 최선을 다해야 한다는 것입니다. 그래야 주인의 즐거움 다시 말해서 천국에 들어 갈 수 있습니다.

본문 16절과 17절에 보니 다섯 달란트와 두 달란트를 맡은 종들은 바로 가서 그것으로 장사했다고 기록하고 있습니다. "다섯 달란트를 받은 자는 바로 가서 그것을 장사하여 또 다섯 달란트를 남기고 두 달란트를 받은 자도 그같이 하여 또 두 달란트를 남겼으되" 두 종은 주인이 그의 소유를 자기들에게 맡긴 뜻이 어디 있는지 정확히 알았고, 지체하지 않고 주인을 위해 그 뜻에 순종했고, 실천에 옮겼습니다. 그것은 종의 마땅한 본분이기도 하고 사명이기도 합니다.

여러분! 이미 말씀드렸듯이 하나님께서 우리에게 주신 달란트는 재물만이 아닙니다.

생명, 재능, 건강, 지혜, 은사 모든 것을 다 포함합니다. 아무것도 갖지 않고 이 땅에 태어난 우리가 현재 가지고 있는 모든 것을 다 하나님께로부터 받은 것입니다. 그리고 이 땅을 떠날 때 우리는 아무것도 가지고 가지 못합니다. 모든 것을 다 놓고 떠납니다. 따라서 지금 내가 소유하고 있는 모든 것은 하나님께 위임 맡은 것입니다.

그러므로 우리는 마땅히 하나님께서 우리에게 맡기신 달란트를 하나님의 뜻에 따라 하나님을 위해서 사용할 의무가 있습니다. 이 땅에서 하나님께서 맡기신 달란트를 가지고 얼마나 충성스럽게 최선을 다했느냐에 따라서 천국의 입성 여부가 판가름 나게 되는 것입니다. 자기 잇속만을 채우기 위해서, 자신의 안일만을 위해서, 또는 나태해서, 하나님께서 주신 달란트를 주님을 위해서 활용치 않는 자는 절대로 천국에 들어 갈 수 없다는 것이 본문을 통한 주님의 경고입니다.

끝으로 종들에 대한 주님의 평가입니다. 19절에 "오랜 후에 그 종들의 주인이 돌아와 저희와 회계할 때.. "오랜 세월이 흐른 뒤에 주인은 종들에게 맡긴 달란트에 대해서 회계하기 위해서 돌아왔습니다. 우리 한 사람 한 사람에게 달란트를 맡기신 주님께서는 본문의 주인처럼 우리와 회계하기 위해서 다시 재림하신다는 것입니다. 하나님께서 주신 생명, 건강, 은사를 가지고 이 땅에서 얼마나 주님 뜻대로 살았는지, 얼마나 선하고, 성실하게 살았는지에 따라서 우리의 내세를 심판하신다는 것입니다. 주님은 선한 일을 행한 자는 생명의 부활로, 악한 일을 행한 자는 심판의 부활로 판결하실 것입니다. 주님은 결코 얼마나 많이 남겼는지 양을 따라 판단하지 않습니다.

분문을 보면 다섯 달란트 두 달란트 맡았던 자가 주인에게 자신의 장사 결과를 보고합니다. "주여 내게 다섯 달란트를 주셨는데 두 달란트를 주셨는데 보소서 내가 다섯 달란트 두 달란트를 남겼나이다." 마땅히 다섯 달란트 남긴 종에게 더 많은 칭찬과 상급을 주어야 합니다. 그것이 세상의 논리요 평가방법입니다. 그러나 주님은 두 사람 모두 에게 똑같은 칭찬과 상급을 내립니다. 21~23절 "잘하였도다 착하고 충성된 종아! 네가 작은 일에 충성하였으며 내가 많은 것으로 네게 맡기리니 네 주인의 즐거움에 참여할지어다"

여러분! 주님은 우리가 장사하여 "얼마를 남겼느냐?" 하는 것에는 전혀 관심이 없으십니다. 주님은 '얼마나 성실하게 최선을 다했느냐?' '얼마나 주인을 위해서 충성했느냐?'하는 마음의 상태, 헌신의 태도를 보십니다.

테레사수녀는 사람들로부터 참으로 굉장한 일들을 많이 해내고 있다는 칭찬을 듣고 이렇게 대답했습니다. "내가 얼마나 그 일을 많이 하느냐가 문제가 아니라 얼마나 많은 사랑을 쏟느냐가 중요한 문제"라고 말했습니다.

그렇습니다. 중요한 것은 주님을 위해서, 교회를 위해서 얼마나 많은 일을 하느냐가 중요한 것이 아니라, 주의 일에 얼마나 진실 된 사랑을 쏟고 있느냐 하는 것이 중요합니다. 헤아릴 가치도 없는 아주 작은 일이라 할지라도, 또 흔적도 남지 않는 아주 미미한 손길이라 할지라도, 주님 사랑, 이웃사랑의 순전하고 온전한 마음이 배어 있다면 주님께로부터 최고의 인정과 칭찬과 상급과 천국 들어가는 복을 받습니다.

여러분! 주님을 위한 일, 교회를 위한 일, 선하고 착한 일에 '작은 일'은 하나도 없습니다. 주님께서는 이렇게 말씀하신 적이 있습니다. "소자 하나에게 냉수 한 그릇 대접하는 것이 곧 나를 대접하는 것이니라."

사랑하는 성도 여러분! 내 자신도 기억하지 못한 아주 작은 일 – 그렇지만 누군가의 손길이 있어야만 해결될 수 있는 일에 습관적으로 무의식적으로 성실하게 응답하는 삶이 우리 성도들에게는 필요합니다. 사회생활도 그렇고, 교회 생활도 그렇고, 신앙생활도 그렇습니다.

여러분! 천국은 순교자나 굉장한 선행의 업적을 남긴 자만 들어가는 나라가 아닙니다. 본문에 나오는 다섯 달란트, 두 달란트 맡았던 종들처럼 지극히 평범하거나 그 이하의 신분이라 할지라도 하나님께로부터 맡은 달란트를 가지고 주님을 위해서 이웃을 위해서 성실하게 최선을 다하는 삶을 사는 성도는 누구나 "잘 하였도다 착하고 충성된 종아!" 주님의 칭찬과 함께 천국에 들어 갈 수 있습니다.

반대로 한 달란트 맡았던 종처럼 하나님이 주신 달란트가 적다고 불평만 하고 주님을 위해 아무것도 하지 않는 악하고 게으른 자는 주님의 진노와 함께 지옥 형벌을 면할 수 없습니다.

말씀을 마칩니다. 에프 쉰 이라는 사람은 이렇게 말했습니다. "우리가 가치 있는 인간이기에 하나님이 우리를 사랑하시는 것이 아니라, 하나님이 우리를 사랑하시기 때문에 우리가 가치 있는 인간이 된 것이다"

여러분! 하나님은 우리를 사랑하셔서 가장 귀하고 가치 있는 존재로 인정하셨고 우리 모두에게 적절하고 하나님의 영광을 위해 사용할 수 있는 귀한 달란트를 주셨습니다. 주신 달란트를 어떻게 사용하느냐에 따라서 우리의 영원한 미래는 천국과 지옥으로 판가름 나게 될 것입니다.

그러므로 우리는 적은 달란트를 변명하지 말고 충성스럽지 못한 것을 회개해야 합니다. 많이 받았으면 많이 받은 대로 적게 받았으면 적게 받은 대로 내 능력껏 최선을 다해 주를 위해 충성해야 합니다.

모쪼록 모든 성도님들은 주님께서 재림하시는 날 하나님의 심판대 앞에 설 때 "잘 하였도다 착하고 충성된 종아! 네가 작은 일에 충성하였으니 네 주인의 즐거움에 참여할 지어다" 칭찬과 인정받는 성도들이 다 되시기를 간절히 축원합니다.

27

인내를 온전히 이루라

약1:2～4

NO. / DATE.

11. 4. 17.

인내를 온전히 이루라!

약 1:2~4.

현대는 초고속 시대입니다.
모든면에서 속도가 중요시되고 있습니다.

음식도 빨리 먹을수있는 인스턴트식품이 주류를 이루고있고 옷도 맞춤보다는 기성복을 선호합니다.

교통이나, (여행이나) 文化생활. 사회생활 모든면에서

모든것이 단 시간에 이루어져야 만족합니다.
그래서 많은 사람들이 오랜 시간이 요하는 일은 쉽게 포기하는 경향이 보편화 되있습니다.

특히 한국인들의 "빨리! 빨리!"의 특성은 세계적으로 이미 정평이 나있습니다.

기다릴줄을 모르고, 참고 견디는일에 취약합니다.

그러나 인생의 중요한 문제들은 대부분 인내를 요구하는 것들입니다.

morning glory

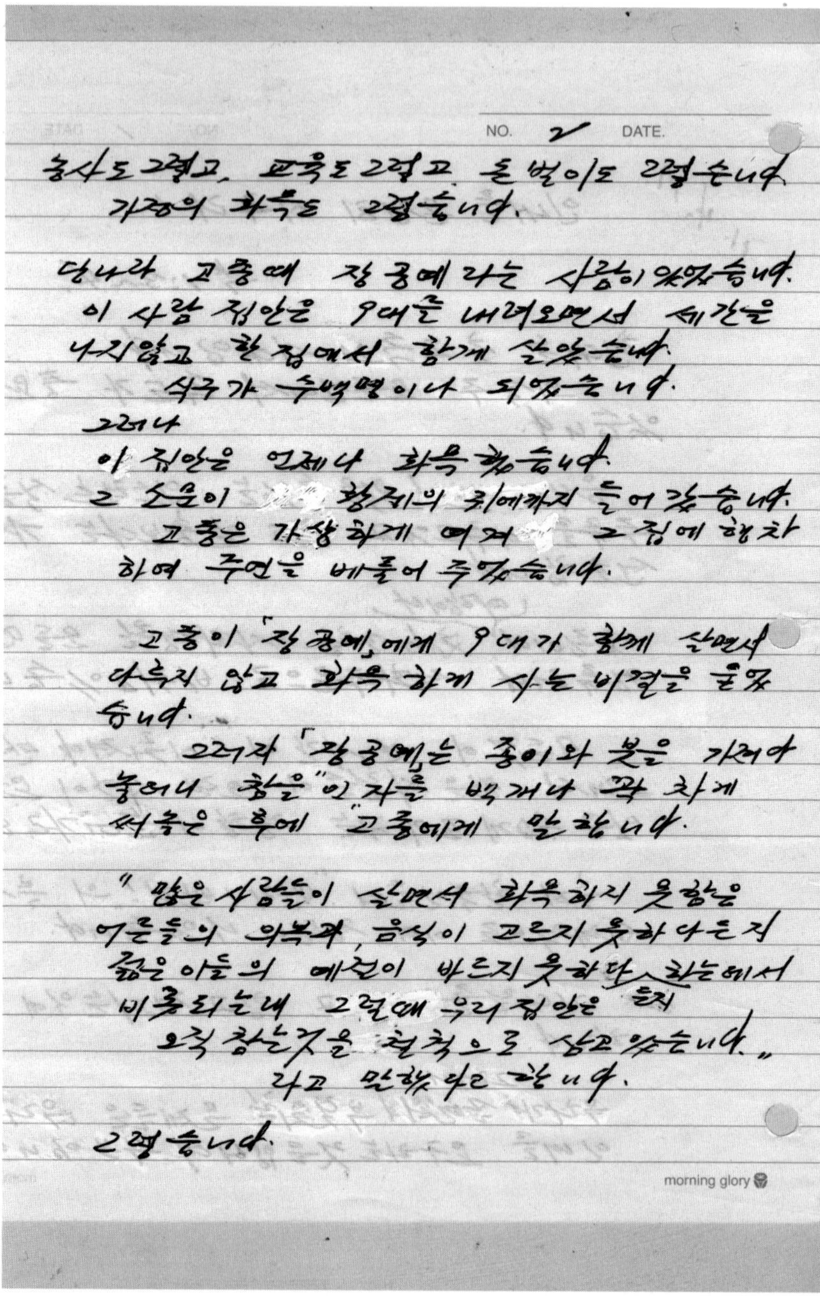
NO. 2 DATE.

농사도 그렇고, 교육도 그렇고 돈 벌이도 그렇습니다.
가정의 화목도 그렇습니다.

당나라 고종때 장공예라는 사람이 있었습니다.
이 사람 집안은 9대를 내려오면서 세간을
나지않고 한 집에서 함께 살았습니다.
식구가 수백명이나 되었습니다.
그러나
이 집안은 언제나 화목했습니다.
그 소문이 황제의 귀에까지 들어갔습니다.
고종은 가상하게 여겨 그 집에 행차
하여 주연을 베풀어 주었습니다.

고종이 '장공예'에게 9대가 함께 살면서
다투지 않고 화목하게 사는 비결을 물었
습니다.
그러자 '장공예'는 종이와 붓을 가져와
놓더니 "참을 "인"자를 백개나 꽉 차게
써놓은 후에 "고종에게 말합니다.

" 많은 사람들이 살면서 화목하지 못함은
어른들의 의복과, 음식이 고르지 못하다든지
젊은 아들의 예절이 바르지 못하다든지 하는데서
비롯되는데 그럴때 우리 집안은
오직 참는것을 철칙으로 삼고 있습니다."
라고 말했다고 합니다.

그렇습니다.

morning glory

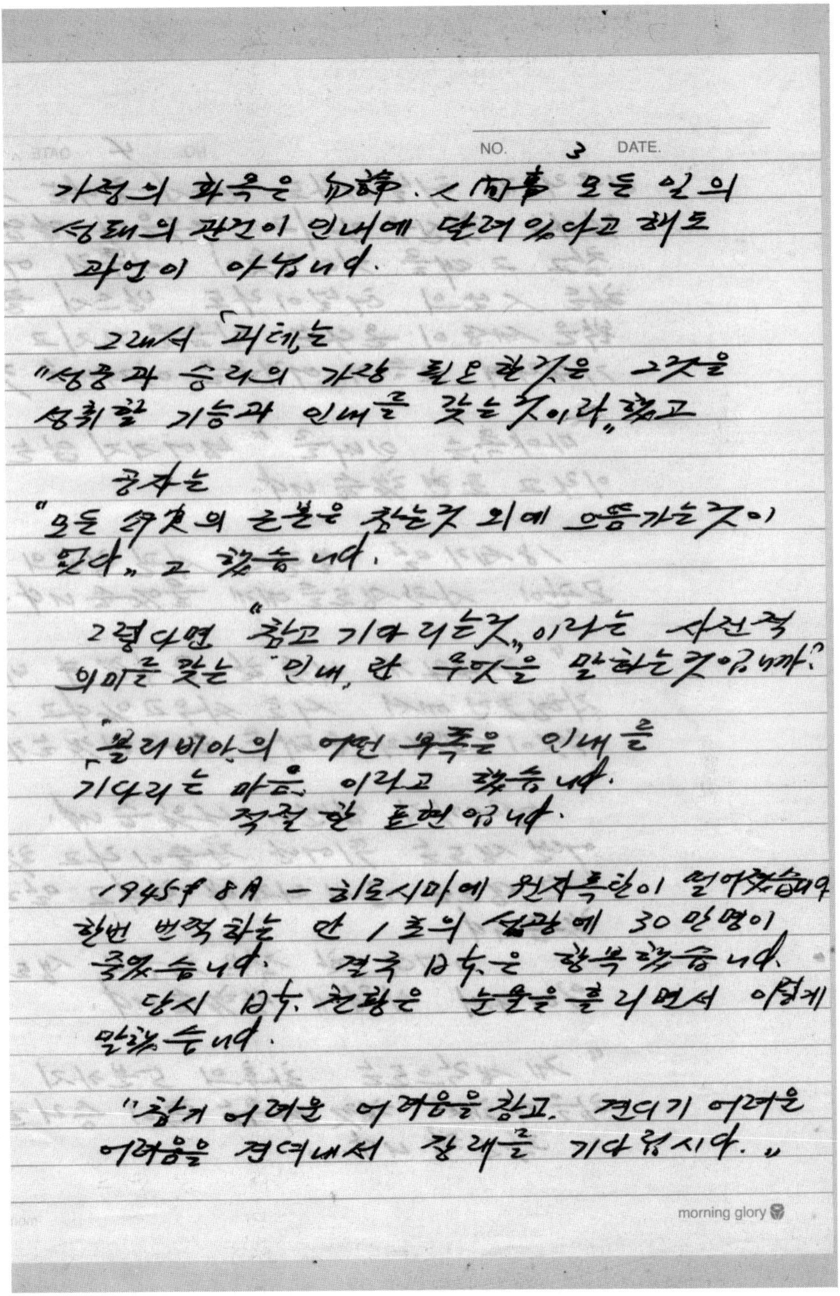
NO. 3 DATE.

가정의 화목은 勿論, 人間事 모든 일의
성패의 관건이 인내에 달려있다고 해도
과언이 아닙니다.

그래서 「괴테는
"성공과 승리의 가장 필요한 것은 그것을
성취할 기능과 인내를 갖는 것이라" 했고

공자는
"모든 百行의 근본은 참는것 외에 으뜸가는 것이
없다"고 했습니다.

그렇다면 "참고 기다리는것"이라는 사전적
의미를 갖는 "인내"란 무엇을 말하는것입니까?

「볼리비아의 어떤 부족은 인내를
"기다리는 마음"이라고 했습니다.
적절한 표현입니다.

1945年 8月 — 히로시마에 원자폭탄이 떨어졌습니다.
한번 번쩍하는 단 1초의 섬광에 30만명이
죽었습니다. 결국 日本은 항복했습니다.
당시 日本 천황은 눈물을 흘리면서 이렇게
말했습니다.

"참기 어려운 어려움을 참고, 견디기 어려운
어려움을 견뎌내서 장래를 기다립시다."

morning glory

NO. 4 DATE.

아무리 긴 터널이라도 반드시 끝나는 지점이 있다는 확신을 가지고 어두움과 암담함을 참고 그 때를 기다리듯이 아무리 어렵고 힘든 人生의 터널이라도 반드시 끝이있고 밝은 세상이 온다는 믿음을 가지고 그날을 기다리며 오늘의 어려움을 이겨내는 것입니다.

"마야족은 인내를 "넘어지지 않는힘." 이라고 표현했습니다.

18세기 말 프랑스 사관학교의 한 교관이 사관생도들에게 물었습니다.

"두나라가 비슷한 군사력과 비슷한 지형조건에서 서로 싸우고있다고 가정할때 무엇이 전쟁의 승패를 좌우하겠는가?"

여러가지 답변이 나왔습니다. 어떤 생도는 뛰어난 전술이라고 했고, 어떤 생도는 운이 따라야 한다고 말하기도 했습니다.

그런데 한 작은 체구의 생도가 일어나서 이렇게 말했습니다.

"제 생각으로는 최후의 5분까지 있는 힘을 다해서 끝까지 싸우는 쪽이 승리한다고 확신합니다."

morning glory

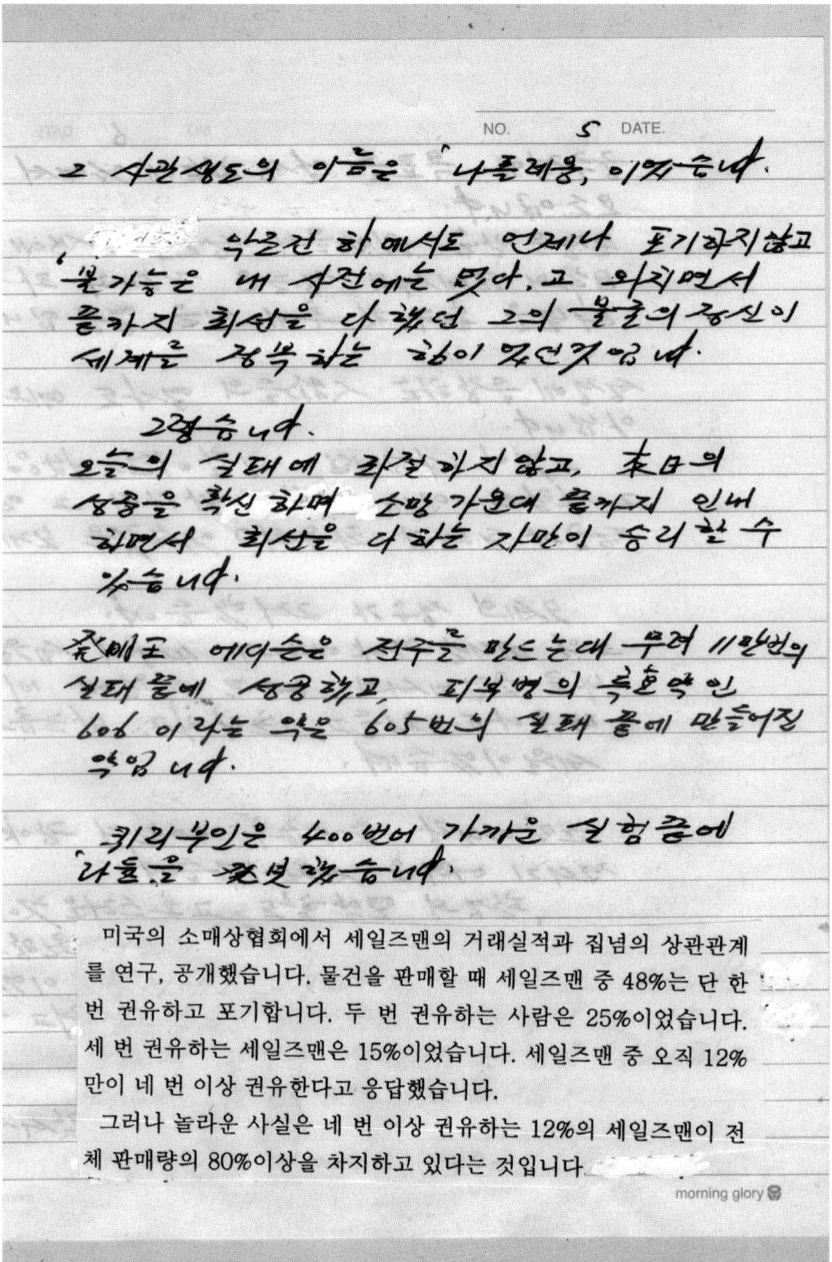

NO. 5 DATE.

그 사관생도의 이름은 '나폴레옹'이었습니다.

악조건 하에서도 언제나 포기하지 않고 '불가능은 내 사전에는 없다.'고 외치면서 끝까지 최선을 다했던 그의 불굴의 정신이 세계를 정복하는 힘이 되었던 것입니다.

그렇습니다.
오늘의 실패에 좌절하지 않고, 來日의 성공을 확신하며 소망 가운데 끝까지 인내하면서 최선을 다하는 자만이 승리할 수 있습니다.

토머스 에디슨은 전구를 만드는데 무려 11만번의 실패 끝에 성공했고, 피부병의 특효약인 606 이라는 약은 605번의 실패 끝에 만들어진 약입니다.

퀴리부인은 400번에 가까운 실험끝에 라듐을 발견했습니다.

미국의 소매상협회에서 세일즈맨의 거래실적과 집념의 상관관계를 연구, 공개했습니다. 물건을 판매할 때 세일즈맨 중 48%는 단 한 번 권유하고 포기합니다. 두 번 권유하는 사람은 25%이었습니다. 세 번 권유하는 세일즈맨은 15%이었습니다. 세일즈맨 중 오직 12%만이 네 번 이상 권유한다고 응답했습니다.

그러나 놀라운 사실은 네 번 이상 권유하는 12%의 세일즈맨이 전체 판매량의 80%이상을 차지하고 있다는 것입니다.

morning glory

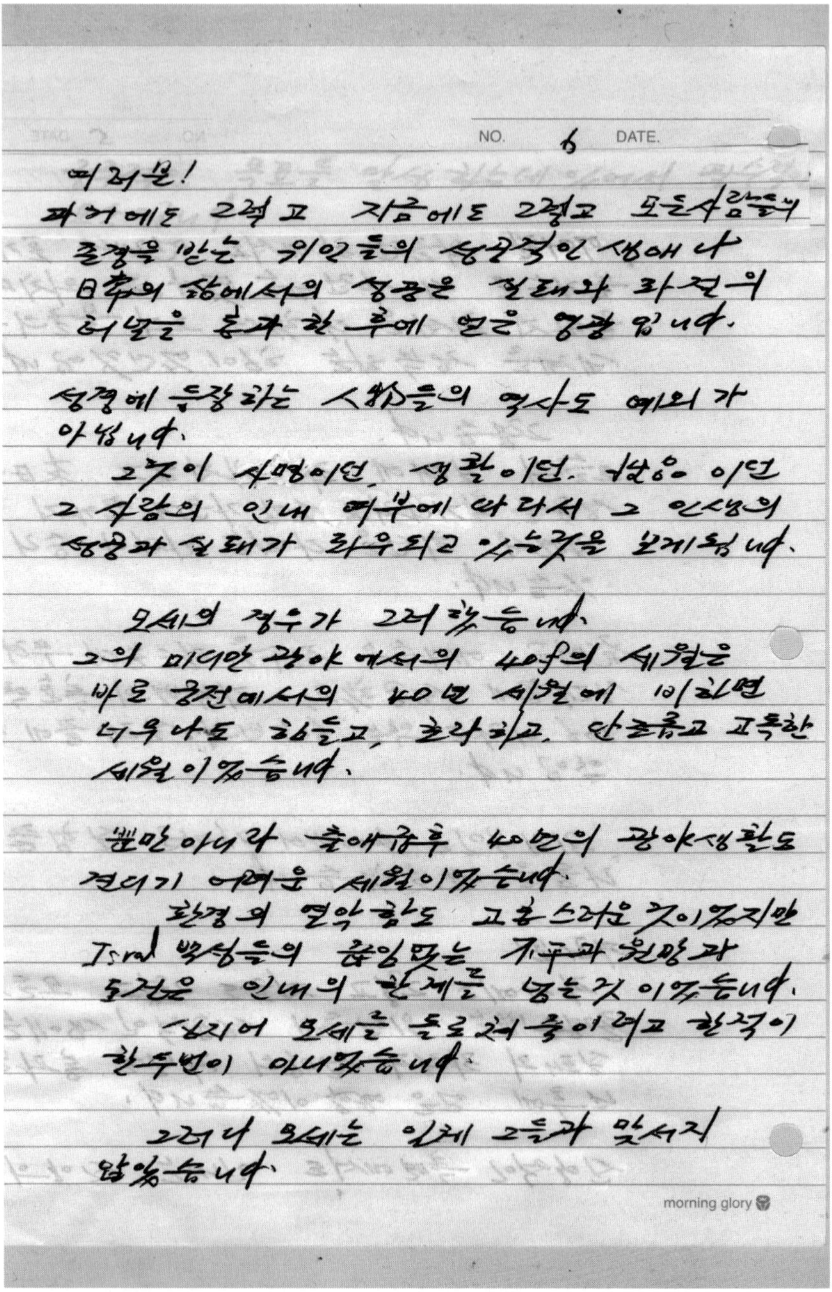
NO. 6 DATE.

여러분!
과거에도 그렇고 지금에도 그렇고 모든사람들에
존경을 받는 위인들의 성공적인 생애나
日常의 삶에서의 성공은 실패와 좌절의
터널을 통과 한 후에 얻은 영광 입니다.

성경에 등장하는 人物들의 역사도 예외가
아닙니다.
그것이 사명이던, 생활이던, 신앙이던
그 사람의 인내 여부에 따라서 그 인생의
성공과 실패가 좌우되고 있는것을 보게됩니다.

모세의 경우가 그러했습니다.
그의 미디안 광야에서의 40년의 세월은
바로 궁전에서의 40년 세월에 비하면
너무나도 힘들고, 초라하고, 단조롭고 고독한
세월이었습니다.

뿐만 아니라 출애굽후 40년의 광야생활도
견디기 어려운 세월이었습니다.
환경의 열악함도 고통스러운 것이었지만
Isral 백성들의 끊임없는 불평과 원망과
도전은 인내의 한계를 넘는것 이었습니다.
심지어 모세를 돌로쳐 죽이려고 한적이
한두번이 아니었습니다.

그러나 모세는 일체 그들과 맞서지
않았습니다.

morning glory

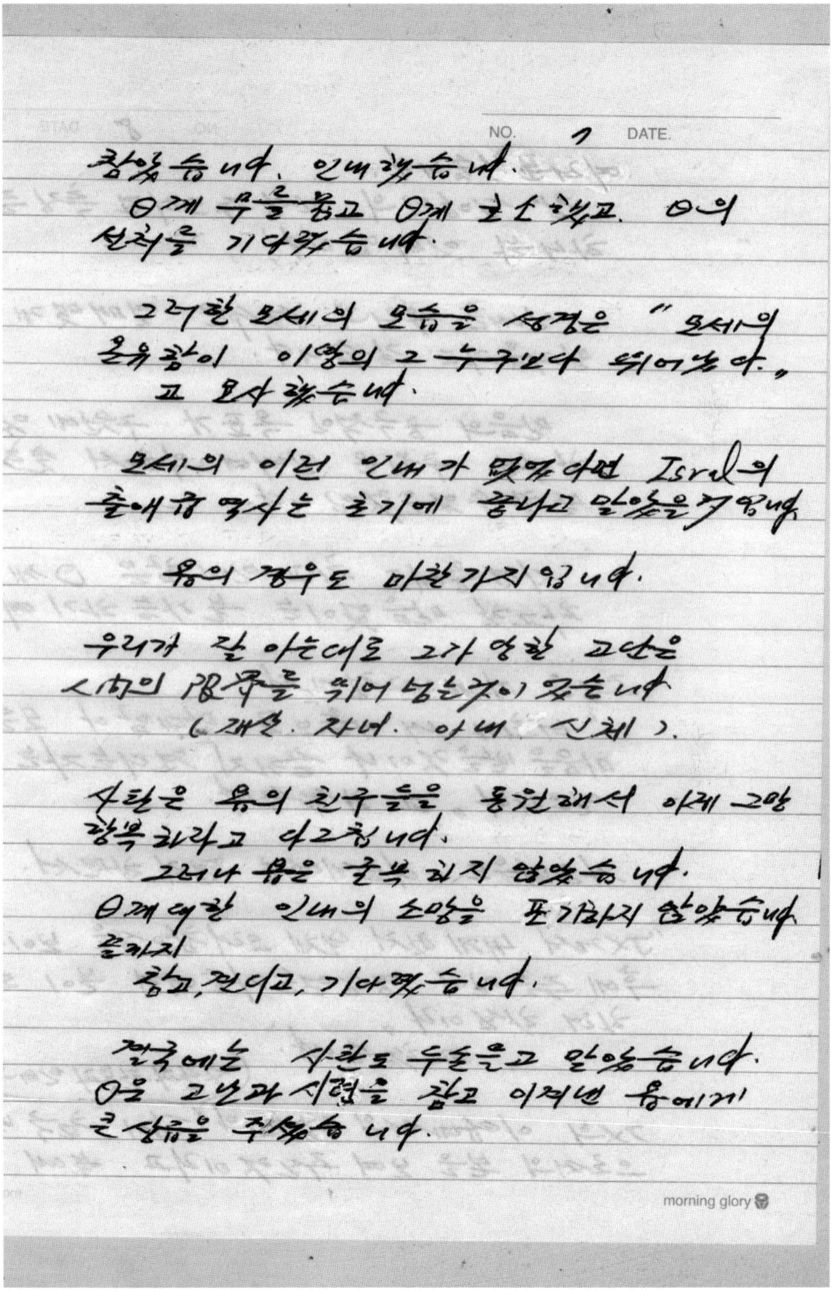
NO. 7 DATE.

참았습니다. 인내했습니다.
θ께 무릎 꿇고 θ께 호소했고. θ의 선처를 기다렸습니다.

그러한 모세의 모습을 성경은 "모세의 온유함이 이 땅의 그 누구보다 뛰어났다." 고 묘사했습니다.

모세의 이런 인내가 없었다면 Isrl의 출애굽 역사는 초기에 끝나고 말았을 것입니다.

욥의 경우도 마찬가지입니다.

우리가 잘 아는대로 그가 당한 고난은 人間의 限界를 뛰어 넘는것이었습니다
(재산. 자녀. 아내. 신체).

사탄은 욥의 친구들을 동원해서 이제 그만 항복하라고 다그칩니다.
그러나 욥은 굴복하지 않았습니다.
θ께 대한 인내의 소망을 포기하지 않았습니다
끝까지
참고, 견디고, 기다렸습니다.

결국에는 사탄도 두손들고 말았습니다.
θ은 고난과 시련을 참고 이겨낸 욥에게 큰 상급을 주셨습니다.

morning glory

NO. 8 DATE.

그렇습니다.

참 신앙인의 가장 두드러진 특징 중의 하나가 인내 입니다.

인내는 우리의 신앙을 열매맺게 하는 밑거름과도 같습니다.

믿음의 궁극적인 목표가 구원에 있다고 한다면 구원은 인내에 의해서 完成 된다고 말할 수 있을 것 입니다.

시련 중에도 참고 인내 함은 ㅇ께 대한 확고한 믿음 없이는 불가능 하기 때문입니다.

주님은 마 10:22절에서
"너희가 내 이름으로 말미암아 모든사람에게 미움을 받을 것이나 끝까지 견디는자는 구원을 얻으리라." 고 하셨습니다.

사도바울도 디모데에게 편지 하면서.

"JX께서 내게 먼저 일체 오래참으심을 보이사 후에 주를 믿어 영생 얻는 자들에게 본이 되게 하려 하심이라."
고 했습니다.

JX의 이땅에서의 33년의 사랑과 관용과 인내의 삶이 천국 백성으로서의 본을 보여 주신 것 이라고 볼때

morning glory

NO. 9 DATE.

인내는 성도로써, 우리에게 꼭 필요한 品性이요, 덕목입니다.

주님의 특징적인 성품인 겸손과 온유는 인내 없이는 不可能합니다.

히브리서 기자는 말합니다.

"그는 그앞에있는 기쁨을위하여 십자가를 참으사 부끄러움을 개의치 아니하시더니 O의 보좌우편에 앉으셨느니라." (히 12:2).

그렇습니다.
히브리서 기자의 말처럼 우리가 부활의 영광에 이르며, 하늘나라를 소유하는데 첩경이 되는 십자가의 길은 곧 인내의 길입니다.

또한 인내는 O의 약속을 우리의 현실의 삶속에서 체험케 해주는 비결이기도 합니다.
히 10:36에 보면
"너희에게 인내가 필요함은 너희가 O의 뜻을 행한 후에 약속하신것을 받기 위함이라" 고 했습니다.

자주 언급되는 Ab이나 노아나 모세나 욥의 생애가 그 代表的인 예입니다.

morning glory

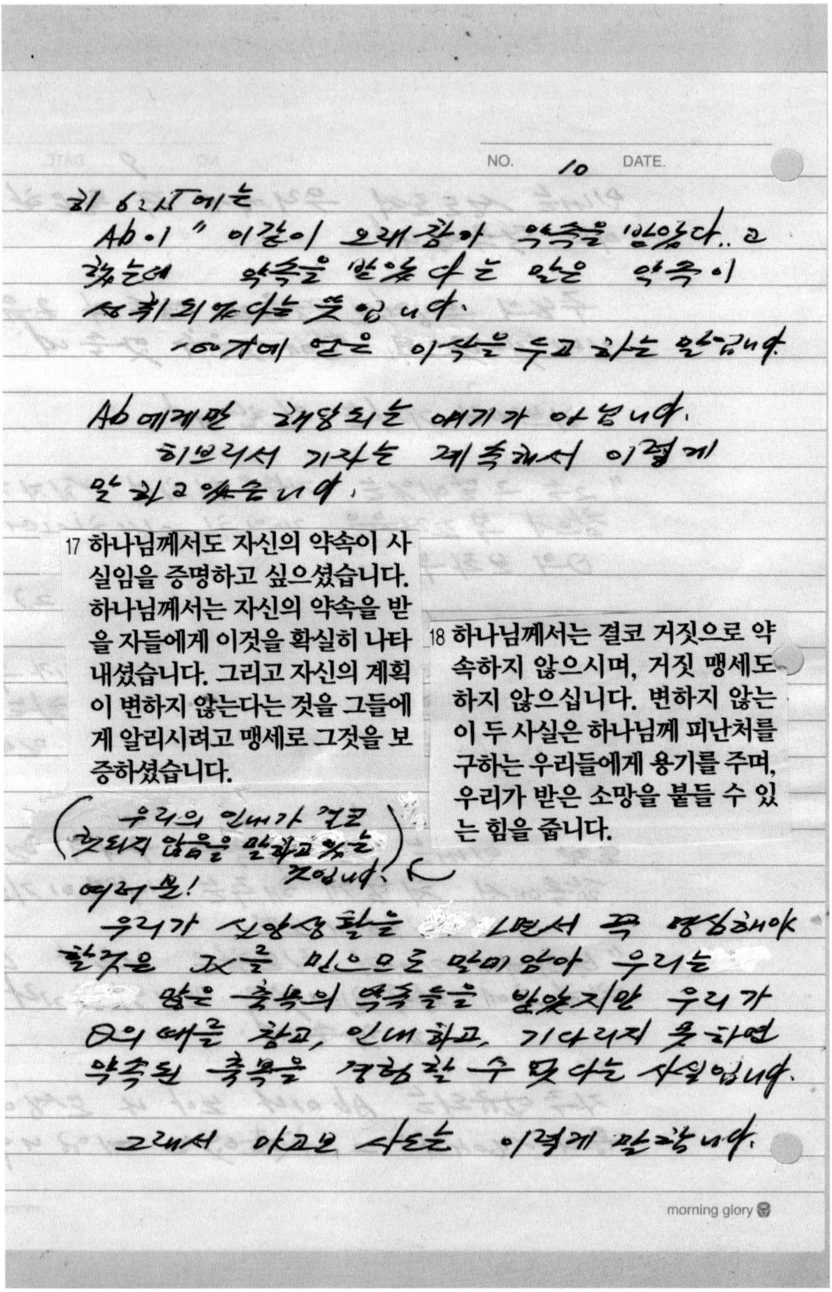

NO. 10 DATE.

히 6:15에는
Ab이 "이같이 오래 참아 약속을 받았느니라" 고
했는데 약속을 받았다는 말은 약속이
성취되었다는 뜻입니다.
100세에 얻은 이삭을 두고 하는 말입니다.

Ab에게만 해당되는 얘기가 아닙니다.
히브리서 기자는 계속해서 이렇게
말하고 있습니다.

17 하나님께서도 자신의 약속이 사실임을 증명하고 싶으셨습니다. 하나님께서는 자신의 약속을 받을 자들에게 이것을 확실히 나타내셨습니다. 그리고 자신의 계획이 변하지 않는다는 것을 그들에게 알리시려고 맹세로 그것을 보증하셨습니다.

18 하나님께서는 결코 거짓으로 약속하지 않으시며, 거짓 맹세도 하지 않으십니다. 변하지 않는 이 두 사실은 하나님께 피난처를 구하는 우리들에게 용기를 주며, 우리가 받은 소망을 붙들 수 있는 힘을 줍니다.

(우리의 인내가 결코 헛되지 않음을 말하고 있는 것입니다.)

여러분!
우리가 신앙생활을 하면서 꼭 명심해야
할 것은 JX를 믿으므로 말미암아 우리는
많은 축복의 약속들을 받았지만 우리가
Q의 때를 참고, 인내하고, 기다리지 못하면
약속된 축복을 경험할 수 없다는 사실입니다.

그래서 야고보 사도는 이렇게 말합니다.

morning glory

NO. 11 DATE.

< 약 5:10~11 >

10 형제들아 주의 이름으로 말한 선
지자들을 고난과 오래 참음의 본
으로 삼으라
11 보라 인내하는 자를 우리가 복되
다 하나니 너희가 욥의 인내를
들었고 주께서 주신 결말을 보았
거니와 주는 가장 자비하시고 긍
휼히 여기시는 이시니라

여러분!
어떤 자가 주께서 주신 결말을 보았다고 했습니까?

고난중에서도 오래 참고 인내한 자들입니다.
마찬가지입니다.
우리가 주님께서 약속하시고 예비해놓으신 복된 결말을 보기 원한다면
주님께서 재림하시는 그날까지 말씀에 굳게 서서 어떠한 형편에 처한다 할찌라도 참고 인내하며 말씀에 순종하며 주님을 따라야 합니다.

그래서 야고보 사도는 오늘 본문에서

"인내를 온전히 이루라! 이는 너희로 온전하고 구비하여 조금도 부족함이 없게 하려 함이라." 고 했습니다.

morning glory

NO. 12. DATE.

자! 그렇다면 어떻게해야 인내를 온전히
이룰수 있습니까?

첫째는, 자신을 다스릴수 있어야 합니다.

어떤이는 말하기를,
" 오늘날 세계의 문제는 사회의 문제요,
사회의 문제는 곧 마음의 문제 "
라고 했습니다.

사회의 모든문제가 마음으로부터 시작되고
모든문제의 해결도 마음으로부터 비롯된다는
것입니다.

우리를 괴롭히고, 우리를 아프게 하고,
우리를 슬프게하고, 우리를 무너뜨리는
원흉은 바로 우리 자신입니다.

다스려지지 못하고, 제어되지못하는
못된 自我는 우리 자신을 파멸 시키는
가장 치명적인 원수입니다.
그래서
솔로몬은
"자기 마음을 다스리는자는 성을 빼앗는
자보다 낫다" 고 했고

사도바울은 R 7:19 以下에서 자기자신과
치열한 투쟁을 벌이면서 이렇게 탄식합니다.

morning glory

(R 7:) NO. 13. DATE.

19 내가 원하는 바 선은 행하지 아
니하고 도리어 원하지 아니하는
바 악을 행하는도다
20 만일 내가 원하지 아니하는 그것
을 하면 이를 행하는 자는 내가
아니요 내 속에 거하는 죄니라
21 그러므로 내가 한 법을 깨달았노
니 곧 선을 행하기 원하는 나에
게 악이 함께 있는 것이로다
22 내 속사람으로는 하나님의 법을
즐거워하되
23 내 지체 속에서 한 다른 법이 내
마음의 법과 싸워 내 지체 속에
있는 죄의 법으로 나를 사로잡는
것을 보는도다
24 오호라 나는 곤고한 사람이로다
이 사망의 몸에서 누가 나를 건
져내랴

사도바울은 자기를 파멸시키는 원수는 외부에 존재하는것이 아니라 바로 자기속에 도사리고 있음을 발견한것입니다.

그렇습니다.

우리의 영적생활이나 육적생활에 있어서 나를 얽어매고, 나를 죄악의 함정으로 몰아가는것은 바로 내 자신입니다.

그리고 자신과의 이 싸움은 단기간에 끝나는것이 아닙니다.

어쩌면 우리는 죽을때까지 우리 자신과 싸워야 합니다.

이 싸움에서 승리하기위해 꼭 필요한 것이 인내입니다.

Platon은 말합니다.

"人間 최대의 승리는 내가 나와 싸워 이기는것이오, 克己는 승리중의 가장 큰 승리오, 자제함은 가장 큰 용기.

morning glory

NO. 14 DATE.

라고 했습니다.

그런데
문제는 어떻게 내 자신을 다스리느냐?,
하는것입니다.

예레미야 선지자는 "만물보다 거짓되고
심히 부패한것이 사람의 마음" 이라고
했는데 이 고약한것을 어떻게, 무엇으로
다스려야 하는가? 하는것이입니다.

단정적으로 말하면
우리 자신의 힘이나 노력으로는 불가능
합니다.
답은 한가지 밖에 없습니다.

주님만이 하실수있습니다.
성령의 도움으로만 가능합니다.

그래서 성경은
"너희안에 이 마음을 품으라!
곧 XJ의 마음이니.."
라고 했습니다.

주님은 오늘도 우리에게 말씀하십니다.

"나는 마음이 온유하고 겸손하니 나의 멍에를 메고
내게 배우라' 그리하면 너희 맘이 쉼을 얻으리라.

morning glory

NO. 15 DATE.

둘째로). 인내를 온전히 이루기 위해서는
Θ의 말씀에 굳게 서야 합니다.

민수기 9장에 보면 가나안을 향해 진군 하는 Isral 백성들의 모습이 기록되어 있습니다.

그런데 그들의 행군에는 하나의 不變하는 원칙이 있었습니다.

그것은 Θ의 命을 좇아 움직였다는 것입니다.

"그들이 여호와의 명령을 따라 진을 치며 여호와의 명령을 따라 행진 하고 또 모세를 통하여 이르신 여호와의 명령을 따라 여호와의 직임을 지켰더라" (민 9:23)

그들은 이틀이던지, 한 달이던지 어떤때는 1년이 지나도 Θ의 임재의 상징인 구름기둥이 떠오르지 아니 하면 꼼짝도 하지 않았습니다.

여러분!
한번 생각해 보십시오! 한시가 급한데 광야 한 가운데 (오랜세월) 머물러 있어야 하니 얼마나 속 터지는 일입니까!
그러나
그들은 Θ의 출발 신호가 떨어질때 까지 참고, 또 참고, 기다렸습니다.

morning glory

NO. 16 DATE.

이러한 그들의 인내가 가나안 땅을 밟게 했습니다.

신앙인에게 있어서의 인내는 기약없는, 헛된 기다림이나 어쩔수 없이 참는것을 의미하지 않습니다.

주님은 박해를 받아 밧모섬에 유배되어 있던 사도요한에게 약속합니다.

"네가 나의 인내의 말씀을 지켰은즉 내가 또한 너를 지켜 시험의 때를 면하게 하리니" (계 3:10)

주님은 또한
"누구든지 나의 말을 듣고 행하는자는 그 집을 반석위에 지은 지혜로운 사람과 같다" 고도 하셨습니다.

앞서 말씀드린 Ab이나 노아나 요셉에게 영광을 안겨준 그들의 인내는 하나같이 Θ의 약속과 말씀에 근거하고 있습니다.

그래서 전도서 기자는 말합니다.

"일의 결국을 다 들었으니 Θ을 경외하고 그의 명령들을 지킬지어다. 이것이 모든 사람의 본분" (전 12:13) 이라고 강조했습니다.

NO. 17 DATE.

사랑하는 성도 여러분!

O의 말씀은 사람의 말처럼 거짓말하거나
자주 변하거나 가변적인 효력이 아닙니다.

생명을 말합니다.

<히 4: 12~13>

12 하나님의 말씀은 살아 있고 활력
이 있어 좌우에 날선 어떤 검보
다도 예리하여 혼과 영과 및 관
절과 골수를 찔러 쪼개기까지 하
며 또 마음의 생각과 뜻을 판단
하나니

13 지으신 것이 하나도 그 앞에 나
타나지 않음이 없고 우리의 결산
을 받으실 이의 눈 앞에 만물이
벌거벗은 것 같이 드러나느니라

그러므로 사랑하는 성도 여러분!
힘들거나 어렵거나 극심한 고통이나 고난이 엄습해올때 사람의 말이나 힘에 의지하지 말고.
O의 말씀에 깊이 뿌리를 내리고 그 말씀만 의지하고 그 말씀을 좇아 살아가야 합니다.

그래야
주님이 말씀하신 것처럼 내 삶에 비가 내리고 창수가 나고 폭풍우가 몰아쳐도 무너지지 않습니다.
어떠한 시련과 고난중에서도 참고 인내하고, 극복할 수 있습니다.

morning glory

NO. 18 DATE.

넷째로) 인내를 온전히 이루기 위해서는
우리에게 닥치는 고난과 시련이 우리를
단련시키기 위한 Θ의 목적에서 비롯된 것이라는
확신을 가지고 있어야 합니다.

여러분은 서정주 시인의 「국화 옆에서」라는
시를 잘 아실 것입니다.

" 한 송이의 국화꽃을 피우기 위해
봄부터 소쩍새는 그렇게 울었나 보다.

한 송이의 국화꽃을 피우기 위해
천둥은 먹구름 속에서 또 그렇게 울었나 보다
:
노오란 네 꽃잎이 피려고
간밤엔 무서리가 저리 내리고
내게는 잠도 오지 않았나 보다. "

여러분!
한송이 국화꽃을 피우기 위해서도 그 많은
시련과 고난의 시간이 필요했다면.
영생복락이 약속된 천로역정의 길에
어찌 시련과 고난의 비바람이 없을 수
있겠습니까!

유명한 어느분의 말씀처럼
성도에게 닥치는 고난은 변장하고
찾아오는 Θ의 축복 이라는 것이

morning glory

NO. 19 DATE.

성경에 등장하는 信仰의 人物들의 역사가 보여주는 진리입니다.

θ께서는
시험과 역경의 과정을 통해서 사명자들과 그의 백성들을 훈련시키시고 연단시키셔서 θ의 일을 감당케 하실뿐 아니라 그 생애를 정금같이 다듬어 가시는것입니다.

그래서
사도바울은 R 5:3에서
"우리가 환난중에도 즐거워하나니 이는 환난은 인내를, 인내는 연단을, 연단은 소망을 이루는줄 앎이로다."
라고 했습니다.

한걸음 더 나아가 야고보사도는 이렇게 말합니다.

"시험을 받은후 더 강건해졌다면 복있는 자입니다. 자신의 믿음을 증명했으므로 θ께서 그에게 생명의 면류관을 주실것입니다. θ께서는 자기를 사랑하는 모든 자들에게 영생을 약속하셨습니다 (약 1:12)."

여러분!
야고보사도의 말처럼 θ께서 우리를 인정하시는 기준은 인내하는 人生, 인내하는 삶입니다.

morning glory

NO. 20 DATE.

"내가 가는 길을 그가 아시나니 그가 나를 단련 하신후에 내가 순금같이 나오리라."

그렇습니다.

욥의 고백처럼 ⊙께서는 고난을 通해서 우리를 연단 시키고 또 연단시켜서 찌꺼기는 없애고, 모난것은 깍아 내고, 버릴것을 버리게 하신후에 우리를 순금처럼 값진 사람, 값진 존재로 만들어 가시는것입니다.

그래서 야고보는

"너희가 시험을 만나거든 온전히 기쁘게 여기라." 고 한것입니다.

여러분!

빛을 잃은 진주를 본래의 모습으로 회복 시키려면 진주를 다시 깊은 바닷속에 담궈 두면 영롱한 제빛을 되찾는다고 합니다.

사람도 마찬가지 입니다.

성숙한 사람은 고난과 인내의 과정을 거치면서 成熟되어 갑니다.

信仰도 마찬가지입니다.

성숙한 신앙은 은혜와 축복의 온실에서만 자라는것이 아닙니다.

수많은 신앙의 사람들의 生애에서

morning glory

NO. 21 DATE.

보는것처럼 더 많은 세월 - 고난과 역경의 용광로 속에서 다듬어지고 만들어지는것 입니다

θ께서는 요셉의 경우처럼 우리가 알지 못하는 선한 목적때문에 고난과 시련의 방법으로 우리의 길을 인도하실때가 있습니다

이럴때 우리는 어떤 마음과 자세로 임해야 합니까?

θ을 사랑하는자에게 θ께서는 반드시 모든것을 合力해서 선을 이루신다는 말씀이 생각합니다.

그리고 참고, 기다리고, 견디는 인내가 필요합니다

"인내를 온전히 이루라!" 끝까지 인내해야 한다는것입니다.

탁상시계를 엎어놓는 친구가 있었습니다. "지금 몇시냐고 물으면 뒤집어서 시간을 보고는 다시 엎어놓습니다.

"왜 시계를 엎어놓느냐?" 고 물으면 "이 시계는 엎어놓아야 간다" 고 대답합니다

여러분!

morning glory

NO. 22 DATE.

θ께서는 우리로 하여금 신앙의 길을 제대로 가게 하기위해서 우리를 엎어놓으실때가 있습니다.

담담하고 힘들지만 그것은 우리를 살리고자 하시는 θ의 깊은 사랑의 손길입니다.

잘 참고, 견디면 θ께서 더 좋고 훌륭한 모습으로 다시 세워주실때가 옵니다.

어떤분이 말하기를,
" θ께서는 우리로 하여금 하늘을 쳐다보게 하기위해서 어떤때는 꼼짝 못하게 우리를 눕게 하실때가 있다."
고 했습니다.

먹고 사는일, 돈버는일, 즐기는일, 출세하고 성공하는 일에 분주해서 앞만보고, 세상에 정신이 팔려서
자신도 못보고, 하나님도 보지 못해서 그래서 어떤때는 병원 침상에 반듯이 눕게 하시게도 합니다.

무원 고립의 막다른 곳에 처하게 하실때도 있습니다.

자신도 돌아보고

morning glory

NO. 23 DATE.

"내가 산을 향하여 눈을 들리라!
나의 도움이 어디서 올꼬
하늘을 [illegible]보게 하시게도 합니다.

그래서
시편 기자는
" 고난 당한것이 내게 유익이라!
이로 인하여 내가 주의 율례를 배우게
되었다, 고 고백 했습니다.

여러분!
[illegible] 우리가 θ의 품을 떠나
고난 과 역경의 험로를 방황할 때라도.
탕자의 비유에서 처럼 우리를 기다리는
θ이 여전히 그 자리에 계심을 믿기에
우리는 다시 돌아갈 용기를 얻습니다.

어떤 시련과 고난과 역경의 폭풍속에서도.
참고, 견디고, 이겨낼수 있습니다.

말씀을 마칩니다.

히틀러의 박해를 피해서 지하에 숨어 살던
어느 무명의 유태인은 지하실 벽에 이런
글귀를 남겼습니다.

" 나는 태양이 빛나지 않아도 태양이 있음을
알고, θ이 침묵 하실 때에도 θ이 계심을

morning glory

NO. 24 DATE.

믿는다."

그렇습니다.

아무리 짙은 먹구름이 태양을 가려도
태양은 반드시 그 찬란한 빛을 다시
비추어 줄 것입니다.

but
그 감격과 기쁨은 참고, 기다리는자만이
경험 할 수 있습니다.

"인내를 온전히 이루라!"

오늘 이 시간 우리에게 주시는
사랑의 음성입니다.

(기도)

사랑과 은혜가 풍성하신 主!
우리의 앞길에 예기치 못한 엄청난 시련과
역경의 파도가 몰려온다 할지라도
그의 백성들을 위해
예비해 놓으신 영광과 미래의 궁극적 축복을
소망하며 마음과 인내로 넉넉하게 승리하게 하옵소서.

예수님의 이름으로 기도합니다.

morning glory

이런 목사를 만나고 싶다

가난한 개척교회를 사역하는 후배를 우연히 만나거든
가던 길 멈추고 손목잡고 식당에가 맛있는 밥 사주고
주머니 털어 차비하라고 쥐어주는 그런 목사.

조금 여유가 있다면 봉투에 정성 담아 아이들
고기 사주라고 주머니에 찔러주고 등 두드려주는 목사.

우연히 아니라도 좋다
어려운 후배교회 찾아.. 힘내게 하나님은 자네편이시네..
라고 적은 작은 사랑담은 봉투 두고 돌아올 그런 목사.

조금 교회가 자립한다고 후배들 줄 세우거나
보조 몇 만원씩 해주면서 후배들을
자기 정치후원 세력으로 삼지 않는 그런 목사.

후배들 머릿수를 자기 정치 기반으로 삼고
노회, 또는 총회 정치하지 않는 그런 목사.

종종 후배들에게 전화해서 어려운 일 없느냐
힘든 일 없느냐
물어주는 그런 목사.

성도들이 가져다주는 것
그것이 넥타이든, 와이셔츠든, 무엇이든
어려운 후배와 나누는 그런 목사.

후배교회에 초청을 받았을 때
오히려 검소한 차림과
겸손한 모습으로
거드름 피우지 않는 그런 목사..

후배들을 가르치려 하기보다는
그들에게서 배우고 경청해 줄줄 아는 그런 목사..

동역자의 고통을 내 것으로 삼고
함께 짐을 지려는 그런 목사.

불의에 목소리를 높이다 자기 이익에 걸림돌이 되면
미꾸라지로 변하지 않는 그런 우직한 목사.

큰 교회를 목회하면서도 전혀 티내지 않고
어려운 교회 목회자가 상처받을 까봐 오히려
배려해 줄줄 아는 그런 목사,

후배나 동역자를 만났을 때 언제나
조용히 화장실 가듯 하면서
모르게 계산을 먼저 해주는 그런 목사.

후배가 찾으면 밤중에라도 달려가
고민을 들어주고 눈물을 닦아주며
바쁜 척 하지 않는 그런 목사.

동역자나 후배들 앞에서도
돈으로, 학력으로, 교세로, 타는 자동차로
전혀 기죽이지 않고
그런 것들을 오히려 미안하게 생각하는 그런 목사.

친구 목사가 어렵다면 말없이 지갑 털어
주머니에 넣어주고 미안해 할까봐 먼저
등 떠밀어 보내면서 마음으로 기도해 주는 그런 목사.

교회가 부흥해도 명예욕, 정치욕심에 빠지지 않고
동역자들과 멍애를 함께 지는 그런 목사.

혼자 1등이기보다는
더불어 4등 하려는 진정한 동역자로서의 목사.

언제 봐도 한결같이 겸손하고
주님의 향기가 있고

겸손으로 옷 입고
은혜로 띠를 띤 그런 목사.

전후가 다르지 않고
겉과 속이 다르지 않은 정직한 목사.

목회는 팽개치고 오직 정치에 빠져버린
꾼이 돼버리지 않은 그런 목사.

목회를 실패하거나 어려운 후배들을
무시하거나 실패한 목사로 정죄하지 않는
희망과 용기를 주는 그런 목사.

자주보지 못해도
이심전심으로 늘 마음을 알고
서로를 신뢰하는 그런 목사.

선배에게 깍듯하고
후배를 아끼는
인격이 바로 되고 신앙이 바로 된 그런 목사.

후배를 보아도 반말하지 않고
깍듯이 존대하며 목사로 불러주고
후배의 장점을 살려주는 그런 목사.

노회나 총회에서
자기 몫의 자리를 후배에게 기어코 양보해 주는
덕을 가진 그런 목사.

후배 교회의 설교나 임직순서를 맡은 뒤
받는 봉투를 그 교회 사모님 손에
아무도 모르게 가만히 쥐어주고 돌아오는 그런 목사.

노회 산하기관에서 설교하고
받은 수고비를 기꺼이 헌금으로 돌려주는 그런 목사.

성도들과 야유회나 수련회 가면
장로님들과 더불어 설것이를 하는
겸손한 그런 목사.

이런 목사 어디 없나요?

내게는 지난 30여년 동안 이런 선배 목사님이 계셨습니다.
우리교단 경기 남양주에 있는 금곡교회 채영간 목사님 이십니다
올해 65세인데 조기 은퇴 하신답니다

지금까지 목회하면서 이런 목사님을 만나보지 못했습니다.
저도 이제 그런 선배가 되고 싶은데 잘 안됩니다.

저는 그 목사님을 일 년에 한번도 잘 못 만나지만

언제나 서로의 마음을 압니다.
제게는 큰 형님 같은 목사님.

오랜 동안 당뇨병으로 고생해오시면서
당신이 드실 보약도 내게 보내주시고
내가 간이 안 좋아 고생할 때 염소를 잡아 즙을 내서
보내주셨던 목사님

저희 교회를 방문하시면
아내도 아이들도 데리고 가셔서 옷도 사주시고
아내에게는 머리 파마하라며 돈을 쥐어주시고 가시던 분,

가신 뒤에 서재에 들어가 보면
책상위에 하얀 봉투를 꼭 남겨두셨던 분
후배에게 – 목사님 힘내세요. – 라고 쓰시고
책 사보라고 몇 십 만원 넣어놓고 가셨죠.

합동 총회에서 내가 유일하게 참 목사님이라고
인정하는 그리고 존경하는 채영간 목사님.
지금까지 개혁과 합동총회에서 이런 분 보지 못했다.

지금까지 목사님은 서울과 경기도에서
나는 전라도에서..
총회도 목사님은 합동에서 나는 개혁 측에서 목회 해왔다.

교단도 다르고 사역지도 정 반대 방향에서 해왔다.

이북 출신이시라서 나하고는 아무런 혈연이나
지역적 연고도 없으신데 우연히 알게 되어
벌써 30년이 돼간다.

목사님은 후배들을 위해 조기 은퇴하시고
10여명의 부교역자들에게 교회의 모든 예배 설교를
나누어 맡기셔서 후배들을 키워주셨죠

교육 전도사에게까지 주일오후 또는 수요일 예배를
맡기셔서 1000여명이 넘는 큰 교회에서
잘 훈련받도록 도우셨죠.

그래서 부교역자들이 오래 시무하는 교회이기도 합니다.
부목사님들, 강도사, 전도사님들이 그렇습니다.

이제 후배들에게, 동역자들에게
그런 선배이며 동역자이고 싶다

나도 이제는 후배들이 많은 목사이니...

〈총회 홈페이지에서 옮김〉

예수를 깊이 생각하라

발행일	2014년 8월 5일
지은이	채영간
정리	편집위원
펴낸곳	도서출판 예림
주소	서울시 광진구 광장동 194-11 한강빌딩 207호
전화	02-921-6045
이메일	yaelim21c@hanmail.net
홈페이지	http://yelimbook.com
출판등록	제1-2685호
ISBN	978-89-647-5080-3 03230

이 책은 고 채영간 목사님의 가족들과 목사님의 제자들이
1주기를 맞이하여 그리운 마음과 추모하는 마음으로
목사님의 설교 노트를 정리하여 발간한 것입니다.
목사님을 사랑하는 모든 분들에게 위로가 되시기 원합니다.